天性教养

养育高情商、高技能、高自信的小孩

[美]麦克林·杜克里夫 著
张书嘉 译

中信出版集团 | 北京

图书在版编目（CIP）数据

天性教养 /（美）麦克林·杜克里夫著；张书嘉译 . -- 北京：中信出版社，2023.7
ISBN 978-7-5217-5710-1

Ⅰ.①天… Ⅱ.①麦… ②张… Ⅲ.①儿童教育－家庭教育 Ⅳ.① G782

中国国家版本馆 CIP 数据核字 (2023) 第 095080 号

HUNT, GATHER, PARENT: What Ancient Cultures Can Teach Us About the Lost Art of Raising Happy, Helpful Little Humans by Michaeleen Doucleff
Copyright© 2019 Raising Rosy Books LLC.
Published by arrangement with Glass Literary Management, through The Grayhawk Agency Ltd.
Simplified Chinese translation copyright © 2023 by CITIC Press Corporation
ALL RIGHTS RESERVED

天性教养

著者：　　[美]麦克林·杜克里夫
译者：　　张书嘉
出版发行：中信出版集团股份有限公司
（北京市朝阳区东三环北路 27 号嘉铭中心　邮编　100020）
承印者：　宝蕾元仁浩（天津）印刷有限公司

开本：880mm×1230mm 1/32　　印张：12　　字数：258 千字
版次：2023 年 7 月第 1 版　　　　印次：2023 年 7 月第 1 次印刷
京权图字：01-2023-3098　　　　　书号：ISBN 978-7-5217-5710-1
定价：59.00 元

版权所有·侵权必究
如有印刷、装订问题，本公司负责调换。
服务热线：400-600-8099
投稿邮箱：author@citicpub.com

献给我曾经最好的"书之牧者"——曼戈，谨以此书纪念她。

致罗茜

目录

前言　　　　　　　　　　　　　　　　　　001

第一部分
古怪而狂野的西方育儿

第1章　世界上最"奇怪"的父母　　　　018

"奇怪"（WEIRD），指的是西方的（western）、教育程度高的（educated）、工业化的（industrialized）、富裕的（rich）和民主的（democratic）。我们的社会塑造了我们奇怪的育儿方式，我们又将奇怪的方式传递下去。

第2章　我们如何奇怪地养育了孩子？　　040

现代西方科学教育我们要让孩子在堆积如山的玩具、随时随地的学习、无穷无尽的赞美中成长，但把科学当作救命稻草的我们不曾想过，被认为科学的育儿方法，实际只是我们美妙的幻想。

第二部分
玛雅文明的育儿方法（TEAM: Togetherness 亲密合作）

第3章　世界上最热心助人的孩子　　062

没有金色小星星，没有零花钱，没有冰激凌的诱惑……孩子们仍能够敏锐地感知到家里有人需要帮助，并且立刻主动提供帮助。

第4章　如何让孩子主动做家务？　　069

如果你希望培养出乐于助人的孩子，订制家务表可能不是一个好选择。它可能会让孩子认为表上的事项才是他需要做的事情，从而不关注周边环境，忽略其他家务。试试跟随孩子的天性，组成属于他的"幼儿家政公司"。

第5章　如何培养灵活、善于合作的孩子？　　096

放弃"以孩子为中心"的活动，让孩子进入家庭活动中。放心地给孩子发放他的团队成员ID卡，允许孩子观察并学习成年人在日常活动中的行为，不要担心孩子会把事情搞砸。在合适的时候，与孩子合作完成日常活动。

第6章　什么样的激励比表扬更好？　　137

内在动机使人们在面对困难或阻力时仍能够学习和成长，而且可能比外在动机的激励时间更久。事实上，使用外在奖励可能会削弱孩子的内在动机，试试从行动而非言语上对孩子的行为表达认可，例如，接受被孩子"清理"得一团乱麻的客厅地板。

第三部分
因纽特人的情商鼓励（TEAM: Encouragement 鼓励）

第7章　世界上最平静的孩子　　　　　　　　160

在因纽特人的家庭生活中，没有琐碎的不满或抱怨。不仅小错误会被忽略，即使是重大的错误也几乎不会引起任何强烈反应。无论是大人还是孩子，整个城镇都弥漫着平静的气息。

第8章　如何教孩子控制愤怒情绪？　　　　　174

能够控制自己情绪的父母才能够帮助孩子学会平静。每当父母控制自己不发脾气时，孩子就会看到一种冷静面对挫折的方式，从而学会在生气时保持冷静。因此，为了帮助孩子学习情绪调节，父母们能做的最重要的事情就是学会调节自己的情绪。

第9章　如何不再对孩子生气？　　　　　　　181

不对孩子生气是教会孩子平静的基础。当你感到愤怒涌上时，可以先保持沉默，让孩子和你一同冷静下来；改变对孩子行为的认知，会让你进一步消气并恢复平静，因为如果一个小孩不听你的话，那是因为她还太小、理解不了，她还没有准备好学习这一课，而不是故意挑战你的权威。

第10章　我们拥有什么样的育儿工具？　　　　202

我们拥有许多育儿工具，有些能帮助我们应付发脾气的孩子，有些能帮助我们纠正孩子的不当行为。态度、行为、情感甚至一个眼神都是你有用的育儿工具。

第11章　故事如何塑造了孩子的行为？　　　　　248

　　讲故事是人类独有的特征之一，它将我们与环境、家庭和家园联系在一起，能够向孩子传递生活重要的技能、社会文化和价值观。将一些怪兽等形象通过故事引入家庭教育中，它使孩子更具有合作性且有力量，它是培养孩子的关键工具。

第12章　戏剧如何塑造了孩子的行为？　　　　　263

　　戏剧可以更平和地教会孩子道理，例如，你可以用无生命的物体帮助你完成指导孩子行动的任务。让毛绒玩具表演刷牙、用袜子询问孩子是否愿意穿上，都是比直接要求孩子更好的方式。

第四部分
哈扎部落保持心理健康的秘诀（TEAM: Autonomy 自主权）

第13章　我们的远古祖先如何育儿？　　　　　280

　　原始村落里的育儿方法是一种礼物经济。父母不是通过控制和支配使孩子尽快地变成理想中的模样。相反，他们注重相互的馈赠。父母不断地给予孩子爱、陪伴和食物，而作为回报，父母期望孩子承担起"一系列责任"。

第14章　世界上最自信的孩子　　　　　290

　　给孩子自由。让孩子能够脱离家长、学校的管控，自由地安排并进行自己的活动。也许一开始你会担心他能否安全地完成，但是请克制住立刻提供帮助的愿望，站在孩子背后，看看事情会怎样发展，只在会发生危险时出手帮助。

第15章　我们拥有什么样的抑郁解药？　　　　　329

　　育儿不只是父母的事情！让家人、邻居组成孩子的"爱的包围圈"，与父母一起共同努力，在孩子成长过程中通过紧密协作，形成一条稳定的、由无条件的关爱汇聚成的河流。让自己时常从育儿中脱离出来，可以很大程度地减少抑郁的发生。

第五部分
西方育儿方法2.0（TEAM: Minimal Interference 最小化干预）

第16章　我们曾经如何睡眠　　　　　　　　　359

　　人类的睡眠实际上非常灵活、适应性很强，而且是个人化的。睡眠模式因文化、地域和季节的不同而差异极大，不存在"正确的"睡眠方式。如果你的孩子不想在晚上九点睡觉，你也可以放轻松，允许他自己选择何时睡觉。

结语　　　　　　　　　　　　　　　　　　369

致谢　　　　　　　　　　　　　　　　　　373

前言

我还记得当妈妈后跌入谷底的时刻。

那是12月的一天,凌晨5点,我躺在床上,穿着前一天没有换下来的打底衫。我已经好几天没洗头了。

窗外,天色还很昏暗,街灯闪烁着淡黄的柔光;窗内,家里安静得近乎诡异,我只能听到我家的德国牧羊犬曼戈伏在床边的呼吸声。所有人都沉浸在睡梦中,我却没有丝毫睡意。

我在为战斗做准备。我在脑海里演练接下来该如何与我的敌人对抗。如果她再攻击我该怎么办?她打我、踢我,甚至咬我,我又该怎么办?

我把我的女儿罗茜称为"敌人",这个称呼听起来可能很糟糕。但天知道,我爱她爱得死去活来。在很多时刻,她是一个可爱的小人儿,聪明伶俐,无知无畏,力大如牛,心性也格外坚韧。她若是在游乐场摔倒,就会立刻自己爬起来,不哭也不闹。

我怎么能忘了说她的气味?哦,我爱死她闻起来的味道了,尤其是她头顶散发出的味道——蜂蜜、百合花和湿润泥土混合的气息。我出差去做美国国家公共电台的专访时，她的气味成了我最怀念的符号。

这种好闻的味道带有很强的欺骗性，误导着所有人。在罗茜的身体中，藏着一团炽热的火焰，它带着凶恶的目的，驱使着罗茜在这个世界横冲直撞。我的一个朋友说："她简直是世界的毁灭者。"

罗茜还是一个小婴儿时就经常哭闹，每天晚上都会持续好几个小时。我的丈夫慌忙地向儿科医生说："她除了在吃饭睡觉，就是在大哭大闹。"医生耸了耸肩，很显然，这些话对她来说并不新奇。"因为她还是一个婴儿。"医生这样答复道。

现在，罗茜3岁了，哭闹已经演变成无尽的发脾气和对父母的暴力。她情绪爆发时，我抱起她，她就会习惯性地挥手扇在我脸上。有的早上，我只能带着脸上的红掌印出家门，脸痛心也痛。

回到那个安静的12月的早晨，我躺在床上，让自己勇敢地面对这一痛心的事实：一道高墙正在罗茜和我之间筑起。我开始害怕和罗茜共处，因为我担心将会发生的事情——担心我会（再一次）发脾气，会（再一次）让罗茜哭，甚至会（再一次）让罗茜的行为变得更糟糕。最终，我开始害怕罗茜和我成为敌人。

我成长在充满怒火的家庭中。尖叫、摔门，甚至互相扔鞋子，都是我的家人——我的父母、我的3个兄弟姐妹和我——互相交流的基本方式。因此，我最初应对罗茜的脾气时，只有愤怒、严厉、偶尔尖锐刺耳的叫喊，这正是我的父母对待我的方式。这种回应方式所带来的后果往往不如人愿：罗茜会弓着腰尖声叫喊，发出老鹰一般的叫声，然后直接躺倒在地。然而，我希望能做得比我的父母更好，我希望罗茜能够在和平的氛围中长大，并且能够学到更有效的交流方式，而不是互相往脑袋上砸马丁靴。

于是，我只得求助于谷歌，然后做出了决断："权威感"能遏制一些罗茜的怒火，是"最佳的养育方法"。就我自己的理解，权威感意味着"坚决而带有善意"，所以我开始尽力按照这一标准去做。但我从来没有达到过这一标准，而是一次又一次地证明建立所谓的"权威感"并不适用于我。罗茜能够看出我是在压抑自己的怒火，所以我们再次回到原先的循环之中——我的怒气让罗茜表现得更糟糕，然后我的怒气值又会上升。最后，她的脾气会像原子弹一样爆发，她开始挥舞着胳膊到处乱咬，满屋子乱跑，把所有家具都推翻在地。

甚至是最简单的任务，比如早晨准备去幼儿园，也会成为一场"大逃杀"。"请你去穿上鞋子好吗？"我第5遍这样乞求她。"不！"她尖叫着，接着把已经穿好的衣服一件一件脱下来，内衣也不放过。

有一天早晨，我的心情因为这样的事情变得很差。我跪在厨房的水池下，朝着橱柜无声地嘶吼着："为什么这一切如此煎熬？她为什么就是不听话？我做错了什么？"

坦白来说，我根本不知道该怎么对待罗茜。我不知道怎么才能让她不再乱发脾气，要教她成为一个好人——一个善良、热心、关心他人的人——更是一件不可能开始的事情。

其实，在这背后的真相是，我不知道怎么做一个好妈妈。在这之前，只要是我想要做好的事情，就绝不会做得这么糟糕；在这之前，我的实际水平和我想达到的水平之间从没有过这么大的差距。

在那一天的凌晨时分，我躺在床上，害怕我的女儿——我多年来一直渴望拥有的心爱的孩子——醒来的那一刻。我在脑海中搜寻着和这个发怒狂魔一样的小人儿建立联系的方法。我寻找着摆脱这团混乱的道路。

但我已经彻底迷失了方向。我精疲力竭，看不到希望。我往前看时，只能看到更多类似的景象：随着时间的推移，罗茜会成长得更高、更有力量，但她和我将一直僵持在这场旷日持久的战役中。

而现实情况却并非如此。这本书正是要讲述这些意料之外的转折是如何悄然发生在我们的生活中的。它始于一场墨西哥的旅行，这次旅行让我大开眼界，随即又让我走上了去往世界其他角落的旅途，每一次旅行中，罗茜都是我的旅伴。在旅途中，我遇到了非常多非凡的父母，他们慷慨地教了我很多养育孩子的方法，教了我怎样平复罗茜的脾气，而且还向我展示了一种不大喊大叫、唠叨和惩罚的沟通的方式——一种建立孩子信心而不是与父母建立紧张和冲突关系的方式。在这之中，我学会了怎样教罗茜对我、家人和朋友保持友善和宽容，或许这是最重要的。这一切能够发生，部分是因为这些父母让我明白了如何以一种全新的方式对我的孩子付出温情与爱。

伊丽莎白·特古米亚尔是一位因纽特母亲。我们在北极圈内的最后一天时,她和我说:"你现在肯定明白该怎么和罗茜相处了!"确实,我明白了。

养育孩子是非常个性化的事,其中的细节因文化背景、群体特征甚至家庭状况的差异而不同。然而,如果你现在有机会能去世界各地游历,你会发现,一条相同的主线贯穿着绝大多数的文化。从北极冰原,到尤卡坦的热带雨林,再到坦桑尼亚的热带草原、菲律宾的山麓,你会看到和孩子产生联结的一种共通的方法。尤其是那些能够培养出善良热心孩子的文化——这些孩子早上醒来后会立即去洗碗,他们也愿意把自己的糖果分享给兄弟姐妹们。

这种共通的育儿方式中有4个核心要素。今天,在欧洲的个别地区,你仍然可以发现它们;在不久之前,它们同样流行于美国。本书的第一个目标,就是了解这些要素的来龙去脉,并且学习如何将它们融入你的家庭,让你的生活更轻松。

这种育儿方式在全球范围内,尤其是在狩猎-采集社会中普遍存在,可能有数万年,甚至长达10万年的历史。生物学家给出了一个令人信服的观点,即这种亲子关系是不断进化发展而来的。当你看到这种育儿方式时——无论是在玛雅村庄里做玉米饼,还是在北冰洋上钓红点鲑鱼——你都会有一种醍醐灌顶的感觉:"哦,这才是养育孩子该有的样子。"孩子和父母就像榫和卯一样接合得紧密牢固，这样的关系可以用"美"来形容。

我永远不会忘记我第一次目睹这种育儿方式时的感受，仿佛重力失衡了一般。

当时，我已经在美国国家公共电台做了6年的记者。在这之前的7年，我在加州大学伯克利分校从事化学研究。因此，作为一名记者，我专注于医学方面的报道，尤其是传染病、疫苗和儿童健康。大多数时候，我在旧金山的家中撰写专题报道。但美国国家公共电台会时不时地派我去世界上某个遥远的角落报道一种外来的疾病。在埃博拉疫情最严重的时候，我去了利比里亚；为了寻找正在融化的冻土中的流感病毒，我去了北极地区挖掘永久冻土；2017年秋天时，在加里曼丹岛的一个蝙蝠洞中，一名病毒猎人就警告我未来会发生冠状病毒的大流行。

罗茜加入我们的生活后，这些旅行有了新的意义。我开始观察世界各地的爸爸妈妈们，不是以记者的身份，也不是以科学家的身份，而是以疲惫不堪的父母的身份。我拼命地想要寻找育儿的智慧。我想，**一定有比我现在所做的更好的方法。一定要有。**

后来，在一次去墨西哥尤卡坦州的旅途中，我近距离地观察到了它，亲身经历了它——那种共通的育儿方式。这次经历彻底震撼了我。旅行结束后，我回到家，开始转移我整个职业生涯的重心。我不再研究病毒和生物化学，而是想尽可能多地了解这种与小人儿们相处的方式——用这种极度温柔善良的方式来培养乐于助人且自立的孩子。

如果你正拿着这本书，首先，我要感谢你，感谢你付出的精力和时间。我知道这对父母来说有多珍贵。我与我优秀的团队付出了很多努力，让这本书更值得你和你的家人阅读。

其次，你可能像我和我丈夫一样，急需在育儿方面得到更好的建议和工具。也许你已经读了好几本书，然后像一个科学家一样，在你的孩子身上试验了好几种方法。也许一开始你很兴奋，这个实验让你满怀希望，但几天后，唉，实验失败了，这会让你感到更加疲惫。在罗茜生命的前两年半里，我经历过这种令人沮丧的循环，实验总是一次又一次地失败。

这本书的一大目标就是帮助你停止这种令人沮丧的循环。通过学习这种共通的育儿方法，你将了解在这数万年中，孩子们是如何以及为何能够被培养。你会理解不当行为发生的原因，你将学会如何从根源上阻止它。你将学习一种已经在几千年中经过六大洲父母检验的与孩子相处的方法——一种目前在其他育儿书籍中没有的方法。

～～～～～～～～～～～～～～～～～～～～～

如今育儿建议的主要问题，是其中绝大多数都是从欧美社会的角度提出的。不过，蔡美儿的《虎妈战歌》的确让我们见识到了中国式培养成功孩子的方法，但总的来说，当代育儿理念几乎完全基于西方范式构建。因此，这种偏狭的观点使美国的父母们一叶障目，无法看到育儿这件事的全貌。这种观点不仅遮挡了我们观察最迷人且实用的育儿方式的目光，也对我们有着更深远的启示：这是让养育孩子变得压力重重的原因之一，也是在过去几十年间让美国儿童和青少年变得更加孤独、更加焦虑和沮丧的原因之一。

哈佛大学的研究人员报告称，如今大约有三分之一的美国青少年有符合焦虑症标准的症状。超过60%的大学生表示感到"极度"焦虑，而Z世代（20世纪90年代中期至21世纪初出生的成年人）则是几十年来最孤独的一代。然而，美国主流的教育方式正在朝着加剧而不是遏制这些问题的方向发展。"父母已经进入了一种控制模式，"心理治疗师B.珍妮特·希布斯在2019年说，"他们过去提倡自主权……但现在，他们对孩子施加了越来越多的控制，这加剧了孩子的焦虑，同时让孩子更无法面对不可预知的事情。"

如果在我们的文化中，青少年的"正常"状态是焦虑和孤独的，也许父母是时候重新审视什么是"正常"养育了。如果我们真的想了解如何真正地与孩子建立联系，从而获得珍贵的亲子之乐，也许我们需要跳出我们的文化舒适区，与我们很少关注到的那些父母交流。

也许是时候打开我们狭隘的视野，看看养育孩子这件事能变得多么美好动人。

这是本书的另一个目标——开始填补我们为人父母知识的空白。为了做到这一点，我们将关注那些拥有大量实用的养育知识的文化——狩猎采集者和其他有着相似价值观的土著文化。这些文化下的育儿策略已经得到了几千年的磨炼。先祖们一代代地把知识传递下去，为新手父母们提供了一个巨大的、装满各种有力工具的百宝箱。因此，这些父母知道如何让孩子不经要求就主动去做家务，如何让兄弟姐妹合作（而不是打架），如何在不吼叫、责骂或强制暂停的情况下管教孩子。在培养儿童的韧性、耐心和控制愤怒等执行能力上，他们是激励大师，也是专家。

最引人注目的是，在许多狩猎-采集文化中，父母与孩子之间建立的关系与我们在美国培养的明显不同。它是建立在合作（而非冲突）、信任（而非恐惧）、个性化需求（而非标准化发展）的基础上的。

所以，在我用简单粗暴的工具——一把声音很大的锤子——养育罗茜的时候，世界各地的很多父母都有一整套精密的工具，比如螺丝刀、滑轮和水平仪，他们可以在任何有需要的时候把这些工具拿出来。在这本书中，我们将尽可能多地了解这些超级工具，学习如何在自己的家里使用它们。

为了做到这一点，我将直接去找信息的源头，也就是那些父母。我们将探寻玛雅、哈扎和因纽特这3种文化，这3种文化在养育子女中做得很出色的方面，恰恰是西方文化苦于改善的方面：玛雅母亲们是养育乐于助人的孩子的大师。她们已经发展出一种精良的合作模式，能够教会兄弟姐妹们和睦相处、寻求合作；哈扎的父母是培养自信、有自我驱动力的孩子的世界级专家，在美国常见的童年焦虑和抑郁在哈扎部落则是闻所未闻；因纽特人已经开发出能显著提高孩子们情商的方法，尤其是在控制愤怒和尊重他人方面。

本书将各用一个"部分"的篇幅来介绍每种文化。在每个部分，我们将会与几个家庭相遇，了解他们的日常生活。我们将观察到这些父母早上如何让孩子们准备好去上学，晚上如何哄他们上床睡觉，如何激励孩子们与他人分享、与他们的兄弟姐妹友好相处，并以符合他们个性的节奏逐步承担起新的责任。

此外，我们要给这些超级父母一个挑战，一个他们可以在我眼前解决的育儿难题——我要将罗茜抛给他们。

是的，你没看错。为了写这本书，我开始了一段史诗般的——有些人可能会说是"疯狂的"——旅程。我拖着我蹒跚学步的孩子，去了世界上3个令人敬畏的社群，和那里的家庭住在一起，尽我所能地了解他们养育孩子的方方面面，任何细节都不放过。在玛雅村庄，圆月悬空，我和罗茜一起睡在吊床上；在北冰洋，我们帮助一位因纽特爷爷捕独角鲸；在坦桑尼亚，我们向一位哈扎部落的母亲学习挖块茎类植物。

在整个旅途中，我与人类学家和进化生物学家交流，了解到我所看到的育儿策略并不独属于这些家庭和这些文化，而是在今天的世界范围内，乃至整个人类历史上广泛存在的。我也与心理学家和神经科学家交流，了解这些工具和策略如何影响儿童的心理健康和发展。

在本书的每个章节后，我为你准备了一些实用性指南，帮助你在你的孩子身上尝试书中的建议。我们会给你一些小技巧，让你沉浸式地体验这些方法，看看它们是否能与你的孩子产生共鸣，我也会给你一个更实用的指南，帮助你将这些策略融入你的日常生活。这些实用性较强的部分都是从我自己和我的朋友在旧金山抚养孩子的亲身经历中挖掘出来的。

跟随我们走出美国,我们将开始以全新的眼光来看待西方的育儿方式。我们会发现,在孩子的问题上,我们的文化如何落后——我们对孩子干预得太多。我们对孩子没有足够的信心,不相信他们天生就知道自己需要什么。在很多情况下,我们不懂他们的语言。

特别是,西方文化几乎只关注亲子关系的某个方面,那就是控制——父母对孩子、孩子对父母分别施加多少控制。最常见的育儿"风格"都围绕着控制而来:直升机式父母[①]的控制力最强,自由放养式父母则控制力最弱。我们的文化认为,要么是大人说了算,要么是孩子说了算。

这种育儿观存在一个主要问题——它让我们陷入权力斗争,其中伴随着争吵、尖叫和哭喊。所有人都不想被控制,无论是孩子还是父母。因此,当我们与孩子以控制为前提进行互动时——无论是父母控制孩子还是反过来——我们都会建立一种敌对关系。亲子间的紧张关系由此而来,争吵不断爆发,父母和孩子的权力斗争不可避免。对于一个两三岁的孩子来说,他无法控制自己的情绪,这种关系的张力会以肢体行为的形式爆发出来。

---

① "直升机式父母"(helicopter parent)一词最早出现在海姆·吉诺特博士1969年出版的《父母与青少年》一书中,其中受访的青少年称他们的父母会像直升机一样盘旋在他们头顶,故此词被用来代称那些控制力极强的父母。——译者注

最强控制力

亲子关系有其他维度吗?

最弱控制力

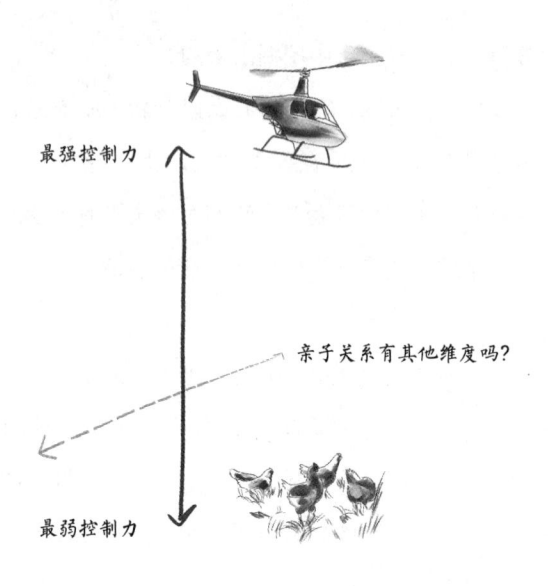

    这本书将向你介绍养育行为的另一维度。然而在过去的半个世纪里,它在美国被极度边缘化。它是一种和控制力无关的与孩子建立联结的方式,不涉及让父母握紧或者放松对孩子的控制。

    或许你甚至没有意识到,你在养育孩子方面遇到的困难有多少是关于控制的。当我们从养育子女的等式中移除了控制力(或者至少是减少它的比重)时,所有的挣扎和抗拒会像热锅里的黄油一样随即消失,看到这一切的你会为之惊叹。坚持住!试一试这本书里的方法,你会发现养育过程中那些极度令人沮丧的事件——朝你扔过来的鞋、在商店里发脾气、睡觉前的争吵——发生的频率会大大降低,最终完全消失。

最后，我想谈一谈我写这本书的意图。

我最不希望的是这本书的任何一部分让你对自己作为父母所做的事情感到愧疚。所有的父母已经有了如此多的自我怀疑和不安全感，我不想再加重你的负担。如果发生这种情况，请立即给我发邮件，让我知晓。我的目标恰恰相反——我想让你作为父母获得力量和激励，同时给你一套全新的、在目前的育儿讨论中缺失的工具和建议。在那个寒冷的12月清晨，我躺在黑暗中，感觉自己跌入了谷底时，我希望有人能给我这样一本书。我现在所写的，就正是这本书。

我的另一个愿望是让那些为罗茜和我打开家门、欢迎我们进入他们生活的父母被正确地看待。这些家庭的文化背景与我的不同，可能也与你们的不同。有很多方法可以避开这些差异所带来的阻碍。在美国，我们经常关注这些文化的艰难状况和各种问题。如果来自不同文化背景的父母不遵守我们的文化规则，我们甚至会责备他们。在其他时候，我们又会朝着相反的方向走得太远——我们会把其他文化过度浪漫化，认为它们拥有一些"古老的魔法"，或生活在某种"失乐园"中。这两种思维方式都是绝对错误的。

毫无疑问，这些文化背景下的生活可能是很艰难的——在任何文化中都是如此。这些社会和家庭曾经历过，或正在经历悲剧、疾病和艰难时期（有时是由西方文化造成的）。和你我一样，这些父母非常努力工作，经常身兼数职。他们也会在孩子身上犯错误，并为自己的决定感到悔恨。他们并不完美。

同时，这些文化不是被时间冻结的古代遗迹——没有什么比这更偏离事实了。这本书中的家庭和你我都是"同时代的"（我找不到更好的词了）。他们有智能手机，会查看脸书（频率并不低），会看《犯罪现场调查》，喜欢《冰雪奇缘》和《寻梦环游记》。孩子们早餐也会吃水果麦片，晚饭后会去看电影。大人们在早上忙着为孩子们上学做准备，在懒散的周六晚上和朋友们一起喝啤酒。

但这些文化确实有一些西方文化目前所缺少的东西——根深蒂固的育儿传统和随之而得的丰富知识。毫无疑问，这本书里的父母能够非常娴熟地与孩子沟通、合作，以及激励孩子。只要和这些家庭待上一两个小时，这一切都会不证自明。

因此，在这本书中，我最明确的目标是关注这些父母优秀的养育能力。在我的旅行中，我希望能见到其他人，尽可能真诚地与他们交流，并从他们丰富的经验中学习（然后把它们带给你，我的读者）。在我分享这些故事的时候，我希望尽我所能地尊重出现在本书中的人（以及他们所在的社群）。除此之外，我也想对他们给予回报。因此，本书 35% 的预付款将捐给你即将在书中见到的家庭和社群。

为了在整本书中不加区分地呈现所有人的观点，我将在第二次提到每个人的观点时使用他们的名字[①]。

[①] 正常情况下，第二次提到某人的观点时，一般用姓或诸如"博士""教授"等称谓加上姓来指代此人，但本书作者为了不因称谓而体现观点的权威程度，特用他们的名字来指称。——译者注

好了。在我们登上飞机、沉浸在值得尊敬的3种文化中之前，我们需要再处理一件事——我们需要审视自己，了解我们为什么要用目前的方式养育孩子。我们会发现许多理所当然甚至引以为豪的技术和工具，它们的根基脆弱得相当令人惊讶。

第一部分

古怪而狂野的西方育儿

第 1 章
世界上最"奇怪"的父母

那是 2018 年的春天,我在坎昆国际机场瘫坐着,盯着天上来来往往的飞机,思绪却飘回到我之前所目睹的一切。这些都是真实存在的吗?

养育孩子,真的可以那么容易吗?

几天前,我去了尤卡坦州中部的一个玛雅小村庄,为一个关于儿童注意力持续时间的电台报道做调查。在这之前,我读过一篇研究报告,其中提到在一些情况下玛雅儿童比美国儿童更能集中注意力,我想知道其中的原因。

但在村子里待了一天后,我很快就发现,那些小小的茅草屋顶下,有着更值得挖掘的故事。

我花了很多时间采访玛雅妈妈们和奶奶们,了解她们是如何养育孩子的,观察她们的行为技巧——如何应对发脾气的孩子,如何激励孩子写作业,如何哄孩子进屋吃饭——基本上就是了解每个家庭的日常琐事。我还询问了她们如何应对养育孩子时最困难的那些事件，比如早上如何准备出门，或者晚上如何准备睡觉。

我所目睹的一切使我惊异万分。她们的教育方式与我之前见过的完全不同——与旧金山那些"优步妈妈"①的方法不同，与我小时候的经历不同，与我抚养罗茜的方式也大相径庭。

我自己养育孩子的经历，就像握紧双拳在激流中漂荡，充满了戏剧性、尖叫和泪水（更不用说我和孩子之间无休止的谈判和争吵了）。然而，和玛雅妈妈们在一起时，我感觉自己就像在一条宽阔、宁静的河流上漂流，水流平缓而稳定地蜿蜒穿过山谷。玛雅妈妈们是如此温柔，养育孩子是如此容易的事，几乎没有任何冲突。我听不到孩子们的尖叫，看不到家长对孩子发号施令或者喋喋不休，但她们的育儿方式却很有成效。哦，更应该说是成效卓著！孩子们对父母，甚至对他们的兄弟姐妹都十分尊重、亲和，并乐于与他们合作。有一些时候，父母甚至不用要求孩子把自己的薯片分给弟弟妹妹们，孩子自己就会这样做。

但更让人印象深刻的是，那里的孩子们十分乐于提供帮助。无论在哪里，我都能看到各个年龄段的孩子热切地帮父母的忙。一个9岁的小女孩从自行车上跳下来，跑过去帮她妈妈打开浇水的水龙头。一个4岁的小女孩主动提出要去街角的市场买西红柿回来（当然，家长答应给她一块糖）。

---

① "优步妈妈"是指那些自己在家用打车软件为孩子叫车，送孩子去学校等地方，而不是自己驾车接送孩子的妈妈。——译者注

第一部分　古怪而狂野的西方育儿

后来，在我停留的最后一天早晨，我目睹了那里的孩子所能提供的最大帮助。它来自一个意想不到的人，一个还未进入青春期的放春假的女孩。

我坐在她家的厨房里，和女孩的母亲玛丽亚·德洛斯安赫莱斯·通·布尔戈斯聊天，玛丽亚正在煤火上煮黑豆。她把黑色长发扎成利落的马尾，身穿一件海军蓝Ａ字裙，腰带束得很紧。

"两个大一点的女儿还在睡觉。"玛丽亚坐在吊床上休息时说。她们前一天晚上看了一部关于鲨鱼的恐怖片，所以睡得晚了些。"我半夜发现她们都挤在一张吊床上，蜷抱在一起，"玛丽亚说着，轻轻地笑了笑，"所以我想让她们多睡一会儿。"

玛丽亚平时非常辛苦。她担负所有的家务，准备每一餐食物——用石磨磨碎的玉米做的新鲜玉米饼，以及打理生意。在我们停留期间，无论出现什么混乱的局面，玛丽亚总是很冷静。甚至当她让最小的女儿艾莉克莎不要碰炭火时，她的声音也很平静，脸上的表情也很放松，没有紧迫感、焦虑感或压力感。作为回报，她的孩子们对她也很好。他们（在大部分情况下）都会按她的要求去做，不争论也不顶嘴。

又聊了几分钟之后，我站起来准备离开，这时玛丽亚12岁的女儿安吉拉从她的卧室里走了出来。她穿着黑色紧身裤、红色Ｔ恤，戴着金色耳环，看上去和加州的孩子们没什么两样。但她做了一件我在加州从未见过的事。她径直从我和她妈妈身边走过，一句话也没说，提过一桶肥皂水，开始刷早餐后的盘子。没有任何人要求她去做这件事，墙上也没有挂家务分配表（事实上，家务分配表可能反而会抑制这种主动的行为）。相反，安吉拉只是注意到水槽里的脏盘子，就自己去做了，尽管她还在轻松的春假期间。

"哇！"我叫道，"安吉拉经常主动帮忙做家务吗？"

我十分惊诧，但玛丽亚似乎一点也不吃惊。"她并不每天做家务，但帮忙的时间也很多，"她说，"如果看到有需要做的事情，她不会等别人要求她时再去做。有一次我带她妹妹去诊所，我们回来的时候，安吉拉已经把整个房子都打扫了一遍。"

我径直走向安吉拉，问她喜不喜欢洗碗。她的回答让我的心底柔软了下来。

"我是喜欢帮妈妈干活儿啦。"她刷着一个黄色的盘子，用语调柔和的西班牙语说。

"那你没有在帮妈妈干活儿的时候，你都会做什么？"我问。

"我会去帮忙照顾妹妹。"她自豪地说。

我目瞪口呆地站在那里。哪个12岁的孩子早上起床后的第一件事就是洗碗，而且还是在放春假的时候？我想道。这是真实存在的吗？

因此，几天后，我在繁忙的坎昆机场盯着往来的飞机时，不禁又想起安吉拉，想起她真心的帮助和她对家人温柔的爱。玛丽亚和其他玛雅妈妈是怎么做到的？她们是如何培养出如此乐于合作、尊重他人的孩子的？

这些女性让养育孩子变得如此简单——说出"简单"这个词时我也不可置信。我想知道她们的秘诀，我希望我和罗茜的关系也可以变得那样平静缓和。我想离开那令人心惊肉跳的急流，去到宽阔蜿蜒的河面。

我的视线从飞机转向坐在我对面的美国游客，他们正准备登上回旧金山的飞机。我突然意识到，我和罗茜相处得这么糟糕，也许并不是因为我是个坏妈妈，而是因为还没有人教我如何成为一个好妈妈。我所处的文化是否已经遗忘了养育子女的最佳方式？

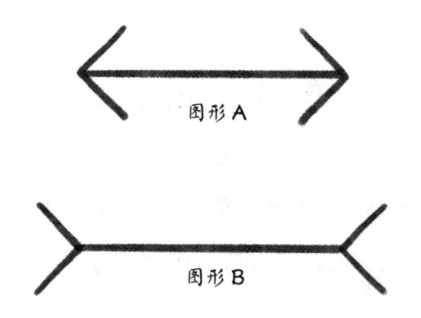

~~~~~~

这里有一个快速的小测试。在下面的这两条线中，哪一条比较短？图形 A 还是图形 B？

图形 A

图形 B

答案显而易见，对吧？但你所想的是正确答案吗？

如果给一个肯尼亚牧牛人做这个测试呢？或者是以狩猎为生的菲律宾小岛上生活的人呢？谁能正确回答这个问题？谁会被错觉愚弄？

早在 19 世纪 80 年代，年轻的德国精神病学家弗兰茨·卡尔·缪勒 - 莱尔试图研究人类大脑是如何感知世界的。在他 30

岁出头时，他就已经是这个领域的璀璨明星了。当时，视错觉在心理学领域风靡一时。弗兰茨认为他也可以在这一方面有所成就。于是他开始涂涂画画。他画了两条等长的线，一条线两端的箭头指向线段外侧，如图形 A，而另一条线两端的箭头指向线段内侧，如图形 B。弗兰茨很快意识到，虽然这两条线的长度完全相同，它们带来的视觉效果却截然不同。箭头的形状诱使大脑认为图 B 中的线比图 A 中的长。

凭借这幅涂鸦，他创造了后来历史上最著名的视错觉图像——缪勒-莱尔错觉。

1889 年，弗兰茨发表了这一有关视错觉的发现，随即，科学家们试图弄清楚为什么我们的眼睛——或者说我们的大脑——会给我们错误的认知。为什么我们看不出这两条线段的长度相等呢？这种错觉似乎揭示了人类感知世界的普遍规律。

一个多世纪后，一组研究人员逆转了心理学领域已有的结论，永远地改变了我们看待缪勒-莱尔错觉的方式，以及理解人类大脑的方式。

~~~~~~~~~~~~~~~~~~~~~~~~~~~~~~

2006 年，约瑟夫·亨里奇刚搬进他在温哥华的英属哥伦比亚大学的新办公室，就和走廊另一头的一位心理学家建立了友谊。那时的他还不知道，这段友谊会带来整个心理学领域的根本性转变，或者用约瑟夫的话来说，"对心理学直中要害的一击"。

约瑟夫是一位思想家。他研究促使人们相互合作或者发动战争的动因，以及人类如何因合作而成为地球上最具统治力的物种。

约瑟夫也是一位研究领域罕见的心理学家，被称为"跨文化心理学家"。他不仅以美国人和欧洲人为实验对象，还前往遥远的地方，如斐济和亚马孙河流域，观察其他文化中的人在相同的实验中表现如何。

在约瑟夫办公室走廊尽头的是另一位跨文化心理学家，名叫史蒂文·海因。他研究赋予人们生活以"意义"的因素，以及这一因素在世界各地不同文化中的变化。和约瑟夫一样，史蒂文想了解的是全人类大脑的运转机制，而不仅仅将研究对象局限于来自欧美国家的人。

约瑟夫和史蒂文都对其他文化的价值有着深刻的理解，他们每个月都会共进午餐。他们会去大学的美食街带回中餐外卖，然后讨论他们目前的研究。约瑟夫和史蒂文一次又一次地注意到一个模式：来自欧美国家的人的行为模式与来自其他文化背景的人非常不同。"我们才是实验中的异常值。"约瑟夫说，"史蒂文和我都惊呆了。我们想知道，难道北美人才是世界上最奇怪的人吗？"

当时，这个想法只是在午餐时间突然冒出来的一个假设。但是约瑟夫和史蒂文很感兴趣，他们决定进行一些测试。两人说服了他们的同事阿拉·诺伦萨扬，一位研究宗教如何传播并促进合作的心理学家。三人开始系统地回顾心理学、认知科学、经济学和社会学领域的数十项研究。

这个团队立刻注意到一个严重的问题——当前的心理学有所

偏倚。绝大多数研究（约96%）只调查了欧洲背景的人。然而，有着欧洲血统的人只占世界人口的12%。"所以整个心理学领域研究的只是人类的一小部分。"约瑟夫说。

如果这项研究的目标是了解西方人的思考和行为模式，那么调查对象偏向西方人就不会构成问题。但是，如果目标是了解全人类的思考和行为模式，尤其是当已研究的人群与其他人群相比表现异常时——就像西方人那样——这种偏向就会成为一个严重的问题。这就像在芭斯罗缤家冰激凌店只尝试有粉色泡泡糖的冰激凌，忽略其他30种口味，然后发表一篇论文，声称所有冰激凌中都有泡泡糖。

但如果你品尝了其他30种口味，会如何呢？

为了弄清楚这个问题，约瑟夫、史蒂文和阿拉将少量实验在美国以外的地方实施，然后将结果与对西方人的相对比，结果往往大相径庭。西方人的行为表现在行为谱系的一端，而来自不同土著文化的人则更多集中于整个谱系中间。

这些分析得出的结论令人震惊。该研究团队在2010年的研究成果中写道，西方社会的人，"包括幼儿，是我们目前发现的最不具代表性的人群之一"。他们甚至想出了一个好记的首字母缩写来描述这种现象——"WEIRD"[1]（后文称之为"奇怪"），指的是西方的（western）、教育程度高的（educated）、工业化的

---

[1] 这一缩略词与英文单词"weird"拼写一致，意即"奇怪的，怪异的"。因此这一缩略词不仅描述了西方社会文化背景的主要特征，同时也指出了它与世界大多数其他文化的巨大差异。——译者注

（industrialized）、富裕的（rich）和民主的（democratic）社会。

约瑟夫和他的同事发表了一篇题为《世界上最奇怪的人群？》的论文，心理学的种族中心主义观点随即崩溃了。这并不是说心理学世界中的皇帝没有穿衣服，更像是他穿着名为"西方"的长袍跳舞，假称代表全人类。

研究得出的结论是，来自"奇怪"文化背景的人在方方面面都异于其他文化的人，包括与他人合作的方式、施加惩罚的方式、看待公平的方式、思考"自我"的方式、价值选择的方式，以及看待三维空间的方式。

让我们以在第 22 页看到的视错觉为例[1]。

实验很简单。研究人员向人们展示了这一图像，并询问这两条线看起来有何不同。研究人员的发现令人惊讶，一些心理学家至今仍在争论产生这一结果的根本原因。

美国人很容易产生这种错觉。平均而言，伊利诺伊州的志愿者认为箭头指向外侧的线比指向内侧的线长 20%。这与之前的研究结果一致，没有什么新奇。

但当研究人员观察来自其他文化的人的测试结果时，事情变得有趣起来。一些来自土著文化的人，如非洲南部的狩猎采集者和科特迪瓦的农民，完全没有被这种错觉欺骗。他们看到的就是

---

[1] 在 20 世纪 50 到 60 年代，科学家们对来自至少 14 种文化背景的人进行了缪勒-莱尔视错觉测试，包括尼日利亚的渔民、卡拉哈里沙漠的采集者等。他们还对有欧洲血统的南非人，以及美国伊利诺伊州埃文斯顿市的成年人和孩子进行了视错觉测试。——译者注

实际画在纸上的东西——两条长度相等的线段。来自其他文化的人们对这一视错觉的反应则介于两个极端之间。来自其他14个文化的人也认为这两条线段并不等长，但不如美国人认为的长度差别那么大。

研究人员推测，这种错觉之所以最有效地欺骗美国人，是因为我们生活在"木工环境"，即直角组成的环境之中。换句话说，我们是被一个个盒子所包围着的。放眼望去，生活中随处都是盒子。我们住在盒子状的房子里，睡在盒子状的床上，在盒子状的烤箱里烹饪做饭，在盒子状的地铁车厢里通勤，我们的家里充斥着各种盒子，如抽屉柜、桌子、沙发、衣橱等。

科学家们假设，我们不断接触这些盒子，训练我们的大脑以一种特定的方式来感知缪勒-莱尔视错觉（见第22页图形A、图形B）：当我们看到两个箭头时，我们的大脑会走上捷径——在潜意识中把纸上的二维线条当作一个三维的盒子的边缘（更确切地说，是对盒子边缘的图示）。为什么这种潜意识中的转化会让我们觉得上面的线比下面的短呢？想象这两条线是一座建筑物的边缘，箭头两端向外侧延伸的线类似于一条向视点后方倾斜的边缘，也可以理解为这条线离我们自身更远；而上方的那条箭头两端向内侧延伸的线，更像是向我们自身倾斜的边缘，也即它离我们更近。因此，由于我们觉得上方的那条线离我们更近，而下方的那条线离我们更远，所以我们的大脑在潜意识中拉伸了下方的那条线。

但在世界上的许多文化背景中，人们不是被盒子或直角包围着的。相反，他们的周围是弯曲光滑的形状。房屋和建筑通常都是圆顶设计，或者是用芦苇或黏土等更柔韧的材料建造的。人们走出家门后，不会沿着有灯柱的人行道直行（从而形成直角）。他们在自然环境中行动，周围是无数自然元素——树木、植物、动物和各种地貌。大自然并不青睐于直角的构造，它更喜欢曲线。

因此，当一位卡拉哈里沙漠的科伊桑人女性看到画在纸上的缪勒-莱尔视错觉图像时，她不会被箭头的指向愚弄。她的大脑不会自动认为这些线代表了一个三维的盒子的边缘。相反，她只是看到实际画在纸上的东西——两条等长的线。

通过对来自不同文化的人进行缪勒-莱尔视错觉图像测试，研究人员窥见了心理学基础中的巨大裂缝。他们的发现表明，人们成长过程中所处的文化和环境会深刻地影响大脑的基本功能，比如视觉感知。

如果是这样，文化还会以哪些方式改变我们的大脑呢？还有哪些心理学中的"人类共性"或"普遍原则"实际上根本不具有普适性，而是西方文化独有的——在特定的"奇怪"环境中生活和成长的结果？

换句话说，文化会影响认知，比如我们看待一张纸上的两条线段的方式，那么我们的文化又会如何影响更复杂的心理过程？它对我们的育儿思想或我们看待孩子行为的方式会有什么影响？在养育孩子方面被认为是"共性"的一些想法，会不会也是由我们的文化创造的"视错觉"呢？

从尤卡坦州的玛雅村庄回家后，我满怀激情，渴望投入养育孩子的战场。这么多年来，我第一次感到充满希望。我想可能——仅仅是可能——我终于能搞明白育儿这件事，我也许能够驯服我家像野生鬣狗般的女儿，并教会她乐于助人、尊重他人。这番展望让我感到一阵幸福的晕眩。

于是我开始做我最擅长的事——开展研究。我想尽可能多地了解玛雅父母养育孩子的方法。我深入研读科学文献，与科学家们交谈，阅读学术书籍。我还花了很长时间仔细阅读了当代的育儿书籍。

我的研究很快就遇到了瓶颈。在面向大众的育儿书籍中，我几乎找不到任何关于玛雅人养育孩子的线索。事实上，我几乎找不到任何关于非西方文化中养育方式的内容。小部分育儿书中的确会提到来自其他文化的育儿实践，但这些内容却更多地被当作满足猎奇心理的素材，而不是能帮助艰难的父母们的金石之言。

就在那时，我意识到现今育儿建议中存在巨大的缺陷。我们接触到的建议几乎完全从西方文化出发，缺失了太多声音和观点。然而，要想了解如何让婴儿迅速入睡、小孩子的行为模式是什么样的，以及一个蹒跚学步的孩子趴在人行道上（只是想要一个玩伴）时该怎么办，西方世界似乎并不是寻找答案的最佳地点。

首先，西方文化在养育孩子方面相对而言还是一个新手。在全世界的育儿舞台上,我们还是天真的孩童。我们的许多育儿方法只存在了大约100年,有些甚至只有几十年。无论如何,这些做法都还没有"经受时间的考验"。很多时候,我们的育儿建议在一代又一代之间反复变换,令人眼花缭乱。以对婴儿睡姿的建议为例。我妈妈生孩子的时候,医生建议她让刚出生的麦克林采取俯卧的睡姿。放在现在来看,不仅这一建议极其危险,甚至提出建议的医生也是失职的,因为让新生儿俯卧会增加婴儿猝死综合征的风险。

另外,如果将西方的育儿策略与世界其他地方以及人类历史上的育儿策略进行比较,就会发现很多时候我们的做法都很"奇怪"。

早在约瑟夫、史蒂文和阿拉发表他们的标志性研究,给西方文化冠以"最奇怪的文化"的名号之前,人类学家大卫·兰西就已经在思考我们的育儿方式是否也存在同样的问题。我们的育儿方法是全世界的异类吗?我们是一个异常值吗?

大卫用了几十年的时间来分析人类学数据、人种志中的描述和历史文献,他的结论是:答案是绝对肯定的!许多被认为至关重要的普遍育儿方法,在其他文化中都不存在,或者只是在最近才开始出现。"其中的差异不胜枚举。"大卫这样告诉我。在他具有里程碑意义的著作《童年人类学》中,大卫对这些差异进行了总结。"我们所做的事情中,可能有四五十件是你在其他文化中看不到的。"

例如,表扬是激励孩子的最好方式吗?让孩子保持兴奋和快乐是父母的职责吗？语言是与孩子交流的理想方式吗？口头指导真的是教孩子最好的方法吗？大卫说，西方的许多观念实际上使养育孩子更加困难，并且与孩子的自然本能相悖。

以核心家庭①为例。在西方文化中，人们普遍认为，一位母亲、一位父亲和他们的孩子生活在同一屋檐下，构成了理想的家庭组织方式。为了让这种家庭结构更完美，有些人甚至可能会建议母亲待在家里，把全部精力都花在照顾孩子上。这是最"传统"的家庭，对吧？②

但其实并非如此。如果你环顾世界，研究全人类的历史，你会发现核心家庭（其中包括一个全职妈妈）可以说是最不传统的家庭结构之一。99.9%的人类历史中，核心家庭根本不存在。"它只在人类历史上存在了极短的一段时间，"罗格斯大学的历史学家约翰·吉利斯这样说道，他对西方家庭演变史已经进行了30余年的研究，"它还很年幼，也并不存在于传统中。在人类的历史中，它没有任何的根基。"

除此之外，核心家庭的养育条件并不符合孩子们发展的趋势。核心家庭中缺少关键的老师角色，而这一角色在孩子的生活中至关重要。几十万年来，养育子女需要多代人的参与。孩

---

① 核心家庭是由伴侣关系和父母关系结合形成的家庭单位，由一对成年人和他们被社会承认的、未婚的子女组成。——译者注

② 在你所在的社会背景下，你读到这里可能会觉得母亲应该全职在家照顾孩子的观点有点过时了。但根据皮尤研究中心2007年的报告来看，就在14年之前，仍然有41%的人认为母亲外出工作对社会有害。——作者注

子们发展出向不同年龄的人学习的需求和能力——曾祖父母、祖父母、叔舅婶姨、家庭朋友、邻居、表亲，以及他们的孩子们。

在过去的一千年左右的时间里，西方家庭已经从几世同堂的大家庭缩小到只由父母、两个孩子，也许还有一只狗或猫组成的小单位。家里没有了奶奶、爷爷、费伊姨妈和比尔叔叔，也没有了保姆莉娜、厨师丹恩，以及一大批在前廊闲逛或在沙发上睡觉的邻居和客人。一旦这些人从家里消失，大部分养育孩子的负担就落到了父母身上。

结果就是，在人类历史上第一次，那些妈妈爸爸，甚至是单亲母亲或父亲，完全依靠自己的力量，开始了养育孩子这一疯狂而艰难的旅程。"完全靠父母照顾一个孩子的想法太荒谬了，荒谬至极，"吉利斯补充道，"这一工作本应该由很多人共同承担，现在却要让两个人完成。"

大卫·兰西将这种育儿方式比作一场暴风雪把母亲和孩子单独困在房子里。这种孤立于外界的状况迫使母亲成为孩子唯一的玩伴——成为关爱、社会联系、娱乐和情绪刺激的唯一来源。这种情况会导致紧张和疲劳。大卫在他的书中写道："我们有充分的理由相信，现代生活环境——单亲家庭或核心家庭，婴幼儿无法与同龄的孩子接触会带来类似的结果。"

我们的家庭被困在实际生活的暴风雪中，其中的孤立状态可能对父母和孩子的心理健康产生消极的影响。我访谈过的许多心理学家都认为，大家庭的衰败是美国产后抑郁症、在儿童和青少年中日益频发的焦虑和抑郁的根本原因之一。父母们和孩子们确实都很孤独。

这种孤立状态还带来了另一个有害的后果：父母们失去了他们的育儿顾问，我们可能已经忘了这些顾问有多重要。

约翰·吉利斯在《一个自创造的世界》一书中写道，在西方文化中，我们倾向于认为母性是"女性的本能，就像男性的性冲动一样自然"。但实际上，育儿是一种可习得的技能。而传统的知识来源是那些自己已经养育了孩子的人——爷爷、奶奶、姨妈、叔叔，还有爱管闲事、乐于助人的邻居。一旦老一辈人从家里消失，他们养育孩子的知识和技能也随之消失。新手父母们需要完全靠自己弄清楚那些养育孩子的基本知识，比如如何让宝宝整夜安眠，怎样安抚发脾气的孩子，怎样让姐姐关爱弟弟，不要打他。

如今的结果是，妈妈们在婴儿车前惶然无措：她承担了比以往任何时候都多的养育子女的责任，但她却丝毫没有为这份工作做好准备。

"母亲们从来没有背负过如此重的育儿负担。"吉利斯总结道。

难怪我和罗茜一起度过周末后都会在周日下午感到筋疲力尽。连续两天，我一直在做 3～4 个人的工作。我不仅是她的妈妈，也是她的奶奶、姐姐和同龄的表亲。更糟糕的是，我几乎都是在临场发挥。

换句话说，核心家庭的建立重塑了我们为人父母的方式，也重塑了我们学习为人父母的方式。再见，奶奶。再见，卡罗尔婶婶。再见了，父母的教育知识、技能和用来抱孩子、做饭、在睡觉时按摩孩子背部的帮手们。你好，孤独、疲惫和压力。

为什么我会以"奇怪"的方式养育孩子?

在知道了我养育孩子的方式完全符合"奇怪"文化下的育儿模式后,我无法摆脱这样的想法:其中一定有什么潜在的原因。当然,像养育子女这样复杂的事情,原因有很多。但我还是想知道,是否有一个关键的事件,引发了西方文化的雪崩式变化,并最终在数百年的时间里,让我们在为人父母时筋疲力尽、压力倍增。

所以几个月来,我与无数的历史学家和心理学家交流,询问他们同样的问题:为什么我们会有"奇怪"的育儿方式?

每个人都给了我不同的答案:启蒙时代、资本主义、工业革命、儿童死亡率降低、每个家庭孩子的减少、我们对隐私的重视。

后来我给创造出"奇怪"这个缩略词的3位心理学家之一的约瑟夫·亨里奇打电话,他的回答让我大吃一惊。"其实我正在写一本书,就叫《奇怪》,试图解释西方人是如何在心理上变得如此奇怪的。"他说道,"其中的关键其实与天主教有关。"

"什么？何以见得？"

在接下来的20分钟里，约瑟夫解释了他的新研究中令人着迷的发现。

几千年前，欧洲的家庭和现今许多其他文化中的家庭很像：几世同堂、关系紧密的大家庭。房子向四面八方敞开，亲戚、仆人、工人、普通的老邻居和朋友在这里来来往往，没有什么大惊小怪的。

与此同时，孩子们享有很大的自主权。巨大的家庭结构在各个年龄段的孩子周围形成了一个保护壳。父母不需要盯着他们，因为他们身边总是有其他的大人，或者是有能力、有爱心的大孩子。因此，从大约6岁开始，中世纪（以及整个西方历史的大部分时期）的孩子基本上不受成人的指导。他们在家或许也有义务和责任，但总的来说，他们为自己制定了规则，并自己决定每天做什么。

然而父母仍然管束着孩子生活的一个重要方面——婚姻。尽管这个想法可能会让你有点尴尬，但请允许我说几句，父母们参与其中有一个令人信服的理由。

约瑟夫说，在许多情况下，父母强烈鼓励（甚至哄骗）自己的孩子与亲戚结婚，例如一个远房的表堂亲戚，或者教父教母的儿女。人们只考虑在"家庭内部"结成姻亲，且在大多数情况下，不会以"生理"层面的原因禁止这些婚姻。婚姻双方没有直接的血缘关系，或者亲缘关系不够近，因此不必担心因近亲繁殖而导致健康问题。

这种婚姻有一个重要的目的。它们是将大家庭联结在一起的线。用这些线，家家户户织出色彩鲜艳且坚韧的挂毯。这种婚姻将土地和财产保留在家族内部。随着时间的推移，这个家族就会得到金钱、威望和权力。也许对我们来说更重要的是，家族为父母提供了大量的帮助。每个家庭规模庞大，孩子们可以以一种（相对）安全的方式在其中进行自主管理。

后来，大约在公元600年，天主教会开始对这块挂毯猛拉硬拽，这块挂毯上的线开始散开。

"天主教会执着于对他们所认为的'乱伦'进行管制。"约瑟夫说。

教会开始规定双方的关系满足什么条件才可以结婚。首先，他们禁止三代以内旁系血亲结婚，这是一个合理的限制，因为三代以内旁系血亲有约12%的基因是相同的，近亲繁殖会导致健康问题。

但在7世纪，教会将婚姻禁令的管制扩大到所有的"亲属"，无论他们的血缘有多远。50年后，他们又进一步禁止了姻亲之间、子女和他们的教父教母的儿女之间的婚姻。举个例子，如果你的丈夫去世了，你就不能再嫁给他的兄弟了（对于寡妇来说，这实际上是一个相当普遍的选择，在生物学上也是安全的）。违反这些法律的惩罚非常严厉：教会将会没收他们的财产。到了11世纪，教皇和欧洲各地的国王实施了更多的婚姻限制，连六代堂表亲戚都不能结婚。要知道，六代堂表亲戚是通过128位祖先和亲戚联系在一起的。他们只有0.01%的DNA相同，因此在生物学上并没有"血缘关系"。

约瑟夫和同事在2019年的研究报告中称，这些法律带来了无数的后果。婚姻法把大家庭打得粉碎。到1500年，西方家庭开始有了今天的家庭的雏形。约瑟夫说："至少在英国，也许还有德国，核心家庭很可能是主导的家庭形式。"

在这时，父母们抚养孩子的过程中仍能获得许多帮助。富有的家庭和中产阶级家庭会雇用住家保姆、厨师和清洁工。贫穷的家庭则继续在庞大的家庭结构中生活了几个世纪。但教会使得强大的家族分裂，可能由此引发了改变人们思维方式和价值观等的连锁反应。在这项研究中，约瑟夫和他的同事们发现，一个社群受到天主教会婚姻限制的时间越长，其中的成员的思维方式就与现代西方人越相近，也就是说，他们重视个人主义、不墨守成规等西方人所特有的心理特征。

我们并不能确定天主教会就是让西方父母如此奇怪的原因。两个通过时间和空间联系在一起的改变，并不意味着它们之间有因果关系。并且，我们一些"奇怪"特征最显著的养育方式实际上是最近才出现的。但仔细思考后你肯定会发现，个人主义在"奇怪"的社会背景中十分显著，它是在缩小了的家庭结构的作用下产生的，并从根本上改变了我们对待孩子的方式。

如果你在一个大家庭中长大，你对别人有很多义务和责任。你必须照顾年幼的兄弟姐妹、照顾生病的奶奶，或者为你的表亲做饭——你必须体谅他人的需求，必须跟随着大部队行进。你的个人需求必须让位于和他人的交往与合作。你是拥挤而又互通有无的池塘里的一条小鱼。当一家人坐下来吃饭时，每个人都从同一个锅里吃同样的食物，没有任何例外。

现在，家庭成员缩减为两个已婚成人和两个孩子，很多这样的义务都消失了。合作不再必要，隐私无处不在。我们失去了与人打交道和容纳他人所需的技能。我们有足够的时间和空间来满足个人的需求和喜好。数百年过去，你最终会遇到这样的情况：吃饭时，每个人都吃不同的菜、配不同的酱汁，对应该如何准备和享用一道菜每个人都有不同的想法。个人主义至高无上。可想而知，孩子们会变得无比专横，让人难以忍受。

第 2 章
我们如何奇怪地养育了孩子？

罗茜 6 个月大时，有一次，我和丈夫马特带她去儿科医生那儿做身体检查和接种疫苗。诊疗结束后，医生给了我们一张很实用的表格，上面列有帮助小宝宝发育和成长的"行动项目"。这个表格中包含了睡眠训练、喂养时间表以及与宝宝交谈的重要性等信息。医生让我们"把在做的事情都讲出来"。"例如，我洗手的时候，就告诉罗茜，'我现在正在用肥皂和水洗手'。"

"这你肯定很擅长啊，"马特看着我说，"说话可是你的专业。"这倒不假，作为一名电台记者，我还是相当能说的。

回到家后，我把这张表格贴在冰箱上，然后就像美国数百万的父母一样，开始了有条理、有规律、有大量直接交流的养育过程。（"罗茜，我要打开冰箱门了哟。现在我要把红酒拿出来，倒在杯子里。现在我要喝红酒啦。"）

我明白了，我心想。然后我从冰箱前退后一步，盯着这张表格。表格用黑白墨水印在 20 厘米 × 28 厘米的纸上，让我联想起

年龄	睡眠	饮食
3~6个月	小睡3次,夜间睡眠9~10小时	每天喂奶8~12次
6~9个月	小睡2次,夜间睡眠10~11小时	每天喂奶5~6次
9~12个月	小睡2次,夜间睡眠10~11小时	在喂饭之前先进行哺乳

人力代表在我完成入职培训课程后发给我的东西。一些疑虑在我心中萌发了:这些建议从何而来?它们是最好的建议吗?

刚成为妈妈时,我以为我们现在的育儿方式是沿袭下来的,所有父母一直像我们现在这样和婴幼儿交流,或刺激、教导和表扬孩子。我们总是为他们提供大量的玩具、饰品和赞美。如果一个3岁的孩子在晚餐后把她的盘子拿到厨房的水池边,父母就会提高音调说:"哇,太棒了!你真是爸爸妈妈的好帮手。"

换句话说,我认定了儿科医生给出的是经过时间考验的、代代相传的建议。数百年前,在马其顿的一个村庄里,名叫杜克里夫的曾曾曾……祖母抱着她的孩子,做着和医生的建议一样的事。

当然，多年来，我们这些父母也从科学和医学中学到了一些新的技巧，掌握了一些新工具的用法，让我们的生活更轻松、孩子更健康。这些创新可能缺乏历史先例，但它们可靠的科学数据支持弥补了这一缺陷。

因此，我相信来自医生和专家的建议是有史以来最好的育儿指导。我相信现代父母都在大规模地向最佳育儿方式迈进。一天晚上，我的一个朋友甚至确定地对我说："麦克林，我们真的是在精益求精了。"

大约在我把医生的表格贴在冰箱门上的一年后，我偶然发现了一本书，它是我读过的最厉害的书。我不记得是在哪儿看到它的了。它不是畅销书，在亚马逊"婴儿和幼儿育儿书籍排行榜"上的排名大约在第4 000位。而且这本书相当深奥，我花了几个月的时间才全部读完，但阅读的每一分钟都是值得的。这本书凭一己之力，改变了我对"育儿建议"以及我们文化中养育孩子方式的看法。

20世纪80年代初，英国作家克里斯汀娜·哈德曼特陷入了艰难的困境：她有4个6岁以下的孩子（4个6岁以下的孩子？这在生物学上可能吗？我不敢想象）。她淹没在来自医生、记者和作家的众多建议中，最终对这些建议产生了怀疑。她产生了和我一样的疑虑："嗯……这些知识到底是从何而来的呢？"

于是，克里斯汀娜开始了一项庞大的项目。她阅读和研究了超过650本育儿书和手册，最早的甚至可以追溯到18世纪中期——在这个时期，"专家们"开始为"能看懂书的父母"撰写育儿手册，儿科学开始成为一个独立的学科。克里斯汀娜的研究呈现在《理想的孩子》这本书中，她追溯了从17世纪的约翰·洛克到20世纪90年代的比尔·西尔斯和玛莎·西尔斯所提出的育儿建议的历史。

这本书的结论令人震惊：现在的许多育儿建议并不是基于"科学或医学研究"而被提出的，甚至不是祖先传下来的传统知识。相反，现在的育儿建议中，很大一部分都来源于几个世纪前为弃婴收容所而写的小册子。这种小册子大多数都是由男性医生编写的。当时，弃婴收容所的护士通常需要照顾数十个，甚至数百个被遗弃的婴儿，因此，医生试图将照顾婴儿的方法变成类似于工业生产线的生产过程。但他们的作品却有了另一个渴求知识的观众——被育儿折腾得精疲力竭的父母。随着时间的推移，医生们的小册子的体量和涵盖范围不断扩大。最终，它们演变成了今天的育儿建议书，克里斯汀娜写道，这些建议书是"18世纪医生为收容所护士编写的精简小册子的膨胀体"，"并不像一些儿童史学家所断言的那样，养育孩子的技巧并不是稳步向前发展的，人们始终根据时代的需要对其进行调整，有时候这种调整能吸引更多受众，但有时候却作用相反"。

举个例子。按照时间表喂食婴儿的建议——儿科医生告诉我需要每两个小时喂一次奶——至少可以追溯到1748年的一篇文章，这篇文章是威廉·卡多根医生为伦敦科拉姆弃婴收容所的护士写的[①]。这家弃婴收容所每天接收近百名婴儿，显然，护士不能在婴儿哭闹（表达需求）时立即喂食，甚至拥抱抚慰也做不到。所以这位医生建议每天喂养这些婴儿4次，3个月后减少到2~3次。卡多根医生曾经是一名战地医生，在1746年，他的女儿出生后，他转向了儿科医学领域。他的育儿观念中呈现出了一些厌女的色彩："能使儿童保育受到理性的男性的关注，我感到非常荣幸。在我看来，这项任务已经被交给女性太久了，她们不可能具备完成任务的知识。"（别忘了，在欧洲和其他地方，女性在育儿方面已经有数千年的经验。）

几十年后，医生们又针对婴儿睡眠提出了建议，认为对婴儿的宠爱会使婴儿养成"坏习惯"。1848年，约翰·特里克尔·康奎斯特医生[②]完全忽略了几万年来的历史，警告母亲不要摇晃婴儿入睡，否则婴儿会对此上瘾。摇篮是一种"为控制狂暴的精神病患者而设计并一度投入使用的器械"，他写道。这些专家还开始建议婴儿在夜间与母亲分开睡，甚至完全不用看护。"尽管他们知道婴儿对母亲的在场有着本能的渴望，但对他们来说，更为重要的是培养婴儿在小床上独自睡觉的省事习惯。"克里斯汀娜写道。

---

① 这篇文章为《关于哺乳和护理零到三岁婴儿的论文》，提供了有关喂养、卫生和其他儿童护理方面的指导。——译者注
② 约翰·特里克尔·康奎斯特，英国接生士、医生，著有助产学教科书《助产学概要》，于1820年首次出版。该书后经过多次出版，并被翻译成多种语言。——译者注

再猜猜是谁提出了婴儿睡眠训练这一独特的技巧呢？还用问吗？当然是一位外科医生了，只不过后来转型成了运动记者。约翰·亨利·沃尔什（写作时署名为笔名"斯通亨奇"）在他1857年出版的《家庭经济手册》中写道：如果宝宝"被留在床上入睡，发现哭泣无法让他们得到他们想要的东西后，他们很快就会安下心来，经过一段时间后，宝宝甚至会更愿意在床上入睡，而不是在母亲的腿上"。除了给婴儿的睡眠提供建议，约翰·亨利·沃尔什还写了几本关于枪支的书，包括《猎枪和运动步枪》和《现代运动员的枪支和步枪》（他的一只左手因枪支爆炸而少了一大块）。

最终，这些医生的育儿书改变了父母们对孩子睡眠的看法。孩子不再在感到困倦时睡觉，在感觉休息好了之后醒来。相反，现在父母需要像烤火鸡一样控制、调节和安排孩子的睡眠时间。突然间，出现了许多关于睡眠的规则和要求，这在以前是不存在的。父母成了睡眠警察。"现在，睡觉是一个表明谁是老大的机会。"克里斯汀娜写道。最终，睡眠规则演变成了一个道德问题：如果你的孩子没有在最合适的时间睡觉，每天的睡眠时间也不够充足，那么你不仅是一个不合格的父母，而且要小心了！你的孩子以后会有问题——学业的问题、找工作的问题……各种问题。

我读完了克里斯汀娜的书后，对贴在家里冰箱门上的表格有了新的想法。我不再认同此前的看法——现代西方父母们几个世纪的经验与科学的进一步完善，得出了最佳的育儿建议。我们没有在实行最佳的育儿方式。此前的想法与事实相去甚远，唉。

相反，在很多情况下，我们采纳的是一开始被印刷在书面上的建议，不管这些建议有多么无效。"养成睡前习惯，养成睡前习惯，养成睡前习惯！"从我的女性朋友到儿科医生，都在给我这样的建议。但是，如果养成睡前习惯真的有效，那为什么每晚8点，我家的动静就像战场？而且，为什么一本名为《赶紧去睡觉！》的书在过去10年左右的时间里卖出了数百万本？

其实，如果你仔细检视现代西方育儿习惯中的许多关键做法，就会惊讶地发现它们的起源非常经不起推敲。这些育儿习惯流行起来，并不是因为人们证明它们是有效的或对孩子有益的，而是因为它们出现在某个特定的时期，并被巧妙地嵌入父母们能接触到的信息中。

在过去的150年中，西方父母已经养成了3种习惯，这3种习惯已经成为亲子关系的基石。它是我们认为必须要做的事情，也是我们不假思索就去做的事情。当你看到这些做法最初是如何产生的时候，你会发现一种重复的模式。

第一块基石：玩具末日

举个例子，我们客厅角落里堆积着各种粉色、绿色和淡蓝色的小玩意儿——我每晚都要清理的塑料物品（在我家特指乐高和其他积木）。我让罗茜玩乐高，因为我认为它们可以促进她在认知方面的发展，也是因为我想让她忙起来。但是并没有科学证据证明儿童需要它们。甚至,罗茜若是不被堆积在家里的新玩具吸引注意力,有可能在大学、未来的工作甚至生活中,都有更好的成就。

那么为什么我要给罗茜 ABC 火车拼图、假茶具和可以用假木刀切开的木制水果呢?为什么这些物品要占据我们在旧金山狭小公寓里珍贵的空间呢?

这个答案与认知科学或儿童发展的关系不大,而与工业革命和蓬勃发展的消费主义更为相关。

早在 19 世纪初,美国的所有孩子几乎都以相同的方式玩耍——无论他们贫穷、富有还是家境中等,家里都没有现成的玩具,他们用在家里或外面能找到的物品制造玩具。这是 20 万年来孩子们一直在做的事情。历史学家霍华德·丘达柯夫在他的启示性著作《儿童游戏:美国历史》中解释道:"缺乏可购买的玩具并不是坏事。即使在富裕家庭中,'非正式的'玩具比专门的玩具更重要。康涅狄格州出生的卡罗琳·斯蒂克尼是一位纸厂老板的女儿,她用废弃的床单剪成洋娃娃的衣服……而无数的男孩则用木条和废弃的木头雕刻出玩具船和武器,他们用收集来的纸张、布料和绳子制作风筝。"

在 19 世纪中期,心理学界与工业革命碰撞,提出了新的育儿观念——自那时起,西方孩子的游戏方式被彻底改变了。育儿专家开始主张"在学校和家庭中使用积木教授孩子秩序观念和建造技能",以及使用"棋盘游戏来提高规划能力和秩序性",霍华德写道。

几十年后，工业革命使玩具、娃娃、拼图和书籍的大规模生产成为可能。孩子的小玩意儿生产成本更低、更能吸引孩子，玩具更色彩缤纷，玩偶更逼真。玩具宣传更加普及，有更多可支配收入的父母们，购买这些玩具变得更加容易。同时，心理学家开始认为，游戏对孩子的发展很重要。他们建议父母鼓励孩子玩耍，而不是帮忙做家务或经营家里的生意。

最终结果是，中产家庭拥有的玩具数量呈爆炸式的增长。"好父母"不再让孩子用床单和木头自己制作玩具，而是不断地给孩子买最新的、出自工厂生产线的风筝、仿真武器、洋娃娃和仿真食品。曾经被认为是完全不必要的玩具，现在却被认为是必不可少的。游戏，曾经被认为会让孩子玩物丧志，现在却被认为是健康孩子应该做的。

令人惊讶的是，在西方育儿方式中许多关键方面，这种模式在不断地重复。一种育儿方式在历史上出现了，它被媒体、心理学家、儿科医生、公共卫生专家或这些人的组合过度炒作。然后，它的重要性被过度强调，你不得不购买产品或读一本可怕的自助书。这种实践渗透进我们的家庭、学校、教堂和卫生设施，最终渗透到育儿的结构中，而我们几乎意识不到它的存在。

西方育儿方式中的第二个"基石"，是我叫作"学习狂欢"的习惯，这大概是被所有人接受并认为是正确的习惯了。

第二块基石：学习狂欢

这个观念在西方文化中已经酝酿了约一个世纪，在20世纪50年代，它像火箭般升空了。

1957年10月4日，苏联成功地将第一颗人造卫星——"斯普特尼克1号"送入地球轨道。记者芭芭拉·艾伦瑞克和迪尔德丽·英格利什在她们的书《为了她：两个世纪以来专家们给女性的建议》中写道，这一成就让"美国的育儿专家、教育家和冷战宣传家感到有唾沫星子飞进了眼睛里"。一大群权威人士指责美国父母缺乏苏联父母的智慧。显然，在苏联父母的教育下，他们的孩子在创新和学术方面超越了美国孩子——"至少其中一些俄罗斯孩子比美国孩子更有创造性、更大胆、更有想象力"。

斯普特尼克1号的成功发射几乎瞬间引发了全美范围内的恐慌和警报。美国的孩子们正落后于苏联的孩子们，如果民主和自由意志要承袭下去，那么美国的年轻力量，从婴儿到青少年都需要更快、更多、更早地学习。斯普特尼克1号发射后不久，一则公共服务广告在《新闻周刊》和《读者文摘》上宣称："美国的孩子最好赶紧学会读写，否则我们可能会陷入一个不再写英语的世界。"

猜猜在这时，谁突然承担起了教3岁小孩子学习读写的责任？当然是美国的母亲们。"她们的工作是让孩子的感官全天候运转。"芭芭拉和迪尔德丽写道。母亲们"现在必须创造具有挑战性、嘈杂、多彩且不断变化的环境"。

作为父母，仅仅和 4 岁的儿子一起烤饼干是不够的，你还要给他上关于分数的数学课。每一次在树林里的漫步都成了一次科学实践。每一个睡前故事都成了测试孩子词汇量的机会。每一刻都成了妈妈或爸爸刺激孩子的机会，而且越多越好。如果你不这样做，不仅世界会被其他国家接管，孩子也绝无可能进入大学。

在 20 世纪 60 年代，育儿专家通过让美国父母感到内疚、羞耻和恐惧的手段，要求美国父母完成一项新任务：在每个时刻都要刺激、引导和教育孩子。这种高能量、高强度教育的方法在美国文化中牢牢扎根，并且被我们认为是理所当然的。父亲当然要在游乐场上给幼儿上一堂完整的物理课。我当然要从罗茜 2 个月大时就开始给她读书，现在她 3 岁了，还在继续。我们家当然得有 143 本儿童读物。这不仅是正常的，而且是有益的，是最佳育儿方式。

但这也令人疲惫不堪（对于父母和孩子都是如此）。而且，除了激发孩子的思维和教育孩子，我们还需要不断做其他的事情。

第三块基石：无尽赞美

到了 20 世纪末，社会给养育工作繁重的父母又增加了一个责任。这个责任确实是个大挑战。

如今，孩子随处都能听到表扬，以至于你几乎不会注意到它。但是如果你有心注意一下（甚至去数一数），就会惊讶于每个人都给年幼的孩子倾洒了多少表扬。我们去邮局时，罗茜会在信封上贴上邮票，柜台后的人会表现得好像她刚刚在中东谈判上争取到了和平一样。"太厉害了！你把邮票贴到信封上了？你真是一个了不起的小助手！"

其实，我表扬罗茜时不假思索："哇，你画出了一个R！真好看。""把叉子在桌子上摆好了，做得棒！""你自己穿好鞋了！快乐跳舞时间开始啦。""你画了一颗心！真是一个了不起的艺术家！"这样的例子不胜枚举。

我为什么这样做呢？因为在20世纪80年代和90年代，书籍、杂志文章、心理学家和儿科医生开始告诉父母们，如果他们不经常表扬孩子，会发生可怕的事情：我们会伤害他们正在萌发的自尊心。

要想定义"自尊"，就需要写另一本书来探讨了。但是，让我们在这里简单说一下：自尊是文化创造出的概念，不是人类的普遍特征。这个概念在20世纪60年代渗透进美国流行文化，在数十年后以惊人的攻势占领了我们的思想、学校和家庭（比如保护自尊心是自助、自救产业中的一个重要的目标，并因此创造了数十亿美元的产业价值）。西方文化很可能是唯一存在"自尊"概念的地方，我们也绝对是唯一一个要求父母在养育孩子时保持和培养"自尊"概念的文化。在美国，人们要求父母必须培养孩子"健康"的自尊心，否则孩子可能会遭受各种社交和情感问题，包括学业上的失败、酒精和药物滥用、犯罪、暴力、青春期早孕等。

但是，如果你认真审视将自卑与这些问题联系起来的案例时，就会惊讶地发现这些研究结果相当缺乏说服力。自卑与产生问题间的因果关系如此微弱甚至根本不存在。尽管缺乏证据，专家仍然不停地教父母如何防止这些可怕的事情发生在自己孩子身上。专家会推荐一个简单粗暴的措施：在孩子犯错时无视错误，给予孩子无尽的赞美。心理学家佩吉·米勒和格雷斯·曹在2017年出版了令人震撼的《时空中的自尊心》一书，书中写道："父母们被告知要见缝插针地表扬他们的孩子，审慎批评、小心训导，以免损害孩子的自尊心，鼓励孩子表达自我、尝试新事物。"

没有人知道所有表扬和零批评对孩子产生了什么影响，这两位作者写道。关于这个话题，学术界众说纷纭。在一些情况下，表扬可以激励孩子好好学习、遵守规矩。但在其他情况下，赞美会让孩子失去动力。取得何种结果，取决于所有因素的总和——你表扬的行为是什么，孩子感觉自己有多值得表扬，你如何表达赞美，孩子的年龄和个性，你和孩子的关系，等等。

米勒和曹担心，从长远来看，当父母忽视孩子的错误和缺点、表扬远远超过批评时，父母们可能会让孩子的生活变得更加困难。他们可能会让孩子变得以自我为中心，为获得成年人的赞美和关注与兄弟姐妹竞争。孩子在成长的过程中，更容易患上抑郁症和焦虑症。

在我的经验中，表扬只会让罗茜变得更加烦人，更加让人头疼。为了得到我的反馈和关注，她会跟着我走来走去（"看看我，妈妈！"）。此外，不断地提高罗茜的自尊心简直让人筋疲力尽。

正如米勒和曹所指出的那样，这种方法要求父母"花费大量时间和精力监督孩子的行为"。

而且，若你跨越不同的文化和历史时期来看，我们的育儿方法（例如，大量赞美、几乎没有批评、不断询问孩子的偏好）独树一帜。可以说，我们是唯一如此行事的人。在其他许多文化中，父母很少或根本不会表扬孩子。然而，他们的孩子在成长过程中展现出的心理状况强韧而健康，且有着很强的同理心。此外，在本书将要探讨的文化中，那些很少得到表扬的孩子比那些沉浸在赞美中的美国孩子表现出更强的自信心和精神力量。

说实话，读完了米勒和曹的书之后，我感到如释重负。这是自罗茜出生以来我第一次意识到我不需要对她的每个行为都给予赞扬。她的自尊心不是我会随时压碎的脆弱的法贝热彩蛋[①]。我可以放下一切，单纯地陪伴她。在公交车上，我坐在她旁边就已足够，不需要告诉她"干得好"（或者向她讲解公交车车轮的物理原理）。我开始觉得，我们在一起的时间像我小时候和爷爷一起度过的时间：平静、安然，没有必须按特定方式行动的压力。

奇妙的事情发生了。在没有表扬罗茜的情况下，过了一个星期左右，我发现我说的话变得更有用了。当我给罗茜反馈时，她更能听进去了。之前，不断的表扬和反馈已经淹没了那些真正重要的话。现在，没有了多余的话，罗茜更容易理解我真正需要她

---

① "法贝热彩蛋"指的是高度装饰、华丽、昂贵且像蛋壳一样易碎的物品，来源于俄国著名珠宝首饰工匠彼得·卡尔·法贝热用宝石和珐琅制成的蛋形工艺品，这些蛋是专为俄国沙皇制作的复活节礼物。——译者注

倾听或配合的事，晚上刷牙都变得更加容易了。

在非虚构畅销书《人类简史》中，作者尤瓦尔·赫拉利认为人类的进步是一种幻觉。在很多方面，科学技术实际上让我们的生活变得更加困难而非便捷。就拿电子邮件来说，这项技术无疑加快了沟通速度，但代价是什么？电子邮件让我们的生活更加轻松了吗？"很遗憾，并不是这样。"尤瓦尔写道。现在，每天有数百条信息涌入我们的收件箱（和我们的大脑），人们期望我们能及时回复。"我们以为我们用新技术节省了时间，实际上我们将生命跑步机加速了十倍，使我们的日子更加焦虑不安。"

对于育儿，我们可以做出相同的论断。我们积累下来的技术、产品和心理洞察力，也许让我们的养育工作变得更加困难了。我们期望孩子每时每刻都很忙，能迅速服从我们的每一个要求，尽可能早地达到每一个重要目标。我们将育儿跑步机加速了10倍，确实，我们变得更加焦虑不安了。

换句话说，随着我们投入越来越多的资源到孩子身上，我们成了更好的父母，还是更加疲惫的父母？也许，在这个过程中，我们失去了我们的祖先——甚至是我们的祖父母——曾经拥有的、至关重要的育儿技能和知识。这些技能帮助我们更从容、更冷静、更有效地抚养孩子，让做父母更加愉快。

现在，我们有机会恢复这些技能，并在此过程中学习一些新技能了。

为了做到这一点，我们首先要改变方向。我们不能仅仅依靠医生、科学家和从外科医生变成体育记者的人,我们得寻求其他育儿专家的建议,向世界上的超级父母学习。他们的工具和技术拥有我们的现代工具所缺乏的时间和人数优势:他们的育儿策略已经在数以百万计的孩子身上进行了测试和磨炼,历经了数千甚至数万年,是家长可能获得的最能被称得上"有数据证明的""经过研究测试的"育儿建议。

我们的第一站是墨西哥尤卡坦州的玛丽亚家,她十几岁的女儿安吉拉一早起床,立刻主动开始洗碗。

等等！难道科学不能告诉我如何做父母吗？

当我第一次得知自己怀孕时，我简直开心得飞到了天上。不，应该是开心得飞上了银河系。真的。我和我的丈夫尝试了6年多才有了孩子。在最先进的科学技术帮助下，我们终于看到了验孕试纸上的两道红线。

8个月后，我增重了22千克，我真的认为我已经准备好成为一个最好的妈妈了。那时，我刚从埃博拉疫情的中心进行报道回来，在那里，我从未感到害怕或不知所措。我想，做父母肯定不可能比这更难了（哦，我那时真是太年轻、太天真了）。

此外，我还有一个万无一失的策略：我会用科学的方法来解决任何育儿问题。宝宝睡不着觉？别担心，我会找到一篇研究论文，研读最佳策略。小孩在路上像离开水的鱼儿一样闹腾？更没什么好担心的了，我确信心理学家已经找到了一种简单的方法，快速制止孩子乱发脾气，并且这种方法肯定有充足的高质量数据支持。

因此，在罗茜出生之前，我买了一堆育儿书，这些书末尾列出的参考文献让我感到安心。科学将成为我的救命稻草（或是美妙的幻想？）。

然而，在当了妈妈两个月之后，我突然开始遭遇到了严重的阻碍。母乳喂养几乎是不可能完成的任务。罗茜和我拼尽全力才平安度过了她出生后的前6周。之后，我们遇到了一个更大的问题：睡眠。我无法让这个小东西保持睡眠。当然，她会在我的胸口、膝盖上甚至我的背上安静地睡去。但一放到婴儿床上，麻烦就来了！我们家的德国牧羊犬甚至躲到床底下，就为了躲避吵闹。

一次次尝试后，那些基于科学研究、数据和实证的策略并没有什么用。我知道这会让你感到震惊。有时候这些策略的有效期能维持一周甚至一个月，但效果总是会逐渐消失，然后我们又回到了原点。

于是，我开始仔细查阅那些我买的书后面的参考文献，我疲惫的大脑里立刻就开始鸣响警钟。在那一周里我可能只睡了大约20个小时，但我的大脑还没有完全混乱，我仍然能够看出这些研究中存在着很大的问题，我开始从多个方面质疑其中的研究发现，并怀疑这些育儿策略是否真的管用。我的疑问出现了："科学真的可以帮助我们成为更好的父母吗？"科学确实可以教会我用疫苗和抗生素让罗茜身体健康，但是对于她的心理和情感健康呢？科学可以教我如何让她更容易入睡吗？如何阻止她在晚餐时扔食物？或者当你早上醒来看到你的两岁小孩赤裸裸地在人行道上奔跑时，该怎么办？科学能告诉我如何养育一个善良、善于合作的孩子吗?

我向弗吉尼亚大学的心理学家布莱恩·诺塞克提出了这些问题。他笑了一下,然后说了一句我永生难忘的话。"育儿问题是科学中最难的问题之一,把火箭发射到火星上都比它更容易。"他说,父母们要求科学来解决幼儿发脾气的问题,或教他们如何让孩子更乐于助人,这实在是期待过高了。即使在21世纪,科学家们也没有办法回答这些复杂的问题。

布莱恩解释说,很多科学家认为,育儿研究存在的最大问题是对育儿的研究"不够有力"。这个解释恰好描述了我作为一个母亲的感受——"不够有力"。我总是过度紧张,我感觉到自己所拥有的工具不足以应对超负荷的任务。许多心理学实验也处于同样的状态——它们试图在信息不足的情况下得出过多的结论。

在很多研究中,研究者没有对足够多的孩子或家庭进行实验,来确定某种方法是否真的有效。这些研究通常只涉及几十个孩子,即使是"大型"研究也只包含几百个孩子,而需要得出关于育儿策略的真实结论,可能需要数千个乃至数万个孩子。这些研究中,被研究的孩子数量太少,你无法确信这个研究所得出的结论是否真正有效,以及它在其他孩子身上的效果如何。[①]

[①] 最终,研究经常会出现科学家所说的"不可重复性"的情况。也就是说,如果你第二次运行相同的实验,可能会得到不同的答案或者发现实验结果不再成立。2015年,布莱恩和他的同事们发表了研究,显示仅有约60%的心理学研究是可重复的。而社会心理学方面的研究情况更糟糕,只有约20%的研究是可重复的。——作者注

"不够有力"的研究——样本不足的研究——会使数据看起来模糊不清。正如布莱恩所说,"这有点像用放大倍数不够的望远镜研究星系"。天空中的物体会变成模糊的一片。土星环与土星本身合为一体,有些木星的卫星消失了,而小行星带成为一个固体的条带。

研究者当然可以撰写并发布这些描述。但是,如果有人能用更大倍数的望远镜了呢?哎呀,看来木星确实有卫星,而小行星带并不是一个带子一样,更像是很多悬挂着的岩石。最初的研究是完全错误的。科学家完全颠覆了他们最初的结论。

很多育儿研究也是如此。支持某种育儿建议的数据常常是模糊的,以至于另一个更有力的研究出现时,科学家不仅撤回了最初的建议,甚至提倡相反的行为。

这种反复无常可能会让父母感到挫败,也可能会对孩子产生严重的后果。

花生过敏就是一个例子。早在 2000 年,美国儿科学会建议家长不要给婴儿吃花生酱,因为几项小型研究表明,早期接触花生可能会增加孩子对花生过敏的风险。但随后,研究者进行了更大规模、更有力的研究,这些研究得出了完全相反的结论:早期接触花生可以降低儿童患过敏症的风险。最初的建议是错误的。在最初的建议 20 年后,医学界完全改变了说法,现在建议家长在婴儿 4～6 个月大时就把花生酱加入婴儿饮食中。

最终,一开始不准确的建议很可能促使了花生过敏病例数量在过去 20 年中的增长。美国国家卫生研究院报告称,从 1999 年到 2010 年，儿童花生过敏的比例从约 0.4% 上升到 2%。

但即使研究的样本足够，并且有强有力的证据，很多时候它们也并不能告诉父母某个工具或策略是否适用于自己的孩子，然而这才是我们真正想知道的。一个工具在实验室中或少数儿童中起作用，并不意味着它对你的孩子、在你家里也有用。研究最多只能告诉你，通常情况下，什么可能是有效的。一种工具可能仅对四分之一的家庭有效，但对其他的父母来说，这种工具可能让生活更加困难。因此，布莱恩建议父母们谨慎对待新观念，尤其是当证据不是很强、样本量很小的时候。同时，像儿科医生、公共卫生专家、记者和书籍作家（比如我）这样有影响力的人，也应该更加谨慎地推广这些观念。人们需要理解任何科学结论的不确定性。布莱恩补充道："必须谨慎对待任何科学研究。"

第二部分

玛雅文明的育儿方法

T—Togetherness 亲密合作
E
A
M

孩子的不当行为表明他们需要更多责任。

第 3 章
世界上最热心助人的孩子

一个 6 月的早晨，罗茜和我在旧金山乘上飞机，6 个小时后，我们降落在酷热的坎昆。我租了一辆棕色的日产轿车，向西前往尤卡坦州的中心地带。几个小时后，我们到达一个售卖粉色塑料火烈鸟的摊位，大约有十几只。我上次到这儿旅行也见过它们，它们像友好的士兵一样列队欢迎我们。"啊哈，"我想，"这就是我们要从主路转向小路的地方了。"

我们向左急转弯，驶进一条坑洼不平的碎石路，以每小时 32 千米的速度颠簸前行。路上，我们经过几间干净的茅草屋，门前有鸡群在散步；我们经过卖玛雅蜂蜜的摊位；有一次我们还停下车来，让羊群先穿过马路。

我回头看，发现罗茜抱着蓝色的泰迪熊，在她的汽车座椅上睡得很香。她金色的头发卷曲着，粉色的小嘴嘟起来，睡觉时看起来像一个天使。

路开始变窄了。藤蔓和树枝擦过车窗，我左拐右拐，尝试躲避路上的大坑洼。视线内没有房屋，我开始感到紧张。"我们是不是错过了转弯的路口？"

突然，道路通向一个大庭院，大约有足球场大小，我们来到了一座看起来像是双颈巨龙的建筑物面前。那是一只粉色的双颈巨龙，它是一座18世纪的西班牙教堂，有2座塔楼，高达18米，外部完全是用粉色涂料粉刷的。

微笑爬上了我的脸。"我们终于到了，"我想，"我喜欢这个地方。"

我们到达了昌卡加尔村①的中心。这是一个位于热带雨林中的玛雅小村庄，离奇琴伊察的古代金字塔不太远。温度计中的水银柱爬到了37摄氏度刻度的位置，下午的阳光炙烤着我们。但这不要紧，村子里依旧很热闹：在一个角落里，一位屠夫用切肉刀砍着一头新宰杀的猪；街对面，一个大约6岁的女孩搬着一袋玉米去卖给玉米饼店；几个少年在一辆闪亮的蓝色皮卡车旁闲聊。我看到他们后面的口袋里露出了智能手机，闻到了空气中淡淡的烟味。

我们距离热闹的旅游中心坎昆不到3个小时的车程，但这个村庄却感觉是世界的另一头。这里没有空调，几乎没有 Wi-Fi，所以生活大多在户外环境中进行。随之而来的是一种温暖、奇妙的感觉，你周围的每个人都像家人一样，每个人都会支持你。

---

① 为了保护书中涉及的家庭的隐私，我会使用化名来代替该村庄的真实名称。——作者注

第二部分　玛雅文明的育儿方法

你的目光所及之处，人们都在交往、走动、聊天：姐姐手里拿着书，陪妹妹放学回家；一位老奶奶把她的银发盘成一个整齐的发髻，在人行道上晾着南瓜子；小孩们骑着三轮车和自行车在路上来回穿梭，大一点的孩子骑着摩托车疾驰而过，妈妈和爸爸们骑着大型货运三轮车，前面装着孩子、杂货和几加仑的饮用水。

村庄环绕着一个名为"赛诺特"的位于石灰岩天坑内的地下淡水池。几个世纪以来，玛雅家庭都会舀取这里的水，作为家庭用水，还用来喂养动物和浇灌花园。这里的水还滋养了村里的植物和动物：棕榈叶子长得像大象耳朵一样大，巨大的杧果树在后院像热气球一样升起，还有鸟——哦，我的天啊，有这么多鸟——在树上唱出它们的心声。

一个家庭的房屋通常由几个小房子组成。人们通常用木棍建造厨房的墙壁，屋顶用棕榈叶覆盖，而卧室则可以用砖砌墙。后院里常有一个棚子来存放玉米，一个鸡笼，以及散布的果树，包括香蕉、苦橙，还有番荔枝，它们的白色果肉像酸味糖果一样酸。

在村子里转了几个弯之后，我们来到了一条被一棵巨大的火鸡冠花树遮蔽的街道，光线稍暗了下来。我感觉我们快到了。在一个后院里，一个年轻女子在一桶泡沫水中搓洗一条牛仔裤，一只火鸡在篱笆上扇动尾巴，然后我看到了它：一座绿松石色的房子，有着白色的窗户。我的心跳微微加快了。

"醒来啦，罗茜。醒醒，"我说，"让我们走了5 000千米的目的地就在那里。"

"什么，妈妈？那是什么？"罗茜问道。

"那是玛丽亚的房子，"我回答，"她会教我什么是真正的乐于付出，以及如何培养你成为乐于付出的人。你准备好了吗？"

~~~

在过去的40年中，很多人类学家陆续来到水井村研究孩子们如何从家庭和社区中学习。这里的父母们已经想出了一些方法让孩子自愿地做家务，这些方法让美国的父母（包括我这个妈妈）愿意付出很多努力去了解。玛雅孩子，以及来自墨西哥其他土著社区的孩子，承担着大量家务。他们会洗衣服、帮助准备饭菜、洗碗、照料花园。周末，他们会做玉米饼拿去市场上卖；他们会屠宰和烹饪猪肉；他们也会照顾年长的亲戚和年幼的弟妹。他们很有能力、自给自足、出奇地乐于助人，而且大部分情况下，他们做这些事情不需要家长的要求、威胁或者奖励。没有金色小星星，没有零花钱，没有冰激凌的诱惑。

心理学家露西娅·阿尔卡拉一直处于这项研究的前沿。起先，她还是加州大学圣克鲁兹分校的研究生，现在她是加州州立大学富勒顿分校的教授。在一项研究中，露西娅和她的同事们采访了19位纳瓦族——墨西哥另一个土著族群——的母亲。研究人员询问了这些母亲一系列关于她们的孩子（6~8岁）如何帮着做家务的问题。孩子们多久做一次家务？他们都做哪些家务？他们自愿帮忙的频率怎么样？这些母亲的回答非常惊人。

一位母亲告诉研究人员，她8岁的女儿放学回家后向她宣布:"妈妈,所有的家务活儿都包在我身上。"之后,研究报告写道,她"会主动整理所有的房间"。

研究中提到,随着孩子们长大,他们会帮助完成更多、更难做的家务。"母亲下班回家,非常累,"在加州大学圣克鲁兹分校参与纳瓦族母亲研究的芭芭拉·罗戈夫说,"母亲扑通一声瘫坐在沙发上,这时女儿说:'妈妈,你肯定好累吧,但我们现在需要清理房间了。我打开收音机,我打扫厨房,你负责客厅,我们把屋子全部清理干净,怎么样?'"

总的来说,这些孩子已经学会做一些复杂的家务了,比如做饭,或在没有大人监督的情况下照顾弟妹。大约四分之三的母亲表示,她们的孩子会主动做家务。孩子看到需要做的事情,就会起身去做:他们看到水槽里的碗,就会去洗碗;他们看到杂乱的客厅,就会去整理;如果年幼的弟弟妹妹开始哭泣,他们会走过去,抱起他们,带他们出去玩。所有的行为都不需要母亲的指示。

露西娅和我说,这些家长在教会孩子比洗碗、洗衣服更重要、更复杂的技能——他们教会孩子关注自己周边的环境,看得到身边有需要自己做的家务,并且付诸行动。

"这些父母在教孩子如何对家人负责。他们想让孩子们能够敏锐地感知到家里有人需要帮助,并且立刻提供帮助。"露西娅说。这种技能也意味着孩子需要知道什么时候不该插手。"这样才不会影响一个家庭或群体内部的团结,以及整体的方向。"

"能够充分理解当下的情况,并且知道如何应对,这是孩子在一生中都会用到的技能。"露西娅补充道。

正是因为这种技能——关注身边的环境,并做出相对应的活动——是如此重要的生活准则和发展目标,许多墨西哥家庭已经为它发明了一个专门的词:乐于付出。

这是一个比较复杂的概念,它意味着孩子去做家务时,不是因为收到了他人的指令,而是因为他们在关注周遭的环境,并且知道在某一时刻,什么样的帮助是合适的。

在同一个研究中,露西娅和她的团队采访了14位瓜达拉哈拉的母亲,但她们有更多类西方的背景——她们从几代之前就开始在城市居住,和土著社区之间几乎没有任何联结。猜猜在她们之中,有多少位母亲述说了孩子在家里经常会主动做家务?没有!这些大城市的孩子所做的家务更少、难度更低,而且一般来说,他们必须在他人的要求下才会去做。有几个母亲说,为了让孩子帮忙做一点家务,她们需要费好大的劲和孩子协商,或者制作家庭值日表。这些母亲还说,孩子经常要得到奖品、零花钱或者礼物,才会有动力去做家务(但两种背景下的父母都说,他们偶尔会给孩子施压——孩子若不做家务,一些"权利"就会被"剥夺",比如不允许看电视)。

然而,让我震惊的是,玛雅和纳瓦族后代的孩子很喜欢做家务!他们的父母不仅教给他们如何成为"热心肠"的人,还教育孩子们重视自己的付出,为家庭做出的贡献感到自豪。参与家务是一种荣幸。

父母不需要用奖励贿赂孩子或对孩子唠叨,因为孩子们已经有了做出贡献的内在动力。他们想要帮助家人，想要和家人成为一个团队，共同努力。

家长怎么才能激励孩子们主动去做家务呢？我回到水井村寻找答案。我想了解家长如何挖掘孩子们天生的助人欲望。

经过一段时间的研究，我发现他们激励孩子的方法绝不是玛雅和纳瓦族独有的。相反，这实际上是一种普遍的方法，全世界的父母们都用这种方法传递当地文化中的核心价值观。

在玛雅社群中，积极帮忙做家务就是一种核心价值观，家长们会将其有意传递给孩子。在西方文化中，我们也有这一价值观，但在许多方面，父母们已经忘记了如何将它传授给孩子，这种缺失让我们的生活更加困难。

你看，当你向孩子传递乐于助人的价值观时，你会得到许多附带的好处：孩子们的心理健康会得到改善，会变得不再让人头疼。为什么呢？因为孩子们学习如何帮忙时，他们也学会了与你合作。所以，在早上爸爸穿上夹克走出门时，孩子也会跟着走了——不会哭闹，也没有抱怨。

# 第 4 章
# 如何让孩子主动做家务？

"从他们很小的时候开始，你就要教会他们主动帮忙做家务。"玛丽亚告诉我。

玛丽亚·德洛斯安赫莱斯·通·布尔戈斯是一个完美的超级妈妈，可以教我们如何培养乐于付出的孩子，同时让孩子对主动做家务感到自豪。显然，她已经非常成功地将这一价值观传递给了她的大女儿安吉拉，她不仅会主动洗碗，还会在妈妈外出办事时打扫房子。玛丽亚还有 2 个女儿，一个 5 岁，另一个 9 岁，处于不同的学习阶段，我们可以看到玛丽亚如何随着孩子的成长而调整培养方式。

玛丽亚告诉我，让孩子自愿地做家务这件事情，需要花费多年的时间去学习。"你必须慢慢地、一点一点地教他们，最终他们会领悟的。"

在这方面，教孩子做家务有点像教他们阅读或做数学。你不能只在口头上教一个4岁的孩子，把乘法口诀表贴在冰箱上，然后期望这个小孩马上就能学会 $3 \times 3 = 9$ 和 $8 \times 4 = 32$。

教孩子做家务也是如此。你不能只是挂上一个家务时间表，就期望4岁的孩子在没有你要求的情况下，开始在每周二和周四洗碗。就像玛丽亚说的那样，你必须慢慢地教孩子、训练孩子。孩子不仅需要知道如何做家务，还需要知道何时做，以及为什么做家务对全家和自己都有好处。

仔细想想你就会发现，家务时间表可能会阻碍孩子成为乐于付出的人。为什么？因为我们整体的目标是让孩子关注周围的世界，并学习何时需要做特定的家务。如果一个家务时间表告诉孩子周二要洗碗，周三要扫地，周五要倒垃圾，孩子可能会得出结论："这些任务是我唯一需要做的事情。"而后，孩子就不需要在其他时间关注周边环境，甚至可能会忽略不在表格上的家务。这个表格最终会教孩子与"乐于付出"相反的东西，即"表上的事情就是你全部的责任"。

玛丽亚会有意识地培养孩子乐于付出的精神，就像父母教孩子做数学题一样。你可以将这个过程分为3个关键要素或步骤。这3个要素结合在一起，形成了一个用于传递价值观的极为强大的配方，这也是我们将会在本书中看到的。世界各地的文化，包括西方文化，都会使用这个配方来教授孩子所需的所有技能或观念。

这些步骤对于育儿非常关键，因此，我们将分别用一整章的篇幅对每个步骤进行探讨，然后再回顾一下我们所学到的内容。

我将在这里介绍第 1 个步骤，然后分别在接下来的两章中介绍第 2 个和第 3 个步骤。

好，我们开始吧。

对于像我这样的西方父母来说，第一步是违背我们的直觉的，你必须做的事情几乎与你认为有意义的事情相反——你需要把家务交给最不擅长做家务的家庭成员。

第一步：重视"幼儿家政公司"的作用

我直接问了玛丽亚，如何才能养育出如此乐于付出的孩子。玛丽亚向我介绍了一个概念，我称之为"幼儿家政公司"。是的，我指的是年龄在 1～4 岁之间、行动笨拙、说话不清、走路像喝醉了的幼儿，指的是那些我们更倾向于用"可怕"而不是"有用"来形容的小人儿。

玛丽亚说，这些笨拙的小人儿是培养出乐于助人的大人的关键。为了解释她的意思，她指着她最小的女儿艾莉克莎说："不管我在干什么，艾莉克莎都想试一试。我做玉米饼的时候，如果不让她做，她就会大哭大闹。之后，她总想拿着扫帚扫地。"

"你对此怎么反应呢？"我问。

"我会让她做玉米饼，给她扫地的扫帚。"玛丽亚说。

"她真的能扫地，或者给你帮上忙吗？"

"这不重要。反正她是想帮忙，所以我会允许。"玛丽亚坐在吊床上说，她双手交叉，放在膝盖上。

"她想帮忙的时候，你都会允许？"我问道，仍然不理解。

"即使她会把东西弄得乱七八糟？"

"是的。这就是教孩子做家务的方法。"

如果你观察世界各地的家庭——无论他们是在尤卡坦州种玉米、在坦桑尼亚狩猎斑马，还是在硅谷写书——家庭中的幼儿都有两个共同点。第一，爱发脾气。是的，民族志记录表明，无论你住在哪里，幼儿时期的孩子发脾气几乎是不可避免的。但第二个共同点就有些令人惊讶了，那就是他们都非常乐于付出。无论在哪里，幼儿都渴望帮助他人——非常渴望。

幼儿天生就是助手。他们渴望亲自上阵完成任务。需要清扫厨房？洗一个盘子？或者打一个鸡蛋？别担心。"幼儿家政公司"会在一瞬间到达。当心！他们来了。

一项研究显示，20个月大的幼儿会放下手中的新玩具，走到房间另一端去帮助成年人捡起地上的东西。没有人要求幼儿提供帮助，幼儿也不需要奖励。这项研究还发现，如果在幼儿提供帮助之后，给他们一个玩具，他们再次给予帮助的可能性会更低。这就是"乐于付出"的精神！

没人确切地知道为什么幼儿有如此强烈的助人动力（以及为什么奖励会削弱这种动力）。这种动力可能源自于他们想与家人在一起，与父母、兄弟姐妹以及其他看护者建立联结的愿望。

"我认为这一点非常关键,"瓜达拉哈拉耶稣会大学心理学家雷贝卡·梅希亚-阿劳斯说道,"与他人一起做事情会让他们感到快乐,这对他们的情感发展非常重要。"

我在尤卡坦州时,玛丽亚也强调了同样的观点:"孩子小的时候,喜欢做妈妈在做的事情。艾莉克莎喜欢和她的玩具和洋娃娃过家家,她会扮演妈妈的角色。"

换句话说,全世界的幼儿都天生具备"乐于付出"的精神,即使在美国也一样。差别就在于父母对待孩子付出意愿的态度。这一态度至关重要,它很可能会决定孩子在成长过程中是会自愿提供帮助,或者是"将这种习惯退化掉",雷贝卡说道。

包括我这位旧金山妈妈在内的许多有西方文化背景的父母通常会拒绝幼儿的帮助。我是说,让我们面对现实吧——小孩子可能确实想帮忙,但他们并不能真的帮上什么忙。反正我知道罗茜肯定不能。她是一个破坏机器,如果她参与家务,就会降低我的效率,给我留一个需要清理的乱摊子。所以,我打扫卫生的时候,宁愿她在客厅玩或者在厨房地板上涂色,而且我不是唯一一个这样做的妈妈。

雷贝卡告诉我:"有一些母亲告诉我们,'我需要快速做完家务,如果我的小孩儿帮忙,他会弄得乱七八糟。所以我宁愿自己做,也不想让他们帮忙'。"在许多情况下,有西方文化背景的父母会让孩子去玩儿,或者给孩子一个电子屏幕,而他们则继续做家务。你仔细想想,我们其实是在告诉孩子,不用关注周边的世界,不用帮忙。我们在告诉他们,做家务不适合你。我们没有意识到，其实我们浇灭了幼儿提供帮助的热情，把他们与有用的事隔离开了。

然而，墨西哥的土著母亲们通常会采取相反的方法，雷贝卡说"她们欢迎孩子的帮助，甚至会主动要求孩子帮忙"，即使孩子表现得很粗鲁。如果孩子夺过父母手中的工具，想要接过父母在做的事情（听起来很熟悉吧？），父母也会让步，让孩子练习完成任务。

举个例子。在墨西哥西北部马扎瓦社区的玉米地，一个2岁的小女孩热切地想要帮妈妈的忙。母亲开始除草，孩子立刻开始模仿母亲的动作，然后孩子要求自己独立完成除草的工作。母亲允许了，并在一旁等待。很快，小女孩完全代替了母亲。母亲想继续开始除草时，女孩表示抗议，要求自己一个人完成。再一次，母亲让这个强势的小人儿主导了局面。

罗茜经常有类似的表现，她会要求做我正在做的事情。我在早上炒鸡蛋时，她会抢过叉子；我在做晚饭、切洋葱时，她会抢我手中的菜刀；我喂狗时，她会抢走狗碗；我扫地时，她会抢扫帚；我写作时，她会抢我的笔记本电脑（然后尽可能快地敲下每一个键）。

我对罗茜的抢夺行为的反应，就像小时候我爸爸妈妈对待我的反应：我推开她的小胖手，说一些指责性的话，比如"别抢！"然后我会将她的行为解释为她对我的强求和控制（我甚至在脑海中听到我妈妈的声音："她想控制你，麦克林！"）。

但是，许多土著父母会因为霸道的幼儿冲来帮忙而感到高兴。他们很开心看到这个幼儿的主动行动，并且将孩子的霸道解释为孩子想为家庭做出贡献的愿望。唯一的问题是孩子太小，一开始还不会以最好的方式帮忙。孩子只是需要学习。"有一个妈妈告诉我们，'当我的孩子洗碗时，一开始水到处都是，但我会允许我的儿子洗碗，因为这是他学习的方式'。"雷贝卡提到她在瓜达拉哈拉时对纳瓦族妈妈们进行的访谈。

父母将孩子搞出的一团糟视为一种投资。如果你鼓励那些真的想帮忙洗碗但缺乏能力的幼儿，那么随着时间的推移，他们9岁时，就会成为想帮忙并可以真正发挥作用的大孩子。

"比如，我曾经跟一家卖肉的家庭交谈过"，雷贝卡解释说，其中一个儿子非常早就对烹饪猪肉感兴趣，"母亲在做饭时会抱着孩子"，有时她甚至会让孩子在烹饪过程中夹起肉块，装进盘子里。"她告诉我，这其实是有风险的，因为孩子可能会被烫伤。'我一直在认真观察他。'她说。"一段时间后，这个男孩的能力和对家里生意的兴趣不断增长，9岁时，就已经对家里的生意做出了重要的贡献。"他甚至可以自己屠宰动物了。"雷贝卡补充道。

至此，有一些警告要给家长们。父母不能接受孩子的每个帮助要求——或让孩子任性地做任何事情。如果任务对孩子来说难度太高，父母可以先忽略孩子的请求，或将任务分解成一个更小的、更可行的子任务。如果孩子开始浪费材料，父母要引导孩子有效地完成任务，或者让他们先离开。

在墨西哥的一些玛雅社群中，父母会有意先拒绝年幼的孩子提供的帮助，以增加他们在任务中的动力。例如，2岁男孩贝托想帮助他的父亲砌筑水泥地面，但这项工作对于幼儿来说过于困难。这位父亲先忽略了贝托参与任务的请求，然后，父亲告诉男孩需要长大一岁，才能做好这项任务。这种间接的拒绝更激发了男孩参与的愿望。最后，男孩拿起工具，开始抹平水泥。父亲看到男孩如此热心，很高兴。他仔细观察贝托的动作，简单地纠正贝托，比如"宝贝，不是那样做"。后来，贝托犯了严重的错误，踏进了还未干的水泥地面，父亲指出了男孩的错误（"宝贝，嗨，你踩到了水泥地……你破坏了它。"），然后不再让贝托继续参与，告诉贝托妈妈正在找他。

从很小的时候开始，孩子们就在学习和实践他们在家庭中扮演的角色。家长让幼儿参与这些任务，实际上是在告诉孩子："你是家庭中需要付出的一员，你需要尽你所能去提供帮助、贡献力量。"

心理学家认为，年幼的孩子越早开始帮助做家务，他们长大后就越有可能成为一个习惯帮忙做家务的、热心的青少年。让孩子从小参与家务可以为他们将来主动帮助家庭奠定基础，转变他们在家庭和社区中的角色，让他们成为一个更有责任感和贡献价值的成员。

反过来，如果你不断打压孩子的帮忙愿望，他们会认为自己在家庭中扮演另外的角色——四处玩耍、不妨碍其他人做家务。换句话说，如果你多次告诉孩子"不，你不用参与这项家务"，最终孩子会相信你，不再想帮忙。孩子会觉得在家里帮忙不是自己的责任。

露西娅·阿尔卡拉和她的同事在实验中记录了这种影响。在一项实验中,她和她的团队让几对兄弟姐妹合作完成任务。他们必须互相帮助,在模拟超市中挑选商品。在一对欧洲裔兄弟的案例中,弟弟一直在给出购买食品的建议。"他想帮忙,"露西娅说,"但他的哥哥一次又一次地推开他。中间,哥哥甚至把弟弟的手臂推开,不让他指向某一种食品。"

在尝试了几次之后,弟弟对任务完全失去了兴趣。"他在桌子下面躲起来,基本上放弃了,"露西娅回忆说,"在另一对兄弟的案例中,年幼的弟弟离开了,不想继续参与,因为他没有任何空间参与这项活动。"

露西娅认为,如果父母做家务时,一次又一次地让孩子去玩,同样的情况就很可能会发生。这种模式会让孩子认识到,在家庭中,他们的角色是玩乐高或看视频,而父母则负责做饭和清洁。

幸运的是,情况还有转圜的余地。各个年龄段的孩子们(包括我认识的一些成年人)可塑性都非常强,他们想提供帮助的愿望非常强烈,所以家长可以很容易改变这种模式。关键在于,你作为父母,如何转换对孩子的看法。遵循下一章的建议,鼓励孩子在任何年龄段参与家务活动,你就能在自己意识到之前,将一个只关注自我的青少年变成一个快乐的洗碗能手。

最近,我有机会照顾一个9岁小女孩,她在我们家待了一周。于是,我有机会实践这个想法了。她特别爱看TikTok,总是低头看着手机。她与我们同住的第一晚,我让她来削土豆,她奇怪地看着我，好像我是从火星来的。但我一直运用下一章中介绍的策略，不出几天，她就有了来帮忙家务的强烈愿望（她也成了罗茜的好榜样）。她自告奋勇帮我整理床铺，还在晚餐时跑到厨房来帮忙切菜。

到了第五天，她像只小鸭子一样跟着我，问："下一步该做什么，麦克林？"她并不是每时每刻都在帮忙，但她确实对我们家做出了实质性的贡献。我们之间建立了真正的联系，我能感受到她很享受成为我们团队的一员，而且她为能够帮忙而感到自豪。

因此，培养有帮助的孩子的第一步可以总结为一句话：让他们练习。练习清洁、烹饪、洗涤。让他们拿起你手中的勺子搅拌锅中的食物，拿起吸尘器打扫地毯。让他们在小的时候搞出乱摊子，慢慢地变得更加熟练，到了青春期前，他们会自己清理你的烂摊子，而你甚至都不需要要求他们，也不需要再费心打理

训练孩子的步骤

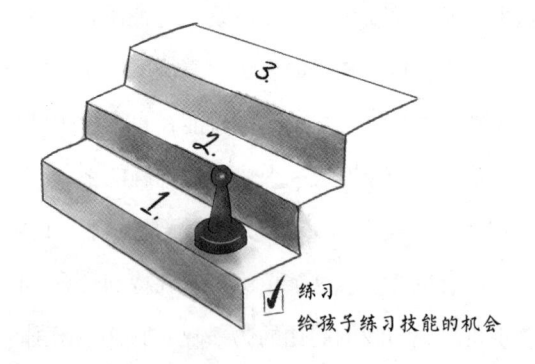

✓ 练习
给孩子练习技能的机会

家务。

雷贝卡认为，让孩子参与家务的时间永远不会太早（或太晚）："孩子们参与家务的时间真的可以比你想象的更早，能做的事情也比你想象的更多。"西方父母经常低估孩子帮助家庭的能力，无论孩子在哪个年龄阶段。因此，将你的期望调高些吧，让孩子通过他们的兴趣和需求，向你展示他们的能力（"但是，妈妈，我能做到！"罗茜每天都这样和我说）。

在此过程中，你将更了解你的孩子，还有你自己。你将学会和孩子并肩合作，为共同的目标一起努力。

试一试1：培养乐于助人的品质

即使是那些刚刚学步的小孩子也有自己的任务要完成：运水、借火把、摘叶子、喂猪……学会巧妙完成这些是童年的第一课。

要求孩子帮忙做家务，在这件事情上，西方文化似乎有些落后。我们倾向于认为小孩不需要做家务和帮忙，经常觉得他们帮不上忙。这也是我看待罗茜的方式。我觉得，我会在她长大后给她分配家务，但是在她小的时候，我肯定不会寻求她的帮助。

然而，在许多狩猎采集社会中，父母会采取相反的方法：孩子学会走路后，父母就会要求他们帮助完成一些小小的任务。一段时间后，孩子就会知道自己需要完成哪些家务。因此，要求孩子的次数实际上会随着孩子的年龄增长而减少（而不是增加）。到孩子进入青春期前，成年人就不再需要提出太多的要求，因为孩子已经知道了自己需要做什么。甚至，在这时再去要求青少年帮忙，几乎是对他们的不尊重。这暗示他们还没有成熟，或还没有学到东西，这意味着他们是幼稚的。

心理学家希娜·刘-莱维在刚果共和国巴亚卡部落的狩猎采集者中看到了这一策略，并很好地记录了下来。首先，希娜学习了该部落的语言。然后，她每天耗费几个小时跟随孩子和他们的父母到处走动，并计算父母或社区其他成人要求孩子帮忙的次数，例如"拿住水杯""跟我一起找蜂蜜""搬一下打猎的桩子"或"帮你妹妹穿好衣服"。

希娜有惊人的发现：年龄在3～4岁之间的最小的孩子收到的要求最多，而十几岁的孩子的要求最少。随着孩子的成长，在家长的期望中，大孩子们已经知道自己该做什么了。在早期给出的小而简单的请求已经教会了孩子们应该怎样去做事。家长已经成功地传递了乐于助人的价值观。希娜总结道："随着年龄的增长，儿童发展出了与人合作的行为模式，他们会学习如何完成被要求的任务，并能够预想到他们需要完成的任务。"

换句话说，年龄较大的孩子已经拥有了"乐于付出"的精神。他们已经知道如何关注他人的需求以及如何提供帮助，所以不需要再被要求了。要求会让人感到贬低和尴尬，甚至会让一个14岁的孩子翻白眼。（"真的，妈妈，我已经知道了。"）

那么，如何将"乐于付出"的概念引入家庭呢？实际上并不难。当你做家务并需要帮助时，就要求孩子来帮忙，或者确保孩子们在旁边看你做家务。以下是一些给你的建议，帮你让不同年龄段的孩子开始参与家务。

请记住，我提供的年龄段只是大致的参考。你设定期望值时，需要以孩子在做家务方面的经验为根据，而非他们的年龄。如果一个9岁的孩子没有与你一起做晚餐或洗衣服的经验，不要期望他们已经会做这些事了。你可以从小的子任务开始（例如，"把这个洋葱切好"或"把这件衬衫叠好放起来"），然后逐渐加大难度。你甚至可能要从下一页的"幼儿"部分开始读起（我教需要学习如何助人的成年人时，就是这样做的）。

请记住，这里的指导旨在给你一些可尝试的建议。你需要看看孩子想做什么或如何回应，让孩子的兴趣和意愿给你更多的指导。

婴儿（0岁到学会走路）

你可以考虑：观察，参与。

"孩子刚刚能够坐下来的时候，就让孩子坐在你旁边，看着你做事情。"一位尤卡坦的玛雅母亲告诉露西娅·阿尔卡拉和她的同事们。

从妈妈肚子里"新鲜出炉"的婴儿，能够"练习"帮忙的主要方式就是靠近父母并观察他们做事。你要摒弃用小玩意儿和其他"启蒙类"玩具来"娱乐"婴儿的想法，因为你日常的家务活已经有足够的娱乐性了。你可以带着婴儿去干活。在可能的情况下，让婴儿看到你在洗碗、切菜或叠衣服。你打扫、吸尘或在杂货店走动时，用婴儿背巾把孩子系在你的肚子上。让婴儿参与到每项能帮到你和家人的任务之中。

幼儿（1～6岁）

你可以考虑：展示，鼓励，要求。

"孩子学会走路后，你就可以开始要求他们帮助你……例如，他们可以从房间的另一边把我的鞋子拿来，"一位纳瓦族妈妈告诉雷贝卡·梅希亚-阿劳斯。

"我醒来时，总是会先打扫卫生，再做早饭——孩子们会看着我做这些事。如果你每天向他们展示做家务的过程，他们最终会自己去做的。"一位玛雅妈妈告诉我。

在这个年龄阶段，目标是激发孩子帮忙的热情，而不是扼杀它。以下是实现这一目标的方法：

展示

你可以确保年幼的孩子能接触到有规律的、可预测的日常家务活动，这和对待婴儿的方式一样。不要把他们赶到另一个房间或外面玩。相反，邀请他们过来，在你做家务时与你近距离接触，这样他们可以通过观察和偶尔的参与进行学习。

"许多妈妈会说像'来吧，孩子，在我洗碗的时候帮我一下'

这样的话,"雷贝卡告诉我,这也是她与纳瓦族母亲访谈中的内容,"邀请孩子来帮忙,是为了和孩子共同做家务作准备。"

鼓励

如果孩子想要帮忙,就让他们试试吧!如果任务很简单,就退后一步,让他们尝试一下。不要急于开始指导他们:对于小孩子来说,语言都是说教——并且会让他们感到困惑。你可以观察孩子的做法,在孩子努力的基础上,尝试继续引导他们更好地完成任务。如果他们开始弄得一团糟或犯了大错,温柔地引导他们回到高效率的状态。例如,在恰帕斯州的玛雅社区,2岁的贝托想帮他的奶奶剥豆子,但他很笨拙。男孩抓了一把豆子直接扔进了垃圾桶。他的奶奶就纠正他,并教他正确的方法。她在孩子把豆子扔进垃圾桶之前,从孩子手中取走了豆子,并告诉他还没剥好的豆子不能扔掉。如果贝托不听她的话,她就会再解释一遍。

如果一个任务对于孩子的技能水平来说太难或太危险,你就需要放松心情,保持冷静。没必要吓到他们。让孩子观看你做这件事的过程。例如,在煎玉米饼的时候,一位玛雅妈妈告诉她的小孩:"看着学。"或者,你也可以试着找到一种幼儿安全参与家务的方式。例如,罗茜会在我从烤架上取下鸡肉时为我拿着盘子,或者她会往意大利面里加盐和油。

"根据任务的不同,有时候孩子会观察,有时候他们会帮忙,"露西娅告诉我,"每个母亲都知道孩子能否完成任务。"(那么她们怎么知道的呢?猜猜妈妈在孩子帮忙的时候在做什么。没错，就是观察，观察，观察。你发现其中的奥妙了吗？）

要求

"一个走路还不稳的幼儿，可能会被要求拿着母亲手中的杯子，穿过正在聚会的全家人，把它递给父亲。"大卫·兰西在《童年人类学》中写道。

在世界上绝大多数的文化中（也许是除了几种"奇怪"文化之外的所有文化），父母会要求小孩子帮助他们完成各种任务。大卫称之为"家务课程"，但在西方文化背景中，我们或许应该称之为"合作课程"，因为这些任务可以教会孩子们与家人一起做事——不是指孩子们可能已经学会了的为自己做的事情，比如穿衣服或刷牙，而是一些微小、快速、简单的，可以帮助到另一个人或整个家庭的事情。这些要求是孩子与父母为了实现共同的目标共同完成的。要求孩子完成的事情，通常是一个更大任务的子任务（例如，你把垃圾倒出去时，让孩子帮你开门），而且通常是微小的，甚至是非常微不足道的（例如，将一口锅放进厨房对面的橱柜里，从橱柜里拿一个碗），但他们确实能帮到忙。

你不需要过多地要求孩子，每天给孩子提3~4个要求可能就足够了。只需要看看你有哪些需求出现（比如你腾不出手或你很累了），以及孩子表现出的兴趣。以下是一些可尝试要求孩子完成的任务：

去取东西

"快帮我取一下……"是蒂科皮亚岛(所罗门群岛)的父母经常对年幼的孩子说的话。

——人类学家雷蒙德·弗斯

年幼的孩子可以像小狗一样完成简单的任务,比如去取车里、车库或院子里的物品。"上楼去取卫生纸。""到另一个房间拿一个枕头。""到外面摘些薄荷。"甚至只是走到房间另一头拿你的鞋子,对幼儿来说都是很好的任务。去,去,去。小孩子喜欢四处跑动。在利用他们过剩的精力的同时,还能教他们关注别人的需求。

拿着这个

在你做家务时,让孩子帮你拿着一个东西,是另一个适用于各个年龄段孩子的好任务。它不仅可以鼓励孩子们留在你身边,通过观察学习如何做这项家务,还可以解放你的双手。以下是一些例子(请注意代词的使用,所有的任务都应该是你和孩子共同完成的):

- "我们来试着修好炉子吧,你帮我拿着灯。"
- "我们把煎饼从平底锅里拿出来吧,你帮我拿着盘子。"
- "我们去倒垃圾吧,你帮我拉着门。"

搅拌一下

年幼的孩子们都是能干的助理厨师。他们可以：

·搅拌酱汁、蛋糕粉和调味料。

·打蛋。

·腌制肉或者鱼。

·撕碎香草。

·用研钵和杵把食材捣成糊。

·学着切菜或削皮（我们稍后再谈刀具问题。但现在，您可以先让孩子学习使用牛排刀，或购买一个小削皮器）。

一起搬运东西

搬运东西可以成为全家人共同的任务。如果你的手都被占着，那么你的孩子不该两手空空。为孩子准备一个小背包或者肩袋，去完超市后，让他们把东西背到车上或者家里，然后一起把买来的东西放好。通过这个任务，孩子们可以学习如何摆放厨房里的食材，并与家人一起规划餐食。在旅行中，为孩子准备一个小行李箱，让孩子们自己搬运和收拾自己的物品。在我们家，每个人在旅行、购物或上学时都要搬或者背一些东西。

让孩子表达爱

年幼的孩子喜欢充当"妈妈""爸爸"或"哥哥姐姐"的角色。让他们去拿干净的尿布、扔掉脏的尿布、收拾宝宝的玩具、照顾和喂养宝宝，甚至与你一起准备给宝宝的食物和奶瓶，都是训练孩子友善对待弟弟妹妹的方式。如果宝宝哭了，可以先别急着抱起宝宝，而是看看家里大一些的孩子是否愿意帮忙。

最后……打扫、打扫、打扫

年幼的孩子是完美的清洁工。他们可以冲洗碗盘，往洗碗机或洗衣机里倒洗涤剂，擦桌子，吸尘……所有的一切，幼儿都可以打扫。虽然他们可能干活儿不那么仔细，但他们会用兴趣和热情弥补这一点。可能打扫后的地方也不是特别干净，但他们会非常努力地让它变得干净。不要干扰孩子的行动。给他们工具，让他们尽情地打扫。

总的来说，所有的小任务都非常适合年幼的孩子。但让我再重复一遍，你需要看看孩子对什么感兴趣，并且对他们的帮助表示欢迎。以下是几个要记住的原则：

1. 任务应该是真实，能真正地对家庭做出贡献的。 贡献不必很大，但不应是虚假的。例如，已经扫过的地板让孩子"再扫一遍"就不是一个真实的任务；让孩子切菜，然后直接扔掉，也是没有意义的。也许你可以再仔细切一下蔬菜，或帮助孩子完成扫地，但要保证孩子的工作是对家庭有贡献的。

另一个误区是给孩子"假"工具，例如假食物、假厨房用具或假园艺设备。孩子知道其中的区别，他们知道自己没有学会做"真正的"任务。如果他们的任务是"假的"，他们就无法为共同的目标做出贡献。

如果孩子还无法完成某个任务，例如在炉子上做饭或用锋利的针缝制物品，但他们还是想帮忙时，你也不必担心。你可以让孩子看着你完成任务，或者给孩子一件真正的工具，让他们在一旁练习。例如，在缝制时，给渴望参与的孩子额外的布料和线，或者给孩子一口锅和勺子，让孩子练习搅拌。在尤卡坦州，有一位妈妈给了罗茜一小块玉米面团，让她在一边练习做玉米饼（这与为孩子创造"虚假的"任务是不同的）。

2. 任务应该是孩子可以完成的（或大致可以完成的）。 关键是给年幼的孩子适合他们技能水平的任务。任务可以容易一些，不能太难。如果任务太难，孩子会变得沮丧并很快失去兴趣（要不，他们就会需要你过多的指导或监督）。但是，即使是最简单的任务（例如，从买回来的东西中把面包拿出来），对于年幼的孩子来说也可能会很有趣。例如，如果我让罗茜用一把牛排刀把土豆切开，她经常会因为土豆太硬，难以切开而感到沮丧，然后就会走开了（如果我给她一把更锋利的刀，我会非常担心她割伤自己，这样的话我们两个都无法放松）。但是，如果我给她一根香蕉来切，她就能够开心地开干了，并会要求我给她更多的任务。

3. 永远不要强迫孩子完成某个任务。 关于这个话题，更多的内容我们稍后会谈到。现在，只要记住，强迫孩子去做任务会让他们的积极性急速下降。我们稍后会学习许多应对固执、不乐意合作孩子的诀窍，但是强迫孩子去做家务只会阻碍他们学习"乐于付出"的精神，让亲子关系变得紧张。如果孩子说不，或直接忽略你，就先放一放这项任务，稍后再试。我们培养的是孩子的合作精神，而不是对父母的服从态度。当他们选择不帮忙的时候，接受孩子的选择，这也是合作的一部分。

孩子：童年中期（6～12岁）

你可以考虑：鼓励，激发，让孩子掌控主导权。

"这是你真正教他们做事的时候，"玛丽亚在谈到她9岁的女儿吉尔米时说，"你不会让他们去完成母亲的所有工作，而是会让他做一些轻松的事情。他们第一次可能不会注意，第二次、第三次也可能不会，但最终，他们会学会这些事情的。"

孩子逐渐长大的过程中，你给他们的指导可以与他们年幼时相同——鼓励他们帮忙，并要求他们完成一些子任务。随着孩子能力的增长，这些子任务可以与他们不断提高的技能水平保持一致，变得更加复杂一些。注意他们尝试做的事情，或似乎有兴趣尝试的事情。每当他们表现出主动性时，你可以退后一步，让他们自己动手。接受孩子的贡献，不要干涉他们，这将为他们日后自愿提供帮助奠定基础。

1. 继续专注于合作。 邀请孩子们来帮忙做家务。不要和孩子说"晚餐后把自己的盘子收拾干净"或"把自己洗干净的衣服叠好"，而是要将任务描述成一项共同的活动，例如"晚餐后让我们一起来清理厨房"，或者"让我们一家人一起来把衣服叠好"。

"这些邀请，其实是为了让孩子和家人合作完成任务。"雷贝卡解释道，"在西方文化中，孩子经常独立完成任务——这个孩子在周四干活儿，那个孩子在周五干活儿。但是在这里，我们会说'我们一起干活儿吧，这样我们能完成得更快'。"

在我们家，每周六我们出去玩之前，我都会召集大家一起来参加大扫除派对。我叫上罗茜和我丈夫，放起音乐，一起打扫楼下的卫生。然后我会指出："我们一起干活儿，大扫除真的完成得更快啊！"

我在周日的洗衣日采取相同的策略，衣服晾干后，我会叫上罗茜和马特，一起叠对方的衣服。同样，我可能会说，合作比独自完成更快，或者我会指出，下面的一周我们都有干净的衣服穿，是多么重要、多么美好的一件事。

2. 分配子任务。 随着孩子们的成长和能力的提高，你可以让孩子负责整个任务的一部分。举个例子。"安吉拉（12岁）负责先清洗盘子，而吉尔米（9岁）负责冲洗盘子上的洗洁精，"当我在玛丽亚家时，她说道，"这就是我教给他们的——让他们只完成任务的一部分。最终，吉尔米会学会如何完成整个任务。"

3. 激活孩子的动力。 与其明确地告诉孩子，他需要完成一项任务，不如告诉孩子你要开始做家务了，或暗示孩子你需要他们，来激活孩子帮忙的动力。在露西娅的一项研究中，一位有50%的纳瓦血统的母亲表示，她们有时会使用这种方法来暗示孩子帮忙。研究中写道，"例如，一位母亲自述说，她会告诉女儿她正要去做晚餐"，然后女儿就知道，是时候开始帮忙了。"妈妈，你需要帮忙吗？"女儿问。"需要呀，给我拿个西红柿，把洋葱或者豆子拿出来。"母亲回答。"她已经知道要为我准备什么了。"

有时候我会对罗茜说，"曼戈饿了"或"曼戈的碗是空的"，教她注意需要喂食狗狗的时间。我也会说，"该把垃圾倒出去了"，向她暗示我需要她帮我开门并拉住门。我还会说，"买菜时间到啦"，这样她就知道要去拿可重复使用的袋子。当然，她也并不会每次都按我的期望或想法去做事。但是，她在逐渐学习，并且在这一过程中，无须唠叨，也没有争吵。

好，让我们现在坦诚相对。此刻，你可能在想，"天哪"（或者甚至是"妈呀"），这个家务训练的过程听起来需要花费大量时间，还不如赶紧让孩子们离开，在5分钟内把饭做好。

的确如此，在这个过程中，需要我们更耐心地对待孩子——比我预想的还要更耐心一些。当罗茜拿起餐具或洗衣服时，整个过程可能会减慢很多。有时她需要花费1~2分钟来考虑如何把晚餐用的盘子放进洗碗机里，或者在我们叠好并放好她的衣服之后，她又会把所有的衣服从抽屉里扯出来，扔在地上。"我们再来一遍，妈妈！"她喊道。"但是——但是——但是……我们刚才……"我皱着眉头说。

我一部分身体想对她大喊大叫，让她离开房间，另一部分想放任不管，让周围保持混乱。但这两种做法都不能教导罗茜成为一个有帮助的家庭成员。所以我做了一次深呼吸，集起更多的耐心，想起恰帕斯的玛雅祖母教那个小男孩不要扔掉还没有剥

第二部分 玛雅文明的育儿方法

好的豆子。我问自己："她现在会怎么做？她会引导罗茜回到正轨上。"所以我轻轻地从罗茜手中拿走衣服，放回抽屉里，平静地告诉她："叠好的衣服就得留在抽屉里，下周我们才会再叠一遍。"然后我离开了房间。

除了这些，我坚持这种方法（并增强我的耐心）还有另一个原因：它实际上可以为我节省大量时间。这不仅是说，如果罗茜能帮我的忙，这会在未来为我节省很多时间。我指的是现在，她还是个小小的笨拙的孩子时，这种方法就可以为我节省很多时间。

在下一章中，我们会学习如何训练能够帮忙的孩子的第二步，我将解释这一方法如何在目前的阶段为我节省时间。它是一个"秘密武器"。在看到它的实际效果后，我对罗茜在家庭中的角色有了完全不同的看法。它不仅教孩子成为更乐于付出的人，还能在孩子成为家庭合作成员的过程中起到至关重要的作用（包括让他们与兄弟姐妹有更多的互动）。

本章总结
如何培养乐于付出的孩子

需要牢记的知识（适用于所有年龄段的孩子）

➤ 孩子生来就有帮助父母的愿望。虽然可能不太看得出来，但他们真的有成为家庭的一分子的内在动力，在家中帮忙则可以让他们获得这一家庭地位。

➤ 通常，孩子不知道如何以最好的方式提供帮助，所以，他们总显得非常笨拙。父母的任务就是去训练孩子。

➤ 在刚开始帮忙做家务时，孩子可能显得笨拙，甚至会弄得一团糟。但是通过练习，孩子会学习得很快，同时仍然保持着帮助家人的热情。

➤ 不管孩子处于什么年龄段，永远不要阻止孩子帮助父母或其他家庭成员。把孩子赶走会扼杀他们参与家务和与家人合作的动力。如果任务对他们来说太困难或太危险，就让他们在旁边全程观看，或者将任务分解成他们可以完成的子任务。

今天就试一试

对于年龄较小的孩子（刚学走路到大约六七岁的孩子）：

➢ 在一天中，可以多次要求孩子帮助你和家人，但注意，不要过度要求他们。每小时一次就足够了。可以要求孩子做以下任务：

· 去拿你需要的东西，拿着一小袋买好的东西，在炉子上搅拌一下锅里的食物，切蔬菜，开门，开水龙头等。

➢ 确保要求的内容符合以下条件：

· 要求孩子完成会对家庭做出实际贡献的真实的任务，而不是虚假的或模拟的工作。

· 要像团队一样一起工作，而不是让孩子独自完成。

· 要给孩子简单的任务，易于孩子在没有你的帮助的情况下理解和完成任务（例如，把一本书递给孩子，让孩子把书放在书架上，而不是直接让孩子去整理客厅）。对孩子来说，任务永远不会过于简单。

对于年龄较大的孩子（7岁以上的孩子）：

➢ 如果孩子还没有养成帮忙的习惯，要缓慢引导孩子。试试上面提到的小方法，同时要保持耐心。孩子可能不会立刻来帮忙，但最终他们会学会的。

➢ 如果孩子已经学会了"乐于付出",那么可以随着孩子技能水平的提高,增加任务的复杂度。让孩子的兴趣和技能指引你调整提出的要求。

➢ 不要直接告诉孩子该做什么,而应该通过间接提醒来激发孩子帮忙的动力(例如,你可以说"狗碗空了"来提醒孩子喂狗,或者说"该做晚饭了"来提醒孩子过来并把食材从冰箱里拿出来)。

第 5 章
如何培养灵活、善于合作的孩子？

心理学家芭芭拉·罗戈夫告诉我："在玛雅文化中，有一个信仰，那就是每个人都有自己存在的价值。"

我问道："幼儿也有吗？"

"是的，每个人都有作用和价值。社交互动的目标之一就是帮助每个人实现他们的价值。"

"嗯……"我想，**"罗茜在我们家中的价值是什么呢？"**

在昌卡加尔村的第四个晚上，我兴奋得无法入睡。我在吊床上翻来覆去，盯着圆形的风扇，听着街上的狗叫声。即使是凌晨 2 点，我们房间的温度仍达到 35 摄氏度，这让我更难以入眠。

直到凌晨 5 点左右，在第一只公鸡报晓之前，我终于听到卡车在房子旁边车道上的轰鸣声。

我从吊床上跳下，随便套上一条粉色纱笼裙，在睡梦中的罗茜黏糊糊的额头上留下一枚告别吻。今天，我要见证我等待了一年多的事情。

每当我向家人和朋友们讲玛雅的超级妈妈们的事情——尤其是她们很少与孩子们争论这一点——许多美国人都会有同样的反应："好吧，但你还没有看到这些家长早上为孩子准备上学时的情况。你再回去看看这些父母是怎么做的呗，在这个时段，你绝对会看到父母和孩子的矛盾。"

于是，今天我要做的就是：观察玛雅家庭如何应对令人生畏的晨间准备工作。

我跳上皮卡车，方向盘后面坐着让整个旅程成为可能的人——罗多尔福·普奇。罗多尔福30多岁，是一个引人注目的男人，有着浓密的黑眉毛，一头黑发梳成波浪式的蓬松发型，看上去闪闪发亮。他穿着一件洁白的衬衫，上面的扣子敞开着，整个人看起来轻松自在。

"你好啊[1]。"他打招呼说。

"你好。"我回答。

"你准备好看特蕾莎摇吊床了吗？"他带着灿烂的笑容问道。罗多尔福有着美妙的微笑，不仅他的嘴唇，他的脸颊、眼睛和前额，都透露着笑意。

我告诉他，我迫不及待地想去拜访特蕾莎的家人，并再次感谢他安排了这次访问。当我们开车穿过村庄时，太阳还没有升起，天空呈现出明亮的橙色，就像成熟的桃子心的颜色。

---

[1] 原文为西班牙语"días"，下文中作者也以西班牙语回应。——译者注

罗多尔福在一个与昌卡加尔村类似的村庄长大,如今他经营着一家旅游公司。我聘请罗多尔福安排我对这里家庭的访问,以及为我翻译。他的帮助对我来说非常珍贵。无论我的想法听起来有多离奇,他总是以同样的方式回答:"好的,我们可以。我们可以这样做。"然后他会想出一个既可行又满足我的需求的解决方案①。

今天也不例外。

罗多尔福已经说服了村里的一对夫妇——玛丽亚·特蕾莎·卡玛尔·伊茨(人们都叫她特蕾莎)和贝尼托·库穆尔·昌——让我们在清晨到他们家录制他们为孩子们准备上学的过程。也就是说,早上7点之前,他们要让4个孩子穿好衣服,吃完早饭,然后出门。

"如果孩子们7点钟之前没到校门口,他们就不能进入学校了。"罗多尔福补充道。

很明显,如果我想要看父母和孩子间的权力斗争和尖叫,现在正是时候。

我们驶进了特蕾莎和贝尼托的家。灯是关着的,一片死寂。所有人都还在睡觉,除了特蕾莎。她在前廊等待我们。她打扮得非常得体,穿着一条淡紫色的铅笔裙和粉红色的花边衬衫,看起

---

① 在下一章中我们将会学到,这种方法在应对年幼的孩子时非常有效,因为他们通常会有一些疯狂的想法。与其用"不,不行,我们不能这样做"这样的说法来反对他们的想法,不妨试着点点头说"可以,我们可以这样做",然后倾听孩子的话。——作者注

来像是要去曼哈顿参加商务午餐会。她的长发扎成一个松散的发髻。

"你们好。"她轻声说着，点了点头，我们走进了她的客厅。"你好。"罗多尔福和我轻声回应。她的3个女儿仍然在客厅里悬挂的吊床上睡觉。特蕾莎立刻开始了她的工作——叫醒女儿们。她拽着一张吊床的边缘。"醒醒，醒醒，克劳迪娅。你该去上学了。"特蕾莎对她最小的女儿（6岁）柔声说道，但克劳迪娅仍在沉睡之中。"醒醒，醒醒，哎呀。"她的声音依然很轻，但你可以感受到微小的挫败感。

"啊哈！"我心想，"母女间的权力斗争来了。"我握紧了麦克风，准备记录特蕾莎在面对孩子的不服从时，会如何回应。

但是随后，特蕾莎转过身，转变了她的应对方式。她没有再强行叫小克劳迪娅醒来，而是转身走到房间的另一边。到了那里，她停了一会儿，然后做出了西方母亲从未尝试过的事情。特蕾莎几乎变成了一个指挥家，或者说，一个棒球队教练，在球场边的掩蔽处默默地指挥着团队。她并没有发出一连串大声的指令、威胁和解释，而是通过面部表情和手势来与孩子们交流。抽动一下鼻子，她发出了"开始穿衣服"的指令；拉一下耳朵，她指挥孩子"梳理头发"；快速点头，则意味着"干得好"。如果你不仔细观察，你可能会错过所有的指示。

特蕾莎从一垒手开始：她11岁的儿子欧内斯托。他喜欢上学。他已经醒来，并穿好了衣服，准备出门了。"回来，去找你的鞋子，欧内斯托。"特蕾莎用冷静而不容置疑的语气说道。欧内斯托没有回应，跑出了前门。他是不是忽略了妈妈的话？不清楚。但特蕾莎似乎并不在意。她泰然自若地转向她的最佳投手——劳拉。她16岁，对这个游戏很熟悉。

"你去给妹妹梳头发。"特蕾莎对劳拉说，语气仍然非常严肃。虽然特蕾莎没有表现出紧迫感或给孩子压力，但也没有想让自己的要求听起来更委婉。她没有用"你不介意给妹妹梳一下头发吧？""你想给妹妹梳头吗？"或者"可以请你给妹妹梳头吗？"这些多余的词语来开头，而是直截了当地说："你得去给妹妹梳头发。"并且这样的语气奏效了。

劳拉迷蒙着像个僵尸一样走向她最小的妹妹，轻轻地叫醒她，并开始给她梳头发。特蕾莎把校服递给克劳迪娅，克劳迪娅去了另一个房间穿衣服。她回来时，姐姐劳拉表现出我所见过最友爱的姐妹情谊：在没有被家长要求的情况下，这个16岁的姐姐端来一盆水，开始给妹妹洗脚。劳拉温柔地仔细擦去妹妹脚跟和脚趾上的棕色污垢，然后帮妹妹擦干了脚。最后，劳拉帮妹妹穿好了鞋，一切行动都充满了温柔的关爱。

我想，会不会是因为罗多尔福和我在这里看着，特蕾莎的孩子才表现得如此冷静、对彼此如此关爱？所以我问特蕾莎，我们俩在这里，是不是影响了孩子的行为。特蕾莎笑了一下，然后说："如果你们不在这里，劳拉给克劳迪娅洗脚的速度会更快。她会让妹妹别乱动，这样她就可以更快地做完这件事。"

这时，欧内斯托出现在了后门，但仍然光着脚。特蕾莎问他："你找到鞋子了吗？你昨天放在哪里了？"然后，欧内斯托什么也没说，又从前门走出去了。

特蕾莎示意女孩们去吃早餐，她们立刻过来开始吃饭。拿着麦克风的我被所有人的平静所震撼。整个过程中，特蕾莎只说了几句话，她一直很平静，孩子们也跟随着她的节奏。女孩们吃饭时，屋子里非常安静，甚至可以听到外面鸟儿的歌唱声。

这时，沉静被欧内斯托打破了，他从前院跑回来，仍然光着脚！"哎呀，"我想，"特蕾莎已经两次要求他去找鞋子了。"但特蕾莎并没有觉得需要升级她的回应方式。她不会让儿子的不服从升级成母子间的冲突，甚至都不会提醒儿子她已经提出过两次要求了。相反，她保持镇静，用同样的语气重申她的要求："去找你的鞋子。"（我也注意到，她等了整整5分钟才再次向孩子提出要求。相比之下，我可能只会等大约10秒钟，而且大多数时候，我一秒也不会等。）

特蕾莎的耐心得到了回报。欧内斯托又走了出去，很快就穿好了鞋子回来了！

接着，特蕾莎做了一个手势，4个孩子走出前门。劳拉爬上三轮货车的座位，她的小弟弟妹妹们跳上前面的平台，然后劳拉就带着他们去上学了。就这样，从特蕾莎摇动吊床到孩子们走出门，整个早晨的例行事务只用了约20分钟。非常顺畅、轻松、超级平静，没有任何戏剧性的冲突，没有顶嘴、没有叫喊、没有哭泣、没有反抗。

所谓的"疯狂早晨"根本不疯狂。大多数情况下，特蕾莎的孩子们都会跟随母亲的节奏。他们倾听母亲的话语，并且知道自己该做什么。当他们没有立即响应命令时,特蕾莎从来不会催促。她会等几分钟,然后用相同的语气再次提出要求。她从未引发过和孩子之间的冲突。

"因为孩子们会互相帮助,早晨的时间变得更容易了。"特蕾莎说。的确如此。孩子们非常善于合作,我看得出,他们不仅愿意帮助妈妈,也愿意互相帮助。

这时,我感觉到在这个家庭中存在着一种我在昌卡加尔村的其他家庭中也感受到过的东西。除了简单地想要互相帮助外,特蕾莎和她的孩子们对彼此的理解,比罗茜和我之间的理解更深。特蕾莎知道,催促欧内斯托并不能让他更快地找到他的鞋子;劳拉可以比她更快地叫醒克劳迪娅;劳拉知道如何不拉扯头发、不引起疼痛地帮妹妹梳头。每个家庭成员都能理解其他成员的工作方式。因此,他们的家庭有着美妙的凝聚力和协调性——一种美妙的"我们"的感觉,述说着"我们大家是在一起的"。

然后我恍然大悟:特蕾莎不断训练她的家庭,让所有成员像世界大赛冠军队一样协作,而我却做了相反的事情。我训练出了一个逆行者、反叛者,甚至有时,她是一个彻头彻尾的"地狱天使"[①]无政府主义者。

为什么罗茜不在我的队伍里?

如果我能以某种方式把罗茜招募到我的队伍中,那么我是不

[①] "地狱天使"是一个美国摩托车俱乐部的名称,其成员以骑摩托车和行为叛逆而著称。他们也经常涉及犯罪活动。——译者注

是就可以解决我们的一系列问题了？也许早上的例行事务会进行得更容易些，也许我们能更快地离开公园。也许——仅仅也许——罗茜会乖乖去睡觉，不再哭闹和抗拒。这些问题是否都源自一个根本性的问题？

第二步：给孩子们发放他们的团队成员 ID 卡

在我和特蕾莎和玛丽亚见面之前，我按照我认为所有好父母都应该做的方式来安排罗茜的日程：她不去日托中心时，我就会为她计划好一项"活动"。

当她在午睡或晚上睡觉时，我才能做所有的家务，包括清洁客厅和厨房、洗衣服，完成一部分准备早餐和午餐的工作，这样我们第二天早上不会太匆忙。

周末，我们会去动物园、博物馆和室内游乐场所，与其他家庭在公园里玩耍，为即将到来的万圣节和复活节做手工。在雨天，我们会在客厅里堆满玩具、拼图和"学习工具"。我对这些活动感到满意，因为我认为，在这些活动中，她能够有各种体验，她的生活会因此丰富起来。实际上，这些活动也能让她保持忙碌，她就不会来妨碍我，同时，这些活动也分散了她的注意力，这样她就不会让我抓狂。

但是坦率地说，我从来没有真正地喜欢过这些活动。说出这句话，让我感觉我像是一个不称职的母亲，但这是事实。在"儿童友好"的场所里，我要么处于极度无聊的状态，要么被噪声、灯光和混乱的场面搞得神经极度紧张。离开儿童科学博物馆时，我疲惫不堪，神经极度不安，感觉我的一小部分灵魂已经死在了博物馆小吃站，我花了10美元给罗茜买了一块辣香肠比萨。（当时，罗茜还在我面前尖叫着说："噫！我不喜欢这种奶酪！"）

在家里和罗茜在客厅玩耍也没有好到哪儿去。有几个下午，我宁愿自戳双目，也不想再玩一次扮演艾莎公主和安娜公主的游戏。但是我告诉自己，这是一个好妈妈应该做的，是罗茜需要和想要的。这对她有好处，会让她变得更好。

听起来熟悉吗？

我与玛丽亚和特蕾莎在昌卡加尔村共同度过的时间让我反思：如果我一直以来所坚信的"好母亲应该做的事"完全是胡扯呢？如果我们排满的各种活动实际上与我想要的相反呢？没有让罗茜更快乐、让我们的生活更顺利，而是让罗茜的行为更糟糕、让我的生活更加艰难了？这些活动会削弱罗茜成为家庭合作的成员——团队中的一员——的动力吗？它们会削弱她的自信心和自我意识吗？**有没有更轻松、更有效、更愉快的与孩子共度时光的方法呢？**

~~~~~~~~~~~~~~~~~~~~~~~~~~~~~~~~~~~~~

苏珊娜·加斯金斯研究玛雅人的育儿方式已经40多年了，她是东北伊利诺伊大学芝加哥分校的心理人类学家。每年，她都会在昌卡加尔村生活几个月，观察当地的家庭并采访家长。苏珊娜对这个村庄里的家庭非常了解，这些家长也都和她熟识。

20世纪80年代早期，苏珊娜来到这里进行研究时，自己还是一名新手妈妈，儿子刚1岁。她立刻注意到，玛雅父母与她在芝加哥有孩子的朋友们之间有明显的不同。玛雅父母觉得自己没有必要不断地陪伴或与孩子玩耍。他们不会提供源源不断的视频、玩具和寻宝游戏来刺激孩子、让孩子保持忙碌。换句话说，玛雅父母不会在客厅玩扮演公主的游戏，也不会在周末到儿童博物馆吃10美元一片的比萨。

苏珊娜认为这些活动是"以孩子为中心"的，即这些活动完全是为了孩子而设计的，如果没有孩子，父母就不会去做这些事情。苏珊娜发现，玛雅父母并不觉得安排这些活动有什么必要性，他们几乎不会这样做。

相反，玛雅父母为孩子提供了更加丰富的、在真实生活中的体验，这是许多西方孩子几乎无法获得的。玛雅父母欢迎孩子进入成年人的世界，并充分接触成人的生活，包括他们的工作。

成人们在日常生活中忙碌——打扫卫生、做饭、喂养家畜、缝纫衣物、建造房屋、修理自行车和汽车、照顾孩子的兄弟姐妹——而孩子们则在一旁玩耍并观察成人的活动。这些真实的活动是给孩子们的"启蒙性活动"，是孩子们的娱乐，也是辅助他们学习、在身体和精神层面成长的工具。

玛雅父母欢迎孩子们跑过去观察和插手帮忙。一段时间后，孩子们逐渐学会编织吊床、养火鸡、在地下的炉子里烤玉米肉粽，或修理自行车。

我在昌卡加尔村的各处都看到过这种学习方式。一天下午，玛丽亚在家中，在一个水桶里洗玉米——这是制作玉米饼的必要步骤。这个过程中需要用清水反复冲洗玉米粒。玛丽亚在蓝色水桶前弓着腰，在清凉而清澈的水里搅动着干燥的黄色玉米粒，哗啦，哗啦。听到这个声音，她的2个年幼的女儿艾莉克莎和吉尔米跑过来观看。玛丽亚倒掉水，让吉尔米来帮忙。"去拧开水龙头。"她告诉这个9岁的女孩。吉尔米跑去帮妈妈。与此同时，小艾莉克莎看着她的妈妈和姐姐。

"对于这样的任务，我会让孩子们观察和学习，"玛丽亚在休息时告诉我，"我总是告诉他们，'看着，这很重要'。"

因此，像世界上绝大多数父母一样，玛雅父母会安排孩子的时间，为孩子提供机会，让他们能在成年人进行日常工作时一直待在家人身边。成年人在家里工作、照顾家庭事务、打理花园或做任何其他事情时，都欢迎孩子在旁边围观。

年幼的孩子们其实非常喜欢这些活动，他们渴望观察或参与其中。心理学家雷贝卡·梅希亚-阿劳斯表示，孩子们并不会区分成人的工作和游戏，"父母不需要学着与孩子玩耍。如果我们让孩子参与成年人的活动，这对孩子来说就是游戏。"随后，孩子就会将家务活视为有趣、积极的活动，把它与玩耍联系起来。

心理学家露西娅·阿尔卡拉说："玛雅父母不会强迫孩子做家务或在家中劳作，但他们会对家庭和周边的环境进行统筹安排，为孩子们发展这些技能创造条件。这种对待儿童发展的方式是非常成熟而有智慧的。"

毫无疑问，让孩子们融入成人世界，可以更容易地让孩子学习做家务。如果你做早餐或洗衣服时，孩子在你身边，他们很快就会学会如何炒蛋，或者将白色衣服与深色衣服分开。

这种方法还有其他几个优点。首先，它让父母得以休息。父母不需要安排、支付和参加无尽的早教中心活动，可以过自己的正常生活——不管是工作还是放松。孩子们会跟着父母学习。你不需要为了孩子的时间安排而改变你的生活，你只需把孩子融入你自己的生活即可。

此外，人类很可能已经进化出了一种学习方式——让孩子们通过模仿成年人行为进行学习；在至少20万年的时间里，他们一直是这样学习的（我们将在下一章中看到这一点）。因此，对许多孩子来说，这种学习方式比在以孩子为中心的活动中学习更容易、更轻松。因此它会更少地引发冲突和抵抗。

这是一种多么美妙的学习方式啊！你不用学习能力范围之外的技能，因此你不会感到压力；没有课堂讲授，也没有学期末的测验。孩子可以在成年人身边，通过观察和帮忙，按照自己的步伐学习。

但也许最重要的是，这种方法为孩子们提供了在美国家庭中缺失的东西：家庭的团队成员ID卡。

~~~~~~

在西方，我们常常采用两种激励方式：奖励（例如表扬、礼物、小贴纸、零花钱）和惩罚（例如大声命令、面壁、禁足、威胁）。但在许多其他文化中，父母会用另外的激励方式：满足孩子想要融入家庭、团结合作的强烈愿望，让孩子感受到归属感。

这种激励方式是非常有力的。如果没有它，父母在教育孩子上就会缚手缚脚。想要归属于家庭的愿望，不仅能促使孩子起身，自愿地参与家务，还帮助他们更善于合作、更灵活行动。它驱使孩子早上准备好去上学，该从公园回家时能迅速上车，吃光你放在他们盘子里的所有食物，在你让他们来摆餐具时绝对不拖拉！

孩子可以相对轻松地完成这些任务，因为他们对家庭有责任。家人在洗碗，所以孩子也要去洗碗。家人在清理房子，所以孩子也要参与清理工作。

孩子天生就很擅长和家人合作，这是我们作为人类的特质之一。合作、帮助爱我们的人，会让我们感觉更好。

孩子从 8 岁或 9 岁起，就会完全意识到这种内在的愿望，露西娅说："我们问过玛雅孩子，为什么要帮忙做家务。几个孩子说，因为他们是家庭的一部分，家务是家庭成员共同的责任，每个人都要帮忙。"有一个孩子回答说："我住在那里，因此我应该帮忙。"另一个回答说："我也在家吃饭，所以我需要帮助我的父亲。"

但是，父母要想利用这种内在的动机，就必须满足一个关键的要求：让孩子们感到自己是家庭中有资格的、能做出贡献的成员。孩子需要感觉到他们的贡献有真正的作用和价值。例如，如果一个孩子正在照顾年幼的弟弟妹妹，那么这个孩子就要为弟弟妹妹的安全负责。

孩子能够敏锐地认识到自己与他人的关系——他们知道谁是他们的团队成员，谁不是。甚至年幼的幼儿也会意识到他们和他

> **杜克里夫一家家庭成员**
>
> 罗茜
>
> 出生日期：2015年11月5日
> 享受特权：食物、爱、避风塘
> 需负责任：清洗衣物、准备餐食、打扫房间
> 有效时间：终身有效

人相互依存、相互联结，他们知道谁帮助过他们，也知道他们帮助过谁。

他们也非常清楚自己在团队中扮演的角色：我是几乎每次比赛都会上场的捕手，还是几乎没有什么行动的右外野手？或者用更形象的话说，我是一个VIP观众，只能坐在包厢里吃热狗、喝苹果汁吗？

让孩子们融入成人的世界，你才算是认可了孩子在家庭团队中的成员身份。打个比方，你这是在发给他们一张成员ID卡，让他们随身携带在裤子后口袋里。这张卡片提供了获取团队福利的权限和承担团队责任的机会。这张卡片告诉孩子："我也得做这些成人做的事情，因为我是这个团体的一部分。家人洗衣服时，我也得洗衣服；家人打扫时，我也要打扫；家人早上离开家时，我也要随他们离开……"不论家人做什么，孩子们都会跟随家人的脚步。

每次我们让孩子参与到成人的任务中时——无论是简单的任

务,比如倒垃圾,还是复杂的任务,比如前往尤卡坦州为写书进行研究——我们都在告诉孩子,他们是一个团体的一部分,这个团体比他们自己强大得多。孩子是"我们"的一部分,与这个家庭的其他成员联系在一起。他们所做的事情会帮助或伤害他人。

相反,如果我们每次都选择一项以孩子为中心的活动,我们就是在逐渐收回他们的成员 ID 卡。我们是在告诉孩子,他们不同于家庭中的其他人,有点像是一个 VIP,被豁免了参与家庭工作和成年人活动的责任。我们削弱了孩子与其他家庭成员作为一个团队共同努力的动力。

这正是罗茜和我之间发生的事情。我教给她的是,在我们家中,她的角色就是玩乐高、看启蒙早教视频和享用膳食(特别是没有加酱汁的意面和黄油面包片)。我的角色是打扫、烹饪、洗她的衣服,以及接送她去参加各种活动。那么为什么我早晨要求她的时候,她就会穿上鞋子?为什么她会吃我做的西蓝花?或者当我们都筋疲力尽时为什么她会上床睡觉?

在许多方面,她就像一家科技公司的首席执行官,而我就是她的活动经理。我的职责就是规划她的生活,确保她过得愉快。

但在见证了特蕾莎的早间时光,以及在与苏珊娜就以孩子为中心的活动进行过谈话后,我经过考虑和反思,终于意识到不能再这样了。不能!我不能再在挤满小孩的小吃站买一块 10 美元的奶酪比萨,然后自己吃掉,不能再在罗茜看《贝贝熊》的时候洗衣服,不能再为她单独做晚餐。杜克里夫家的那些时光已经过去了。

我决定不再担任罗茜的活动经理。我开始欢迎她进入我的世界。我决定不再给她提供娱乐，而是学会只是简单地陪伴着她。

从昌卡加尔村回家后，我对杜克里夫家做出了3个重大转变：

1. 我重新安排了罗茜的日程。 我意识到，周末和从幼儿园放学后的下午是罗茜获得家庭成员ID卡的宝贵时间，罗茜可以在这段时间中参与我们家庭的内部运作，沉浸在成年人的世界中。因此，我取消了几乎所有的儿童中心的活动，我们不再去儿童博物馆、动物园和游乐中心。我们不再参加朋友以外的生日派对（因为我和马特想和这些朋友共度快乐的时光）。同样的道理也适用于玩伴聚会：如果我不想和某个孩子的父母共处，我们就不去这个聚会。或者，我只是把罗茜送去聚会，让她与另一个家庭共处一段时间。我发现罗茜其实很享受与我和马特分开的时间。即使她只有2岁半，没有我陪伴的玩伴聚会也不会让她觉得不舒服。只要她觉得自己是和另一个成年人有联系的，她就会很适应。

我们有空闲时间时，就会选择整个家庭都喜欢的活动，这些活动是罗茜出生前我们常常进行的活动。有时，我们也需要稍微调整活动，让她也能参与其中（例如，缩短徒步旅行的路途、修改骑车路线、在晚餐时跳过第二轮饮品）。但这些活动不是以她为中心的、为她准备的，也不是"儿童专享"的活动。这些是成年人的活动，而她全面地参与其中。

我们的生活发生了很大的转变：我不再等到罗茜午睡或晚上睡觉的时候再做家务，而是在她在身边时和她一起做。周六早上，我们一起做一些好玩的食物当作早餐，然后打扫屋子——所有人一起参与，无论是马特还是我，都不会逃避。周日早上，我们一起洗衣服，下午去超市。周日晚上，我们在花园里干活儿，遛狗，或去拜访朋友。

那么罗茜睡觉的时候，我在干什么呢？天哪，我终于能放松自己了！我会读书、散步、看网飞电视剧，或者与丈夫聊天，聊很长时间。因为不会被打扰，聊天时光也变得美好起来。有时候，我也会泡一个长长的澡，或者躺下小睡一会。

2. 对于罗茜想要帮忙的愿望，我有了完全不同的想法。 即使她弄得一团糟，打碎了东西，或者跑过来从我手中夺走了一件工具，我也会提醒自己："她在尝试帮忙，只是还不知道该怎么做。我需要教她，而这可能需要更多的时间。"我会退后一步，让她按照自己的方式完成任务，并尽量减少我给她的指令或评价。我会对她对家务产生兴趣表示鼓励，即使有时候她看起来只是在玩耍或开玩笑。

3. 我给了罗茜尽可能多的自主权。 在后面的章节，我们会去拜访哈扎人，那时，关于这一点，我们将会了解到更多。现在，我想强调的是，尊重孩子的自主权，尽量减少作为家长的专横跋扈。对于这种系统的运作，这是非常有必要的。

试一试2：培养合作精神

在西方文化中，我们很努力地在孩童世界和成人世界之间划清界限。孩子上学，父母上班；孩子早睡，父母晚睡；孩子吃儿童食品，父母吃"成人食品"（去年夏天，我7岁的侄女是这样告诉我的）。这种相互之间的隔离是很明显的，但并不一定非要如此。你的责任就是找到合并这两个世界的机会。而这样的机会有很多，你只需要学会如何发现它们。

记住，一些孩子可能需要时间来适应他们的新环境，尤其是那些几乎没有在成人世界中体验过的、年纪较大的孩子，一开始，他们可能不知道该如何表现。你得在几周或几个月的时间里慢慢引导他们接受全新的经历。

"我认为问题在于，此前孩子只在专为儿童设计的地方度过，"芭芭拉·罗戈夫说，"当孩子进入按照其他规则运作的地方，比如中产社会中的成年人活动场所，孩子有时会扰乱、惹怒他人，然后父母就会放弃再次尝试的想法。"

但是不要放弃！要有一点耐心。记住，你正在训练孩子学习一项新技能。

随着孩子不断成长、实践，孩子将学会在成年人的活动场合中表现得体，芭芭拉说；"如果孩子还小时，你就带孩子经历成年人的世界，或是逐步引导年龄稍大的孩子进入这些情境，他们就会在这一过程中学习。孩子很擅长发现成人世界和儿童世界之间的区别。"他们也善于思考不同场合下，所适用的规则是什么。

想想看，如果我们从不让孩子接触成熟的成年人，我们如何指望他们习得成熟的行为模式呢？如果罗茜所有的时间都在和其他的 3 岁孩子玩耍，我怎么能指望她比 3 岁的孩子更成熟呢？

接触成人世界也可以为孩子日后上学做好准备。它教给孩子们如何保持耐心、安静、尊重别人，以及仔细观察和倾听。

你可以用下面的方法帮助孩子进入成人世界。

初步尝试

- **把周六或周日定为家庭活动日**。在这一天，全家都有相同的待遇，参加同样的活动。用以全家人为中心的活动替代以儿童为中心的活动和儿童专属娱乐（包括以儿童为中心的电视节目、视频和游戏），让孩子沉浸在成人的世界中。你们可以在家里、院子里或办公室里做家务；一起去购物；和家人、朋友去公园野餐；一起去钓鱼；去海滩读书或工作，让孩子在海滩上玩耍。你们也可以办一场晚宴，让孩子参与规划晚宴的全过程——挑选餐巾、菜单、饮料等。你们还可以去教会参加面向各年龄段的活动，或者去欢迎儿童参与的志愿活动场所，例如食物银行[①]、

[①] 食物银行是一项慈善计划，希望借由慈善团体来号召热心的厂商们，把即将过期或过季但仍有用的食物收集起来，经过联系与分类处理后，送给育幼院、养老院及其他需要的个人或团体，为经济有困难人士提供紧急、短暂的膳食支援，让资源获得最有效的分配与使用。——译者注

训练孩子的 3 个步骤

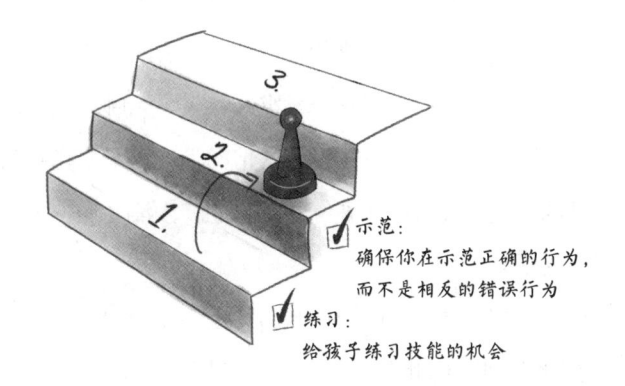

✓ 示范：
确保你在示范正确的行为，而不是相反的错误行为

✓ 练习：
给孩子练习技能的机会

慈善厨房[①]、社区种植园或户外步道维护小组。在这一天中，要对自己说："我的工作不是娱乐孩子，而是让他们成为团队的一员。"

· 给自己和孩子每天留出一些"休息"时间，不要一刻不停地教育和娱乐孩子。你可以从一开始只安排一小段时间来放松，比如每次 5 分钟，然后逐渐增加时间，直到最终能够贯彻到整个周末。

在这段时间里，你应该让孩子自由地探索，不要指导孩子、向孩子解释道理，也不要给他们玩具或电子设备来消磨时间。让

[①] 慈善厨房是向无法担负食物费用的人免费或者低于市场价格提供食物的地方，通常设立在低收入社区，常常由志愿组织（例如教堂或社区组织）负责。慈善厨房有时会从食物银行获取免费或低价的食物，再分发出去。——译者注

孩子自己想办法解决问题。你可以继续做自己的事情,让孩子跟着你,工作、做家务,或者什么也不做,就躺在沙发上看杂志。最初,你可以试着在户外进行,带孩子去公园,自己坐在长椅上安静地看书或工作。如果孩子发牢骚,表示无聊,你可以选择忽略。在没有你的帮助或电子设备的情况下,孩子会找到刺激和娱乐自己的方式,随着孩子熟练掌握技能,生活会变得更轻松、更安静、更平和。

你也可以考虑采用"20-20-20"方法:每天抽出 20 分钟时间,在此期间,你和孩子要保持 20 英尺(约 6 米)以上距离,你自己要保持 20 分钟的沉默。

20 每天 20 分钟时间　　**20** 和孩子保持 20 英尺以上距离　　**20** 自己保持安静 20 分钟

深度尝试

- **减少(或者直接放弃)所有以孩子为中心的活动**。别担心,你的孩子仍然会在学校以及与朋友、家人相处的过程中参与足够多的这类活动。但你的目标是尽可能地对生日聚会、动物园、玩伴聚会和"大自然启蒙教育"说"不"。年幼的孩子其实不需要这些活动。

对于年龄稍大一点的孩子，你可以帮助他们掌管自己的以孩子为中心的活动。教会孩子计划、组织，并实施自己的活动。让孩子自己结识玩伴、拜访朋友。教孩子如何报名运动、音乐课程和其他课外活动。教孩子骑自行车、步行或乘公交车去参加活动。如果可行性不高，你也可以帮助孩子搭其他家庭的车。这里的目标就是使你参与以孩子为中心的活动的时间减到最少，并最大程度地增加孩子的自主权。

记住，以孩子为中心的活动是父母只为孩子做的活动；如果孩子不在身边，父母是不会参加这种活动的，而且父母并不真正喜欢这种活动。某个活动是否属于这个类别则因家长和活动而异。例如，团队运动通常只是为孩子而设计的，但许多家庭成员和亲密的朋友都会参与到这种活动中。许多家人会聚在一起为彼此加油，支持彼此。所以，只有你自己能判断哪些活动属于"以孩子为中心的活动"。

就我自己而言，我会问自己，如果罗茜生病了，我是否还会去参加这个活动。例如，她的学前班每周都组织和其他家庭共进晚餐。我真的很喜欢这些时刻，其他家长已经成了我的朋友，也成了支撑我们家庭的关系网络的一部分。我想珍惜和加强这些联系。所以，即使这些晚餐本来是罗茜的学校活动，在我心中它们仍然是"以家庭为中心"的活动，我们仍然会去参加。你能相信吗？我也非常喜欢游乐场，我喜欢在那儿看鸟儿、读书，或写笔记。游乐场中聚集着各个年龄段的孩子，我很喜欢这种氛围。但我并不喜欢在游乐场玩。因此，在我看来，在游乐场玩这一活动不是以家庭为中心的，而是以孩子为中心的。所以，罗茜和我经常去游乐场，但我会看着她玩，自己在一边工作。就这么简单。

另一个很好的判断标准则是孩子在活动后的表现。孩子会更加冷静、善于合作，还是心情更容易激动、更容易和父母产生敌对心理？如果是后者，那就放弃这个活动吧，因为它正在侵蚀孩子的团队合作动力。如果这个活动在某种程度上引发了冲突、争吵或者来自孩子的抵抗，那就放弃吧。为一个活动和孩子产生冲突，这是不值得的，孩子和父母之间的冲突越少越好。

另一方面，和孩子一起做了一下午家务之后，你和孩子更容易相处、你们能更好地合作、你的孩子自娱自乐的能力更强了吗？家里的压力水平怎么样？家庭中的冲突和抵抗是否更少了呢？

就我自己来说，我发现罗茜在经历了剧烈的以孩子为中心的活动后，会经历一段令人不快的"宿醉"期。在这个时段，她会表现得非常糟糕，这样的行为会大约持续1个小时，直到罗茜重新适应了以家庭为中心的生活规律，并变得更加合作为止。我觉得，以孩子为中心的活动对罗茜来说也很有压力，因为它们会让她与家庭脱节，而且经常会让她受到过度的刺激。以孩子为中心的活动通常只聚焦于"我"，而她真正需要的、真正渴望的，是更多地聚焦于"我们"的活动。

- **让孩子尽可能地接触成人世界。** 通常，人们认为一些地方是"不适合孩子"的，但你可以带孩子一起去这些地方，向孩子展示成人世界的运作方式。带孩子去杂货店、诊所、牙医诊所、银行、邮局、五金店、复印店——可以是任何你为了处理工作和家庭事务所需要去的地方。

不要期望孩子一开始就有完美的表现。你需要给自己和孩子一段时间，慢慢训练孩子。一开始，依然可以只去很短的时间，比如说15分钟左右，然后逐渐增加时间。或者，你也可以让孩子主导，带着你进行这项活动。仔细观察孩子，看看孩子在成人常去的地方可以忍受多长时间。罗茜很擅长告诉我她在成人世界的极限在哪儿。然而，有时她表现得非常耐心和冷静，这会让我感到惊讶。就在上周，罗茜在眼科诊所待了3个小时！几乎没有闹腾和捣乱。

但是，罗茜调皮的时候，我就会提醒她："这不是玩儿的地方。你能来这儿，可是一种特权！如果你还没长大，就不能再来了。"如果她触摸或玩弄那儿的设备，我就会提醒她："这不是玩具。这是大姑娘才能来的地方，大姑娘可不会这么随心所欲。"

· **扔掉玩具和其他专为孩子设计的物品。**别担心，你不用扔掉所有的玩具。但你可以将为孩子提供的玩具和其他物品精简到几本书、铅笔、蜡笔，也可以再加上一套乐高（或者孩子经常玩的玩具）。你也完全可以不再买新的玩具。请记住，过去的孩子们在没有这些物品的情况下顺利度过了20万年。孩子根本不需要玩具。此外，亲戚和朋友会提供足够的礼物，在你的房子里塞满粉色塑料玩具和蓝色绒毛熊。

减少玩具数量，减少对玩具的关注，这会带来很多好处。你可以节省清理和整理这些物品的时间。你的房子里杂物更少，会节省出更多的空间。你的房子看起来不会那么幼稚了（比如，如果你有一个儿童游戏室，你可以在这儿进行成人从事的活动，如缝纫或木工）。如果你开始意识到玩具不是必需品，是可有可无的，你就可以用它们来训练孩子的其他技能，比如帮助和分享。

· 用玩具教会孩子乐于付出的精神。如果在家里，玩具和游戏不再是必需品（而是孩子的特权），那么清理它们就不再是父母的责任了——至少不只是父母的责任了。现在，你可以制定一些有用的规则来管理这些物品。教孩子如何整理他们的玩具，或者和孩子一起合作。如果孩子不愿参与其中，或者经常不整理玩具，那么就把玩具扔掉，或捐给慈善机构。这个想法来自露西娅研究中的一位纳瓦族母亲。如果她的儿子不收拾他的玩具，这位妈妈就会威胁要"扫走这些玩具"，然后孩子立刻就会去整理玩具。

如果我需要喊罗茜3次以上，才能让罗茜把玩具收起来（或者我得一遍又一遍地收拾玩具），我就会把它扔掉。有时，我也会把它们放在一个盒子里，然后在一周结束时把盒子送到善意企业旧货店去[1]。有时，我也会在口头上警告罗茜，比如"这是你最后一次收拾好玩具的机会，否则我就要扔掉它了！"其他时候，我就直接扔掉它们。罗茜从来没有要求找回某一个被扔掉的玩具。很快，我们精简了她并不真正在乎的玩具，而她也更擅长

---

[1] 善意企业是一个美国非营利组织，帮助那些无法获得工作的人提供工作培训、就业安置服务和其他社区计划。善意企业的资金来自自身开设的旧货店，这些旧货店也是以非营利的方式运作。——译者注

收拾玩具了。

·**用玩具教孩子与他人分享**。你去拜访朋友时，让孩子挑选一本书或一件玩具送给朋友家的孩子，或者每个月和孩子一起整理一次玩具，把其中的一半拿出来，送给慈善机构。我敢打赌，你的孩子会很享受与朋友和慈善机构分享自己的玩具，几周后，孩子就会自愿开始这样做了。

·**重新考虑在家庭中父母和孩子的角色**。你的角色是让孩子保持忙碌和娱乐，还是向他们展示生活技能并教他们如何与他人合作？

现在，想想你的孩子在家庭中的角色。她享受着永无止境的娱乐，还是有更重要的意义——帮助他人、与他人合作？和家庭成员作为一个团队共同合作？她如何做出贡献，或者怎样引导孩子产生想要做出贡献的愿望？

你可以给予孩子期望，让孩子帮你完成日常任务，如做饭、清扫房间、洗衣服和照顾宠物。让孩子观察你做事，或参与进来——或者只需确保你完成工作时，孩子一直在旁边。如果孩子抗拒，你可以提醒孩子，他们是家庭的一员，所有家庭成员要共同努力。

当你邀请孩子为你帮忙时，请记住，合作才是这一邀请的重点。不要让孩子独自完成任务。你可以说："我们一起叠好这些衣服吧，这样我们会做得更快。"每个任务都成了共同合作、加强孩子在家庭中的身份认同的机会（另外，请记住，邀请孩子帮忙并不是命令。如果他们想要拒绝，他们可以说不）。

·**把孩子培训成你的同事。**如果你真的希望孩子感觉自己是整个家庭中的一员,那就让孩子参与到你的职业或工作中吧。

·经常把孩子带到你的办公室或工作场所去(在管理层允许的范围内尽可能多地做这件事,最好的情况是每周安排几个小时)。在你工作时,让孩子陪伴在旁。孩子可以涂色、画画或读书。如果孩子对你的工作感兴趣,可以给他们一些小任务——对孩子来说既容易又可行的任务。例如,罗茜喜欢制作漂亮的感谢卡片送给我们采访过的人。她也会装订合同、扫描文件、贴邮票。

·周末在家中工作时,让孩子在你周边活动。你不需要告诉孩子该做什么。只需要说些像"我们正在工作,需要保持安静"的话。罗茜喜欢坐在我旁边看我写作,尽管我只是在盯着屏幕。她会躺在我旁边休息,或者涂色和翻书。

·寻找创意。寻找一些可以让孩子参与到你工作中的方式,即使这些方式通常不是我们的文化所鼓励的。例如,带上孩子一起出差,或一起参加商务晚宴或派对。请孩子给你关于工作问题或任务的建议或意见。在晚餐时或在开车时讨论工作,并寻求孩子的意见。或者,你也可以只是给孩子展示你的工作——给孩子看你的幻灯片、项目审查、会计表,在地图上指给孩子看你的工作地点以及客户的工作地点。向孩子展示你所能展示的一切,把孩子引入你的世界中。

如果我有一篇广播稿要完成,即使主题不是关于育儿的,我也会经常采访罗茜。为什么？因为她喜欢录音，然后听到自己的声音被播放出来。而且，她对很多话题经常有有意思的想法。她也非常擅长总结。并且，我希望她最终能帮我转录采访并编辑稿件，所以我需要尽早让她参与其中。

那么当我从昌卡加尔村回到家，将这些改变付诸实践后，一切立刻变得很棒了吗？事实并非如此。我花了数月的时间，才停止罗茜的娱乐活动，不再做她的活动经理。我仍然会偶尔为她安排"活动"，或将我们在公园里的散步时间变成她的生物课。但总体而言，这种新的方法让我们的生活变得不那么紧张。周末，我和丈夫不会再在以孩子为中心的活动之间步履匆匆。我们有了更多的时间，可以关注自己的爱好和兴趣，比如远足、园艺、阅读、在周六下午的海滩上彻底懒散地度过3个小时。罗茜喜欢了解我们的兴趣爱好，我们为之感到兴奋的东西，也会激起她的兴趣！这为提高我们合作的默契程度提供了机会。

而且，我自那以后，再也没有吃过一片价值10美元的奶酪比萨。

TEAM 1

TEAM 育儿：和孩子相处的更好方式

那是1954年7月一个潮湿炎热的早晨，阿尔顿（密西西比河畔的一个小城镇)的学校已经放暑假了。9岁的麦基·杜克里夫已经起床穿好衣服,准备开始工作了。几分钟前,他的父亲打来了"那个电话"。

"爸爸只用他那沉重的声音说了一句'麦基',我就知道该干什么了,顿时精神抖擞。"麦基后来回忆道。

年幼的麦基梳了军式平头,然后冲下楼去。肉桂糖的香气弥漫在整个房间中。

麦基的父亲站在工作台前,擀出肉桂卷并将其放在烤盘上。一个像邮箱那么大的搅拌器正在快速地搅拌着13千克的酸面团。白色的面团每隔几秒钟就会撞击搅拌器的侧面,发出"梆、梆、梆"的有节奏的声响。

麦基说:"早上好,爸爸。"他走过父亲的身边,走到店铺前面。一个玻璃展示柜里摆满了巧克力甜甜圈、蓝莓松饼和杏桃丹麦面包。柜台后面,全麦面包、黑麦面包和巴布卡面包堆放在一个架子上。已经有几个顾客排队等着取货了。

麦基拿起一条白色围裙,系在他瘦瘦的腰间,开始工作。

"早上好,"他说,"您需要什么?您看到甜甜圈在打折了吗?10美分12个。"

~~~~~~~~~~~~~~~~~

如果你环顾世界上宜居的6个大洲,你会发现一种普遍的育儿方式。这是一种与孩子建立联结的方式,无论在什么样的气候和社会中,父母们都一再采用这种方式,从卡拉哈里沙漠的狩猎者、肯尼亚的牧民,到亚马孙的农民和密西西比河畔的面包师傅。这种育儿方法可能已经存在了数万年,甚至数十万年。甚至在过去,许多美国父母也在实践它。但在过去的 50 ~ 100 年里,有人说服了美国的父母们,让他们认为我们需要偏离这种方式。这种方法在许多美国社区中开始消失。

而现在,我们要学习如何重新运用这种方式。

这种方法包括 4 个核心元素,为亲子关系提供基础:亲密合作(togetherness)、鼓励(Encouragement)、自主权(autonomy)和最低限度的干预(minimal interference)。我想出了一个简单的首字母缩写 TEAM 来代指这种方法,这样,当我与罗茜相处遇到困难时(或在杜克里夫家中出现混乱时),我可以轻松记起这些核心元素,并用它们来控制混乱的场面。

在这本书中,我们将深入探讨这 4 个核心元素。让我们从 T 开始,它代表"亲密合作"(togetherness)。

西方社会非常注重教育孩子获得独立生活的技能——自己早晨起床穿衣、自己打扫房间、自己完成家庭作业等等。但这种思维方式很可能与几十万年的进化背道而驰。人类有着帮助和团结他人的强烈愿望,这是人类与其他灵长类动物区分开来的关键之一。而这也很可能是我们智人能够在过去的 20 万年中存活下来,而其他至少 7 个人属物种消失了的原因之一。进化生物学家莎拉·布莱弗·赫迪在《母亲与他人:彼此理解的进化起源》一书中写道:"除了语言,我们与其他类人猿之间最后、最显著的区别,是让我们能够监测到他人的心理状态和感受的奇妙的超社会

特性。"

更重要的是，这种帮助他人的愿望在生命早期就已经显现出来。在一项研究中，幼儿能够自愿帮助成年人完成4项完全不同的任务：帮成年人拿来他们拿不到的物品、在成年人手上拿着东西时打开柜子、纠正成年人的错误并清除别人身前的障碍。幼儿能以如此多样化的方式提供帮助，证明他们一定已经具备了非凡的共情能力、了解他人心理的技能和与他人合作的心理动机。

互相帮助的本能是刻在我们的 DNA 中的。正如 Lady Gaga 所说，我们"生来如此"。

因此，当父母坚持让年幼的孩子独立生活时，我们实际上是在抵抗他们与生俱来的、必需的亲密合作的愿望。这样做，最终会在我们和孩子之间制造紧张和压力，让我们自己和孩子之间产生斗争和冲突。

想想孩子发脾气或表现出焦虑的时刻，其中许多都涉及孩子与照顾者分离，比如在"送"孩子去日托中心（为什么我们要称其为"送"？罗茜觉得我们真的会把她丢掉！）、午睡和就寝时间，或者父母出差时。

为了更好地理解我想表达的意思，我要花一点时间介绍我家的宠物狗曼戈。它是一只12岁的德国牧羊犬，性格甜美可爱，但是天哪，它太吵了！任何事情发生时，它都会吠叫：门铃响时、人们走进我们家时、人们拥抱时、人们跳舞时——你懂的。它的默认反应都是吠叫。起初，我们试图训练它不要总是叫，这需要极大的努力，而且任何解决方案都只能短暂地解决问题。最终我意识到，吠叫是它的基因所决定的，它天生就会大声叫。并且，吠叫是它保护我们、帮助我们和表达爱的方式。因此，我决定与她的吠叫共处，而不是与这种反应对抗。

孩子和与他人亲密合作的愿望也是如此。小孩子生来就被用很多方式发展与他人相处和协作工作的技能。这是他们的默认模式和表达爱意的方式。这不仅可以帮助孩子与他们所爱的成年人建立深厚的联系，还有助于孩子的认知和情感发展。他们需要与他人一起工作才能保持健康。

因此，在世界各地，你会看到，那些超级父母并不会反对这种本能，而是会利用它。他们知道，"一起"完成任务和独立做事情一样有价值。如果孩子需要帮助，或请求父母帮助，父母会提供帮助。比如，一个5岁的孩子早上需要父母帮忙穿衣服，父母就会去帮他，即使这个孩子完全有能力自己穿衣服。父母不会不断地强迫孩子独立或加速独立的过程。相反，父母会给孩子足够的空间和时间，按照孩子自己的节奏发展。

你想一想，如果我们在孩子需要帮助的时候没有帮他们，我们还怎么能期望他们来帮助我们（或者去帮助他的兄弟姐妹）呢？

相反，超级父母们也毫不犹豫地向孩子寻求帮助，即使孩子还处于幼儿阶段。在家里，父母会发出"去拿一杯水""去邻居家拿根火柴""我们给花园浇水时，来帮我们打开水龙头""来帮我们剥玉米"等请求，或者甚至是"去探听一下玛丽阿姨是不是和邻居鲍勃叔叔有婚外情"。是的，在玻利维亚亚马孙丛林的埃塞埃哈狩猎采集部落中，孩子们都是成年人的八卦专栏作家，因为小孩子可以在成年人交谈时悄悄地逗留在房间里，而不被注意到。

好了，是时候再来坦白一件事了：当我第一次读到和孩子亲密合作的重要性时，它听起来就像是另一种地狱。和罗茜在一起让我筋疲力尽。有几个晚上，晚饭后我会悄悄地爬过厨房到浴室，把门锁上，只为了享受几分钟的宁静。我最不想要的是每天和罗茜像魔术贴一样，好几个小时都黏在一起。

但是在昌卡加尔村，我有机会观察到了玛丽亚和特蕾莎是如何和孩子保持亲密、与孩子共同合作的，我才发现，自己之前完全弄错了。首先，我把它想得太难了。这就是为什么我无法和罗茜共处超过2个小时，而且我在这个过程中过于关注自己了。我把亲密合作的参与者和主要目的搞反了。

亲密合作

祖母、叔叔、表兄弟姐妹、邻居、保姆……任何人都可以为孩子提供亲密关怀、和孩子共同合作

不用专门做计划（或者为孩子提供娱乐活动）。做你自己的事，让孩子待在你身边

与孩子和平共处，安静，平和，放松，宁静

- **亲密合作的参与者**：和孩子一起度过时光绝不是父母的专利。在许多情况下，父母根本不用参与其中。任何爱孩子的人都可以和孩子保持亲密、合作的关系。在传统社区中，比如昌卡加

尔村和库加鲁克①，你会看到除了孩子父母以外的人与孩子亲密无间：祖母、祖父、姑姑、叔叔、兄弟姐妹、邻居、保姆、朋友等等。和孩子的亲密合作，可以是姐姐劳拉帮助妹妹克劳迪娅穿衣服，是祖母莎丽带 3 岁的泰莎去荒原采摘浆果，是保姆莉娜带罗茜去金门公园，是哥哥和弟弟睡在一起，是邻居抱着家里的婴儿，是朋友握着孩子的手。亲密合作，是爱的包围圈，无论他们走到哪里，这个圆圈都一直存在。

正如我们将继续看到的，其他照顾者也是 TEAM 育儿方式的核心组成部分。它使养育孩子变得更容易（父母也可以不那么疲惫）。

•**亲密合作意味着什么**：在和孩子在一起时，父母和其他照顾者不会不断地给孩子指示、命令和警告，也不会不断地通过与孩子玩耍或进行教育来刺激孩子。亲密合作是与这种状态相反的，而且我认为你会发现，这是一种更不费力（不会让你精疲力竭）的育儿方式。

亲密合作意味着，无论你需要或想做什么，孩子都和你待在一起。你欢迎孩子帮忙，或者让孩子观察你做事，然后就让孩子做自己想做的事。如果孩子走过来想帮忙，或想看看你在做什么，允许孩子这样做。但是如果孩子不想这样做，那也可以接受。孩子在你的世界中，进行着自己的活动。照顾者和孩子双方

---

① 库加鲁克是一个位于加拿大努纳乌特领地的小村庄，是一个传统的中央因纽特人社区。"库加鲁克"在因纽特语中的意思是"小溪流"，是这个村落所在溪流的传统名称。——译者注

在同一个空间中共存，但不用要求彼此的注意力放在自己身上。稍后我们将学习如何让一个渴求关注的孩子学会这项技能。现在，你只需意识到，你对孩子的要求越少——给孩子的命令、指示和纠正批评越少——孩子就越不需要你的关注。

和孩子保持亲密合作的关系很容易。这种关系是轻松的、流动的。这是当我们所有人都不再试图控制彼此的行动，只是让彼此陪伴在身边时，所自然发生的事情。因纽特的超级母亲伊丽莎白·特古米亚尔在库加鲁克的一个鼓舞舞会上为我总结了这个想法。当时，罗茜和其他孩子一起玩，我一直想告诉她应该怎么做。伊丽莎白转过头对我说："让她自己玩。她没有什么坏心思，是个好孩子。"

罗茜和我在为这本书旅行的路途中，到处都看到了这种轻松自在的亲密合作关系。在昌卡加尔村，玛雅妈妈们喂鸡或编织吊床时，孩子们会在附近的树上爬来爬去。在北极村落库加鲁克，因纽特族爸爸妈妈去河边检查渔网时，孩子们会跟着去玩石头。另一天，两个妈妈在前院宰杀一头单角鲸时，罗茜和一群孩子在附近骑自行车，在小溪里玩耍。偶尔会有一个孩子路过，看一下鲸肉。但是父母从不给孩子任何指令，除非孩子表现出兴趣，或者父母真的需要孩子的帮助。父母和孩子们可以简单地共存在同一空间中。

同时，你可以看到孩子们正在吸收这一切。"我们就是这样做这件事儿的。这是我们做事的方式。"孩子在不断地学习。

不久以前，美国的成年人仍然通过和孩子建立亲密合作的关系，来教会孩子各种技能。我的祖父在佐治亚州通过这种方式学会了种花生，学会了做木工家具；我的祖母通过这种方式学会了烘焙、烹饪、编织和缝纫；麦基·杜克里夫也通过这种方式学会了如何成为一名面包师。

麦基是我丈夫的父亲。我和他说起昌卡加尔村的玛雅父母是怎样教孩子做家务的，他立即就领会了。"我就是那样成长起来的，"他说，"我就是那样在面包店学习所有东西的。"

麦基的父亲是来自马其顿的移民。1951年，他的父亲在伊利诺伊州奥尔顿市（内战前亚伯拉罕·林肯和斯蒂芬·道格拉斯辩论的地点附近）开了杜克面包店。

从面包店开张的那一天起，麦基的家人就一直期望他为家庭生意做出贡献。他4岁时的第一份工作是折馅饼盒。"我应该得到1个盒子1美分的报酬。虽然我从来没有收到任何报酬，但那是诱惑着我一直做下去的东西。"他笑着说。

他几乎所有的空闲时间都在面包店度过。"我们每天都在面包店内外打闹。"麦基说。他和他的兄弟没有保姆，没有参加过夏令营，也没有上过空手道课。放学后、周末和暑假的时间，孩子们的娱乐活动就是在一起，陪伴家人在面包店工作。

"我的父母很欢迎我和兄弟待在面包店里，我们每天都去——除非天气真的很好，我们想和邻居家的孩子一起出去玩。"

这些年里，麦基学会了制作面包店所售卖的所有食品，不管是密西西比软泥派，还是巴布卡面包，他都会做。而他所使用的工具只有 2 个：观察和尝试。"我就是亲手去做，"麦基说，"试着去干不同的活儿。"

麦基的父亲沉默寡言，就像特蕾莎一样，他用词谨慎。他不会用长篇大论向孩子说明如何制作某种食品，而是只提供小的修正意见。比如"肉桂面包上的糖太多了"，"你揉酸面团太长时间了"，或者"你没有忘了发面吧？"但通常情况下，他会允许麦基和兄弟们犯错，做出不完美的糕点和不规则的派。他也允许儿子们在店里随便晃荡。"当时，我们没有任何工作的压力。完全零压力，"麦基说，"即使我们只是在一边看着，也没有人会生气或者训斥我们。"

到了麦基 9 岁时，已经学到了足够多能为家庭生意做出贡献的技能。"我主要在前台接待客人。"他说。但他也一直在精进他的烘焙技巧。

麦基记得，有一次，他的叔叔尼克让他做一条肉桂面包。"我几乎够不着工作台，但我感到很荣幸，因为他想让我为他做点什么。所以我和叔叔说'没问题'。"

第二天，麦基放学回家时，父亲问他："麦基，你还记得你答应叔叔尼克的事情吗？"

"于是我立刻回到面包房里，我父亲已经为我准备好了一块揉好的面团。他还在桌子下面放了个木箱，让我可以够到工作台。"

麦基把面团擀开，撒上肉桂糖，揉成一条面包的形状，把面包坯放进了烤箱。

"我对它的外观并不是很满意，我还忘了发面。我本来可以做得更好，但是就我当时的年龄来说，我觉得它也还可以。尼克叔叔特别激动。他很开心，说我做的面包很好吃。"

所有这些事情都为麦基在大学毕业后接管面包房做好了准备。他在那里工作了近50年，直到他2019年退休。但是，作为一名完全有资质的面包师，与家人并肩工作，是他在成长过程中获得的更重要的礼物——对工作和家庭做出贡献的自豪感。"我获得了非常多的自豪感，"这位74岁的老人眼中含着泪水说，"我父亲从不拒绝任何想要参与到工作中的人，即使是小孩子。"

现在，我们开始看到一种全新维度的育儿方式——一种不涉及控制的育儿方式。我们可以看到与孩子合作的方式，在此过程中，我们将自己的计划与孩子的结合起来，追求共同的目标。露西娅将这种复杂的协作形式称为"流动式协作"，在接下来的几章中，我们将学习更多关于这种协作方式的知识。我们将了解如何最大限度地减少孩子的抵抗，同时打开沟通和爱的渠道。

本章总结
如何培养善于合作的孩子

需要牢记的知识

➢ 儿童天生就有强烈的与他人合作的心理动机。就像孩子容易受到同龄人的影响一样，孩子也很容易受到家人的感染和影响。

➢ 以孩子为中心的、专为儿童设计的活动会削弱孩子与他人合作的动机，并且给孩子自己可以免除家庭责任的错觉。

➢ 相反，如果让孩子参与成年人的活动，就可以加强孩子与他人合作的心理动机，鼓励孩子参与到家人正在做的事情中。孩子会感觉自己是家庭团队一员，既能享受特权，也要承担责任。

➢ 当孩子们从儿童世界（包括专属儿童的娱乐活动）转向成人世界时，他们经常会表现不佳。

➢ 在世界上的绝大多数文化中，父母不会不断地给孩子提供刺激和娱乐活动，这种育儿模式可能让孩子和父母感到精疲力竭、压力重重。

➢ 孩子并不需要这种娱乐或刺激。他们完全有能力独立地自娱自乐、安排自己的时间，几乎不需要父母的帮助或家中的电子设备。

今天就试一试

对于所有年龄段的孩子：

➢ 尽量减少以孩子为中心的活动，确保孩子能接触到你的生活和工作。确保你做家务或进行其他活动时，孩子在你身边。你的活动本身就能为孩子提供足够的娱乐和刺激。

➢ 尽量减少电子设备和玩具等会吸引孩子注意力的东西。孩子拥有的"娱乐"物品越少，你的世界就对孩子越有吸引力，孩子也越有可能对帮你的忙、和你共处感兴趣。

➢ 尽可能多地让孩子接触成人世界。做你自己的工作时，带着孩子一起去。尽可能多地带他们去办事、赴约、拜访朋友，甚至可以带孩子去你的工作场所。

➢ 周末的时候，选择你想做的活动——即使没有孩子你也会去做的活动。去钓鱼、远足或骑自行车，在花园里工作，去海滩或公园，去拜访朋友。

对于年龄较大的孩子（7岁以上的孩子）：

➢ 让年龄较大的孩子规划和组织自己要去参加的以孩子为中心的活动（例如运动、音乐和艺术课程、其他课外活动、玩伴聚会），鼓励他们自行处理后勤事项，例如报名、交通等。

➢ 逐渐增加孩子在家中的责任，包括让孩子更多地照顾年幼的兄弟姐妹，更多地参与做饭和清洁的工作。想一想孩子怎样能在你的工作中帮上忙。

➢ 如果一个年龄较大的孩子还没有接触过成人世界，就逐渐引导他们去接触。让孩子同你一起进行日常事务。如果孩子表现不佳，就向他们耐心解释在成人世界里应该如何表现。

➢ 如果孩子仍然会捣乱，耐心一点，不要放弃，过段时间后再试一次。孩子会学会如何正确表现的。

第 6 章
什么样的激励比表扬更好？

每天晌午时分，如果你经过玛丽亚家，你会听到厨房里传来的声音：咔嗒，咔嗒，咔嗒。然后停顿约 20 秒钟，再来一次。咔嗒，咔嗒，咔嗒。

她是要在墙上挂什么东西吗？还是在做家具？

咔嗒，咔嗒，咔嗒。这个过程会持续 15 分钟，甚至更长时间。

当我走近她的家门时，香气扑鼻而来：甜甜的玉米味混合着黄油的味道，玉米饼正在煤火上烤制，散发出焦糖的香甜味。

玛丽亚坐在厨房桌子前，面前淡黄色的玉米面团像一座小山丘。她掐下核桃大小的一块面团，用指尖将面团压成一个完美的圆饼。咔嗒，咔嗒，咔嗒。咔嗒，咔嗒，咔嗒。然后她把圆饼轻轻放在一个热平底锅上，烤上一两分钟，直到面饼像河豚一样鼓起来，然后玛丽亚把它翻个面。这些玉米饼口感非常棒——温暖、浓郁、柔软。我这一生都不会再吃到比这更好的玉米饼了。

然后玛丽亚的 5 岁女儿艾莉克莎过来帮忙，我看到的则是激励孩子的大师课程。艾莉克莎的小手笨拙、缓慢，勉强能完成任务。但玛丽亚并没有阻止她，也没有抓住孩子的手，教她怎么做出更好的玉米饼。相反，她退后一步，让艾莉克莎做出形状不规则但艾莉克莎自我感觉最好的玉米饼。玛丽亚让女儿练习。当小女孩厌倦了任务时，玛丽亚也不会强迫她留下来完成。艾莉克莎跳起来，跑出去玩，玛丽亚则继续工作。

接下来，玛丽亚年龄稍大的女儿吉尔米来到了桌子旁。吉尔米9岁，刚才一直在外面和朋友玩。现在她想来帮忙了。与妹妹相比，吉尔米在制作玉米饼时更熟练一些。但她仍然有很多东西要学习。像玛丽亚那样制作玉米饼是非常困难的，需要多年的练习。

所以吉尔米做的大多数玉米饼形状也都有点不规则。她一遍遍地尝试，想要做出一个完美的玉米饼。然后，嘿！吉尔米做到了！她做了一份完美的小饼，厚度均匀，圆如满月。

你猜玛丽亚做了什么？或者更确切地说，她没有做的是什么？

19世纪70年代，美国心理学家爱德华·德西制定了一个雄心勃勃的目标：找出激励一个人自愿行动的因素。在那时，心理学家关注的是不同类型的动机——被外部力量塑造和控制的动机，比如奖励（金钱奖励等）、惩罚（面壁等）和认可。但爱德华想知道的是，如果没有这些外部力量的鞭策，还有什么会自然地激励人们去寻求新的挑战，或者在没有明确的奖励时会去主动帮助他人？当没有人看着的时候，是什么推动一个人去做某件事情？是什么点燃了他们内心的火焰？

例如，我刚开始写这本书时，所有的努力似乎都很愚蠢。我每周的工作量翻倍，去访问地旅行耗尽了我在银行账户中的存款。同时，我也不知道是否会有人关心这些故事，或者我是否能够有一丁点的回报。尽管如此，我在空闲时间还是会写作和进行研究。为什么？因为我真的很享受它。我喜欢和这本书中提到的人们见面，并从他们那里学习，而且我觉得在这个过程中，我逐渐成长为一个更成熟的作家和记者。

我有爱德华所谓的"内在动机"——写作的动力来自我的内心，而不是外部的奖励。内在动机让人们在没有外部激励的情况下感到愉悦，它是一种"内在奖励"。

内在动机让一个人晚上独自在客厅跳舞。让罗茜早上起床后立即开始涂色，让吉尔米在和朋友玩耍时回到家里，帮助玛丽亚做玉米饼。

在许多方面，内在动机是很神奇的。它使人们能够在没有（或者没有太多）困难或阻力的情况下成长、学习和工作，而且它可能比其对应的外在动机持续更长的时间。

外部影响，例如奖励和惩罚，实际上可能会削弱内在动机。在表格上给孩子贴小星星、承诺孩子完成某事可以吃冰激凌，用面壁、惩罚或其他后果威胁孩子，经常会"削弱这种动机"。

换句话说，如果吉尔米每做一个完美的玉米饼，你就给她10比索，或在她的表格上贴上一颗金色的星星作为奖励，那么久而久之，她可能就不会再来自愿做玉米饼了。然而，在没有奖励的情况下，这个小女孩每天都愿意来到桌子前帮助她的母亲。为什么？是什么增强了吉尔米的内在动机？

迄今为止，关于这一问题，心理学家已经发表了至少1 500项研究。这些研究的发现与玛雅社区（例如昌卡加尔村）的父母对待孩子的方式有很多显著的相同点。西方心理学认为，激发内在动机需要3个要素。我们已经谈到了第一个要素：联结。

要素1：联结感。联结感是指与他人有关联、归属于一个团队或家庭的感觉。研究表明，当孩子感到与老师之间有联结时，他们会想要在那门课上努力学习。对于父母而言也是如此。孩子与家人之间的联结感越强，他们就越想与家人一起做家务、完成家庭的共同目标。与孩子建立联系的好方法是给孩子家庭成员ID卡——欢迎孩子进入成人的世界，作为一个家庭来完成共同的目标，为午餐制作玉米饼就是一个很好的例子。共同合作更加愉快，而且完成任务也会更快。

要素2：自主权。我之前提到过自主权，它很重要（非常非常重要），我们稍后会有专门的一章来探讨它。但在我之前描述的情况中，你可以看到这个因素在玛丽亚与她女儿的互动中起到了作用。玛丽亚尊重了孩子们的自主权，她不会强迫艾莉克莎或吉尔米来帮忙制作玉米饼，并且在孩子失去兴趣后，她不强迫孩子继续留下来。

要素3：效能感。为了保持孩子完成某个任务的动力，孩子需要有一种自我效能感，也就是孩子感觉到自己有足够的能力完成任务。当孩子不断感到挫败，或感觉没有取得任何进展时，他们就不想继续做这件事情了。另一方面，一个太容易的任务可能会变得太无聊，无法让孩子继续做下去。因此，任务的难度有一个"平衡点"：任务要足够有挑战性，以保持你的兴趣，但也要足够容易，让你有信心完成它。在这个"平衡点"上，才有可能产生内在动机。

玛丽亚和其他玛雅父母有几个秘密武器，可以帮助孩子在做家务和其他任务时体会到效能感。接下来我们将详细讨论这些秘密武器。但首先，我们来说一下玛雅父母从不使用的工具——表扬。

在昌卡加尔村期间，尽管孩子们经常有令我欣喜的表现，我却从未听到过父母赞美孩子，尤其是从未听到过任何浮夸的赞美。例如，"哦，安吉拉，我没有叫你，你就自己去做饭了，真是太棒了。你真是个好女儿！"

让孩子产生动机的 3 要素

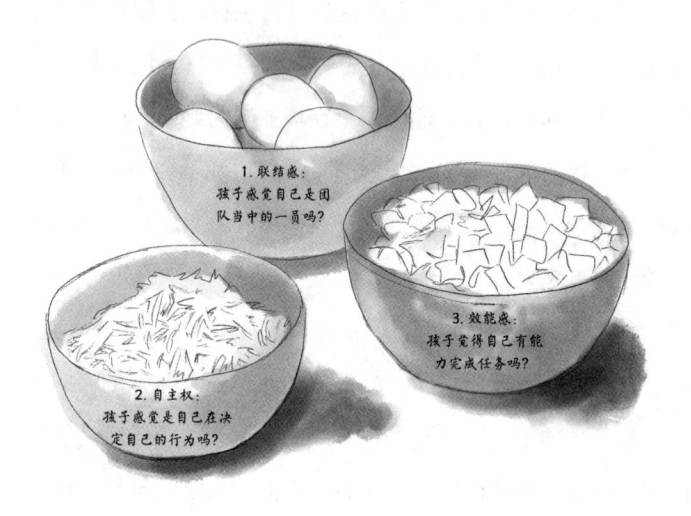

1. 联结感：孩子感觉自己是团队当中的一员吗？
2. 自主权：孩子感觉是自己在决定自己的行为吗？
3. 效能感：孩子觉得自己有能力完成任务吗？

　　这些父母不会说"干得好"或其他类似的话。"有时候，他们可能会用面部表情来显示他们的认可。这些非语言表达很重要，它们是明确的认可标志。"心理学家雷贝卡·梅希亚-阿劳斯说。当玛丽亚和我说话时，我注意到她在用这些信号与我交流。她扬起眉毛以示我理解了她告诉我的内容。她也会点头，说："嗯。"

　　玛雅父母并不是唯一不表扬孩子的父母。在到美国以外的地方旅行时，我从未听过父母赞美他们的孩子。我从未听说过有人像我一样每天不断涌出溢美之词。（该死，甚至罗茜犯错时，我都会表扬她："哦，好样的，至少你在努力了。"这是怎么回事？）

我在世界各处旅行时，听到的对孩子的表扬很少，因此我开始怀疑它。我开始认为表扬给父母带来的麻烦大于它的价值。

表扬是一个棘手的问题。它可能因为种种原因而无法激励孩子，特别是当表扬不真诚、不合适或太过频繁时。如果孩子的每一个积极行为都能得到"做得好"或"不错"这样的回应，表扬就会削弱他们的内在动机，降低孩子在未来继续完成该任务的可能性。

表扬孩子还有另一个陷阱——它会在兄弟姐妹之间引起争端，因为表扬孩子会培养竞争意识。心理学家发现，如果年幼的孩子经常听到赞美，他们就会从很小的时候开始为了父母的赞扬和关注而与兄弟姐妹竞争。父母不表扬孩子，反而可能是玛雅兄弟姐妹之间合作良好（并且争吵打架的次数比美国的兄弟姐妹更少）的原因之一。他们不需要互相竞争以获得父母的口头表扬。

玛雅父母不用表扬这种工具，那么他们会用什么？事实证明，他们有相当多的替代品。第一个工具就非常美妙，我真正理解如何使用它时，我和罗茜的关系就像春天的玉兰花一样，展现出蓬勃的生机。

这个工具就是"认可"（acknowledgment）。

第三步：认可孩子做出的贡献

玛雅父母不会表扬孩子，而是会认可或接受孩子对一项活动的想法或贡献，无论这些贡献（像他们做出的玉米饼一样）有多微小、滑稽或不成体统。

玛雅父母会让孩子对日常事务做出重要的贡献,他们不会过分担心孩子的贡献能否满足成年人的期望,而是更重视孩子所清扫的地板、制作出的不规则的玉米饼或孩子提出的想法。他们重视从孩子的视角所提出的看法,尊重孩子的愿景。

父母的认可会激发孩子完成任务的兴趣。"孩子会看到自己的贡献是有价值的,他们在帮助自己的家庭。这比任何表扬都更有力量。"心理学家露西娅·阿尔卡拉说道。

例如,如果艾莉克莎做出了一个不规则的玉米饼,玛丽亚会在把这个玉米饼放到平底锅之前稍微修整一下,但是她没有强迫艾莉克莎做得更好。玛丽亚不会长篇大论地教艾莉克莎怎么做玉米饼,也不会抓住小女孩的手来帮助她。

玛丽亚接受艾莉克莎制作的玉米饼,认可并重视她对午餐做出的贡献。玛丽亚有信心,通过练习和观察,艾莉克莎最终会掌握制作玉米饼的技巧,何必着急呢?(急于求成只会导致冲突和压力。)在艾莉克莎得到更多经验之前,玛丽亚会悄悄地增强她的效能感,这可能会提高艾莉克莎明天再次练习制作玉米饼的积极性。

反之,如果父母拒绝接受孩子的想法或贡献,可能会削减孩子的效能感,使孩子失去内在的动力。父母的拒绝可以有多种形式,比如忽略孩子的想法,彻底拒绝它(比如说"不,不,我们不能那样做"或"不,我们不是那样做的,我们是这样做的"),或者向孩子讲授如何正确完成任务。父母也可能不使用孩子的作品、重新制作它，或夺走孩子的工具自己来做，以此来拒绝孩子的贡献。

玛雅和其他土著父母不太会像这样拒绝——他们不会在孩子想要帮助时妨碍孩子。"母亲们不会阻止孩子做任何事，即使孩子所做的是错误的。"雷贝卡在说纳瓦血统的妈妈们。相反，关键是父母会注意孩子在做什么，然后在孩子想法的基础上进一步发挥。因此，父母建立了一个美妙的合作循环，在这个循环中，孩子或父母贡献了一个想法，另一个人接受这个想法并去扩展它。露西娅将此称为"流动性合作"。这时，两个人的合作亲密无间，像有 4 只手臂的超级生物一样。在这些时刻，很少有交谈，也很少有反抗和冲突。

在某种程度上，玛雅的父母将孩子视为活动的合作伙伴。父母认为知识不是单向流动的，只从父母流向孩子。相反，他们认识到知识是双向的，信息和想法也可以来自孩子。

知识流动的方向

由成人流向孩子
我们的认知中知识应该的流动方向

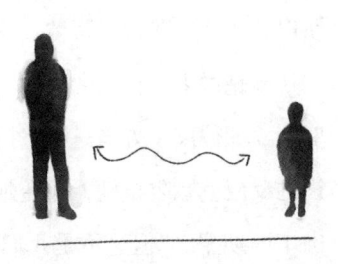

流动性合作
一种更尊重彼此的合作方式

在我们的访谈之后,雷贝卡的话在我的脑海中回响了好几天,甚至几个星期。"即使孩子做错了,那些父母也不会阻止孩子。"我不断对自己重复这句话,试图在与罗茜合作时遵循这个原则。很快,我意识到我之前一直在做相反的事情。我干扰了她的贡献——不是偶尔,而是一直如此。我会反对她的想法,甚至直接无视它们。我甚至不相信我可以从罗茜那里学到东西,特别是在厨房里。我认为知识只能从我流向她,绝对不可能反过来。

这样的例子有很多,很难选择其中一个讲述给你。但有一个例子在我脑海中印象特别深刻,也许是因为这件事正好发生在我开始写这一章之前。老实说,我很不好意思告诉你这件事——它让我看起来很傻很幼稚。但是我还是想和你分享,因为这是一个生动的例子,说明我对罗茜的想法的承认和珍视能对我们的关系产生多么大的影响。

在一个周日下午,罗茜在客厅涂色,而我正在为晚上的聚会穿肉串。这对一个3岁的孩子来说是一个完美的任务,只需要把鸡肉和蔬菜——西葫芦、蘑菇和辣椒——穿在签子上就可以了。所以我邀请罗茜过来帮忙:"来吧,亲爱的,来帮我做烤肉串。"

她跑过来,在我旁边的小矮凳上站好。我继续做烤肉串,但罗茜立即偏离了方向。她坚持要做一个"全鸡肉"的串。我下意识的反应就是阻止她,改变她的轨迹,强迫她的创作符合我对烤肉串的期望。"但这不是我们要做的东西,"我说,"我们会用完鸡肉,其他串的肉就不够了。"

一场激烈的争吵爆发了。最后,罗茜哭着跑开了,非常难过,回到客厅继续涂色去了。

"这是一次惨痛的失败。"我想。我自己完成了烤肉串。我决定继续前进,忘记这场争吵。这不是第一次我尝试与她合作却以眼泪结尾。但至少这一次,我没有和她一起哭。

几周后,我坐下来写这一章时,先重新听了一下我的采访录音,包括对玛丽亚、特蕾莎、雷贝卡和露西娅的采访。我看到了我的错误。我以为是罗茜很难和我合作,但实际上,问题出在我身上。我没有和她合作。我反对她的想法,不重视它们。很多时候,我根本听不进去她想要告诉我的话。

于是,我决定再给自己一次和罗茜合作的机会。我又去了商店,买了更多的烤串原料,还原之前的场景:星期天下午,我穿烤肉串,罗茜在客厅里涂色。我再次叫她过来:"罗茜,亲爱的,来帮我穿烤串吧。"然而,这一次她没有起身。事实上,她甚至头都没抬。我想:"嗯……她没有什么动力了。"所以,我承认了我上次的错误:"你可以做任何烤串,只要你认为它是最好的,全鸡肉串也可以哟。"

她冲过来。"真的可以吗?"

"可以。"

她跳上矮凳,开始工作。她用鸡肉和辣椒串成了一个大烤串,上面有8块鸡肉密密麻麻地挤在一起。我没有阻止她,而是认可了她做出的贡献——不是口头上的认可,而是用行动认可——我将她完成的烤串放在了盘子上,和其他烤串放在一起。对她的贡献的认可起了作用,罗茜对我笑了,开始做另一串烤串。我说:"不好,我们的鸡肉快用完了。"但事实并非如此。让我感到非常惊讶的是,她改变了方向,开始与我合作。她观察我做烤串的方法,加入了我。她也用了些西葫芦和蘑菇,穿出来的烤串看起来和我做的更像了。我们开始流畅工作,就像有很多四肢的超级生物一样。我帮她把一些蘑菇穿到她的烤串上,我需要鸡肉的时候,她递给了我一块。我们的合作很是顺畅、轻松、有趣,直到她累了,跑开了,又去涂色。但这一次,没有人掉眼泪。甚至,我们都感觉非常好。

我甚至开始微笑。珍视她的想法和认可她的贡献确实起到了巨大的作用,改变了整个过程的体验。

猜猜看后来发生了什么?罗茜做的辣椒鸡肉烤串真的很好吃。下次我们会做一堆那种烤串,还有穿着各种蔬菜的烤串。

试一试3:学习如何激励孩子

父母可以通过很多方式认可孩子的想法,而不必真正做到孩子所要求的事情。有时一句简单的评论,比如"真是个好主意",就足以让孩子感到自己是家庭的一分子,从而保持参与的积极性,即便你根本没有采用他们的想法。玛雅父母可能会说"uts xan",这个短语的字面意思是"也好"。对于成年人来说,这个说法意味着"我不同意",但对于孩子来说,这句话似乎意味着他们的想法被接受了。

正如我之前提到的,我在尤卡坦的翻译罗多尔福·普奇在为我安排采访时,就用过这个策略。我会提出一些疯狂的想法,比如"我和罗茜能和特蕾莎一家一起住到夏天结束吗?"罗多尔福从不直接拒绝我的想法。他从不会翻白眼或者告诉我,"不可能,你这个疯狂的美国女人!我们不能做这些打扰他人的事情"(他完全有权这样做)。相反,他会认可我的想法。他会点头说:"好的,我们可以。我们可以这样做。"然后他会把这个想法放一段时间,直到我再次提起。那时,他通常已经想出了一种可行且尊重所有人的方式来满足我的要求。

纳瓦族的父母有时会用一些随意的小礼物来奖励孩子的付出(露西娅和她的同事发现,其他时候,纳瓦族父母不会针对特定任务给予孩子奖励)。但是这些小礼物并没有与特定任务绑定在一起,例如,"你帮我洗碗,我就给你买冰激凌"。相反,父母会因为孩子总体的帮助而奖励他们,正如露西娅和她的同事所写:"因为孩子是在家庭中做出了贡献的成员。"这些小礼物通常是微不足道的,比如"煮一顿特别的饭菜或者为孩子购买必需品,比如内裤"。

在许多文化中,父母认可孩子的贡献时,会把孩子的贡献与成熟、长大和开始学习联系起来。例如,一位母亲告诉露西娅和她的同事,她这样表扬儿子给家里提供的帮助:"当他做得好时,我会告诉他,'哦,我的儿子,你已经学会了做这件事',他会非常高兴。"其他的母亲说,当孩子为家务做出了更多贡献时,她们会"祝贺"孩子"长大了"。一位母亲说,她会给孩子一个拥抱,认可孩子已经是"成熟的家庭成员"了(昨晚罗茜自愿打扫了客厅，我尝试了这个方法，她很受用）。

比起表扬孩子完成特定的任务，认可孩子总体的帮助会给孩子提供更多信息。你不是只关注一次性的成就，而是帮助孩子学习一种整体的价值观。

一些因纽特父母也使用类似的方式对孩子表示认可，人类学家琼·布里格斯将其记录了下来。在其中一个案例中，她描述了父母对5岁女儿表示认可的方式。这个女孩把糖果分享给兄弟姐妹，以此来学习如何慷慨待人。"一个5岁的孩子已经很聪明了，她知道自己应该把大部分甚至是全部糖果都给她3岁的妹妹，所以她这样做了，家长会说：'看看她，把糖给了妹妹，多大方的孩子呀。'"

世界各地的许多父母会进一步把孩子的合作行为与成为"大男孩"或者"大姑娘"联系起来。在北极地区，一位因纽特妈妈把打弟弟妹妹的行为与"还是个小宝宝"关联起来，友善、慷慨地对待弟弟或妹妹则与"不再是小宝宝了"相关联。这个工具在我们家非常有效，我们将在下一节再次讨论它。

以下是如何开始在家中尝试这些方法的建议，它们适用于各个年龄段——从幼年期到青春期——的孩子。

初步尝试

- **指出孩子的哪些行为是有帮助的（以及哪些行为是没有帮助的）。** 要着眼于孩子总体上的帮助，而不是夸奖孩子因你的要求才做的行为。不要过度或过于频繁地表扬孩子。当孩子主动提供帮助或表现出自己乐于付出时,简单地说"这很有帮助"就足够了。甚至可以等到一周结束时,对孩子总体的努力给予肯定。你也可以强调孩子一直在学习,或对家庭做出了贡献:"你已经开始学习怎样帮助别人了",或者"你开始变成一个大孩子,为我们的家做出贡献了"。

为了帮助孩子更好地理解"有所帮助"的含义,你可以指出他人做出的有所助益的行为。这也有助于向孩子传达你重视这种品质,以及这种品质对你很重要。当你认可孩子的帮助时,你可以强调团队合作让每个人的生活都变得更轻松了。例如,一个早晨,在罗茜上学的路上,我说:"今天早上,爸爸真的很贴心,他一直在关注我们,我们需要帮助的时候,他就来主动帮忙了。"

"是啊,我也会这样做。"罗茜毫不犹豫地回答道。

· **承认孩子的一些行为没有帮到忙**。不要害怕指出孩子没有帮到你。露西娅说:"父母常常会讽刺地说'别太乐于助人了'或'别帮太多忙'。对孩子来说,你这是在发出让孩子来帮忙的信号。"

其他人没有表现出有帮助的行为时,你也可以指出来。这有助于孩子学习哪些事情是不该做的。你也要着重指出为什么这种行为没有起到作用。我想再强调一遍,你可以简单地陈述,以便孩子能清楚明白地理解你的意思。例如,一天下午,罗茜的一个朋友没有帮助我们收拾客厅里的玩具。所以我说:"这可不太符合'乐于付出'的原则。如果她帮了我们的忙,我们就可以完成得更快了。"

· 不要针对特定家务给孩子惩罚或奖励。 教孩子自愿做家务（或者做任何事情）时，惩罚和奖励这两种工具根本不起作用。在许多情况下，它们会削弱孩子想要提供帮助的内驱力。

试试用这些激励工具替代惩罚和奖励。

· 向孩子解释这个任务对整个家庭的价值。 试着向孩子解释为什么在家里帮忙是如此重要，甚至是必要的。一位纳瓦族的母亲告诉露西娅，她从不惩罚她的女儿："但我会生气并警告她。"当她的女儿不收拾玩具时，她会告诉女儿："你得再努力一点了。"这位母亲向露西娅解释说："我这么说是为了让她看到，我们也在尽力做好一切，我们能给她的很少，所以她应该尽力而为。"

这种方法在罗茜身上效果很好，特别是她看到我疲惫不堪时。我会告诉她："罗茜，爸爸和我正在尽力让这个家变得更舒适。作为家庭中的一员，你也需要付出努力，并且尽力而为。"

· 把孩子做出有帮助的行为与孩子长大了联系起来。 当孩子主动做家务时，可以用类似于"哦，你开始学着做出贡献了"或"你收拾了你的玩具，你是个大姑娘了"的话来肯定他们的成长和进步。

罗茜表现得像小宝宝一样时，我也会直接告诉她。例如，如果她不收拾玩具或不帮忙洗碗，我会说："哦，你没做这件事是因为你还是个小宝宝吗？"这种话往往会引发一场关于大姑娘和小宝宝分别会做什么的讨论。例如："小宝宝能骑自行车吗？""小宝宝可以吃冰激凌吗？"最终，罗茜想要成为一个大姑娘，就会去整理玩具了。

- **让孩子在做家务时感到有趣**。我不是很喜欢把家务变成"有趣"的游戏。我无法长时间保持这种活力，我也不喜欢表现得像个3岁的孩子。但是如果罗茜自己想出了办法，让做家务变得更有趣，我不会阻止她。相反，我会关注她的想法或贡献，并尝试在此基础上进一步发挥。例如，一天下午在晾衣服时，她开始把衣服扔到阳台上。所以我决定把她的"游戏"融入家务中。我告诉她："站在晾衣绳旁边，我把衣服扔给你，你接到衣服，把它挂起来。"她很喜欢！她想一直来回扔衣服。最终，我们完成了任务。虽然花了点时间，但是她做家务的动力飙升了。现在，她听到我叫她（我有时会叫她）就会跑过来，我们已经把"扔"的创意融入其他家务中，如收拾乐高和整理书本。我告诉她："罗茜，站在书架旁边，我会把书扔给你。"这对她主动帮忙绝对有激励作用！

- **用自然产生的后果来警告孩子**。如果你需要警告孩子，尽量让惩罚贴近自然后果。例如，有时我会告诉罗茜："如果我们不收拾厨房，蚂蚁会占领橱柜。你想要我们的食物里有蚂蚁出现吗？"或者我会说："如果我们不洗你的午餐盒，你明天就得用脏臭的盒子吃饭。你想要那样吗？"

- **指出你为孩子提供的帮助**。对于罗茜来说，指出我和她彼此的责任可以很好地提高她的积极性。例如，有一天晚上她没有帮忙洗碗，我叫她来帮忙时，她说："我累了。"然后跑开了。10分钟后，她回来让我帮她找她最喜欢的娃娃。我说："等一下，你刚才帮我洗碗了吗?"

深度尝试

· 学着珍视孩子的贡献。当孩子过来帮忙做事时,听听他们的想法。以某种方式认可它,尝试将它纳入你的活动中,也可以点点头,或者可以说:"我们可以这样做。"如果孩子采取了行动,请不要阻止他们。相反,你可以关注孩子是怎样试着做出贡献的,然后想想怎样继续发挥孩子的作用,或怎样能稍微改进孩子的工作。

无论如何,你都要克制住阻止孩子的冲动。不要干涉孩子或改变他们的方向。如果你退后一步,让孩子"接管"任务,孩子会比你拒绝、低估或忽视他们的想法和贡献时更有动力再次帮忙。

· 评估你表扬孩子的次数(以及你阻止孩子的次数)。你的手机是分析你的育儿习惯并提供全新视角的好工具。晚上时,把手机放在橱柜或餐桌上,打开录音功能,与孩子互动30～60分钟。晚些时候,认真听录音。你有多少次表扬了孩子做的不重要的任务,或他们无须表扬就应该完成的任务?你有多少次拒绝他们的想法,或在孩子试图做出贡献时你却忽略了他们?你有多少次干涉孩子的行动,试图改变他们的想法?

一天晚上,我意外地进行了这个实验,当时我和罗茜在做晚餐,我把录音器落在了橱柜上,因此录了2个小时音。之后再听录音对我来说很困难,我甚至哭了。我回放我们的对话,发现我不仅阻止了罗茜的想法和贡献，而且根本没有听她的话。有很多次她想告诉我 X，而我非常肯定 Y 才是正确的，导致我根本听不进去她的话。我以为我知道答案，不需要听她的。她一直在努力让自己的想法得到认可，以至于她开始哭泣。她声音中的哀求和痛苦是如此悲伤，我听得心都碎了。我意识到自己需要少说话（包括表扬她）并努力关注她的话语和行动。（心理人类学家苏珊娜·加斯金斯几个月前给我提过类似的建议。她说："美国家长需要自己少说话，多听孩子说话。"）

·**设立"无赞美日"。**意识到自己夸奖孩子的频率有多高之后，你就应该试着降低这一频率。从小事做起：设定一个 15 分钟的定时器，尽量不要在设定时间结束前口头表扬孩子。这一时间可以逐渐增加到 2 个小时，最终延长到一整天。然后，你可以评估一下这些无赞美时间之后的感受。育儿是否更轻松、更省力了？孩子的表现如何？他们是否不那么渴求你的关注了？是否不再强求你做什么事了？你们在一起的时间有没有变得更轻松一点？你的孩子与兄弟姐妹的争吵是否减少了？

现在，我们有了让孩子乐于提供帮助所需的 3 个要素或步骤。在接下来的两节中我们将看到，父母可以用这 3 个步骤来传递任何他们想要传递给孩子的价值观。在全球范围内，所有文化都使用这种"公式"向孩子传递各种价值观，如慷慨、尊重和耐心。

训练孩子的 3 个步骤

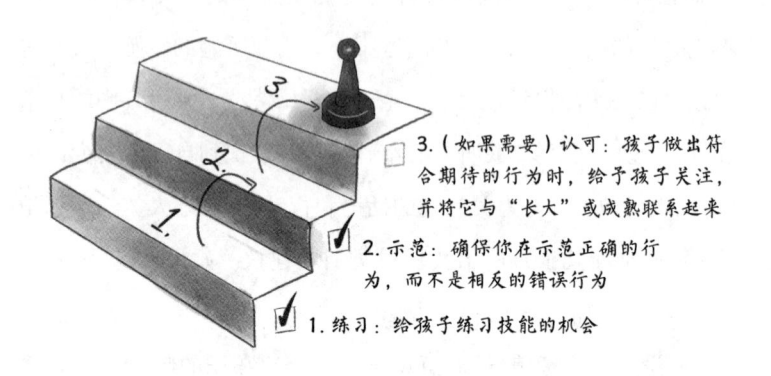

3.（如果需要）认可：孩子做出符合期待的行为时，给予孩子关注，并将它与"长大"或成熟联系起来

☑ 2. 示范：确保你在示范正确的行为，而不是相反的错误行为

☑ 1. 练习：给孩子练习技能的机会

这 3 个步骤是：练习，示范，认可。

1. 练习。 让孩子在家里多练习做家务，以及与家人合作，尤其是年幼的孩子。给孩子分配任务，邀请他们观看你做事，并鼓励他们参与其中。

2. 示范。 给孩子他们的家庭成员 ID 卡。让孩子融入你的日常生活中，这样，孩子可以通过观察逐渐学习做家务，并感受到自己是家庭中的正式成员。

3. 认可。 孩子想要帮忙时，接受他们的贡献，重视他们的想法。尊重他们的眼光。当孩子正在学习价值观时，告诉他们这一价值观在其他人的行动中是如何体现（或缺失）的。将孩子的学习与"长大"或成熟联系起来。

本章总结
如何激励孩子

需要牢记的知识

➤ 要让孩子在没有奖励或惩罚的情况下保持积极性，孩子需要感觉到：

- 与你或其他亲近的人有联结。
- 完成某项任务是他们自己的选择，没有人强迫他们。
- 自己很有能力，自己做出的贡献将会被珍视。

➤ 对孩子的表扬可能会破坏孩子的积极性，并让孩子和兄弟姐妹之间进行竞争（或产生冲突）。

➤ 父母可以从孩子身上学到很多东西。知识可以双向流动。不要认为你的方法或想法就是最好的。当你注意到孩子的愿景或想法时，你很有可能会发现孩子通常会有有价值和有用的信息。

➤ 接受来自孩子的知识、想法或贡献，这是激励孩子的有效方式。

今天就试一试

对于所有年龄段的孩子：

➤ 抑制自己纠正孩子的冲动，特别是当他们在帮忙或为家庭付出努力的时候。退后一步，让孩子完成任务，即使孩子没有按照你的期望进行，或者采取了不太理想的方法，也不要干涉孩子。

➤ 如果孩子拒绝了你的要求（例如，帮忙洗碗），你可能态度过于强硬了。孩子知道你想要他做什么。不用再提出要求，耐心等待，让孩子来主导整个过程。

➤ 当孩子尝试为某事做出贡献时，仔细观察他们的行事方式，并在此基础上发掘并建立起他们的想法，而不是直接反对他们的想法。

➤ 让孩子通过实践来学习如何完成一项任务，而不是通过长篇大论来解释或者教孩子如何去做。在孩子行动时，谨慎地提供尽可能简单的指导。

➤ 即使孩子的贡献不符合你的期望或需求，也要接受孩子的贡献。

➤ 谨慎地表扬孩子。表扬孩子时，把孩子的行为与学习整体价值观（例如，"你在开始学着帮助别人了"）或长大（例如，"你真的变成了一个大姑娘"）联系在一起。

第三部分

因纽特人的情商鼓励

T
E—Encouragement 鼓励
A
M

孩子的不当行为表明他们需要更平静的心态、更多的爱抚。

第 7 章
世界上最平静的孩子

表面上看，位于北极的小村庄库加鲁克看起来像是一个新英格兰海岸边的小镇。一些木头房子——红色的、绿色的、棕色的——坐落在距离卵石海滩只有几米远的高脚架上。每家的前院里都停着一两只摩托艇，儿童自行车靠在前台阶上。这些人家的前门从不上锁，你可以看到孩子们在邻居和亲戚家中进进出出，手里拿着花生酱三明治和一杯果汁，这就是他们的午餐。

但如果你嗅嗅空气中的气味，你就会闻到这里独特的味道——海藻和炖牛肉混合的味道。后院里，一整排驯鹿肋排挂在小屋门上，在咸咸的海风中风干。街对面，一个家庭前院的长凳上放着 3 个北极熊头骨，它们白色、闪亮的犬齿比拇指还要长。如果你进入一个家庭的厨房，打开冰箱，你可能会发现一大块海豹肉，那是几天后的晚餐。

这里不是新英格兰——这里离新英格兰非常遥远，堪称天涯海角，所以在 20 世纪 60 年代初，一位哈佛大学人类学专业的年轻学生来到这里时,许多人认为这次旅行会让她送命。

"我真的想去最遥远、最与世隔绝的北方地区,"琼·布里格斯后来说,"这样我就能找到受我们的文化影响最少的人。"

这种渴望把她带到了地球大陆的最北端——越过北极圈,距哈得孙湾以北约400千米的位置。在这里,土地分裂成数百块,很难在地图上分辨哪一片是岛屿,哪一片是海洋。这片广袤的土地是因纽特人的国度,已有1 000年历史。

对一个来自西方的人类学学生来说,这次旅行是有风险的。对于20世纪60年代的女性人类学家来说,这次旅行在许多同事眼中是疯狂和愚蠢的。在这里,冬季的气温经常会下降到零下34摄氏度以下。这里没有道路、电热系统和杂货店。琼可能轻易地在这里丧命。

但她的冒险得到了回报。逗留的17个月期间,琼进行了开创性的田野调查,最终改变了西方心理学对情绪——尤其是愤怒——的理解。

大约1 000年前,一个与众不同的部落居住在阿拉斯加和俄罗斯的边境地带。这个部落被称为因纽特,他们发展出了非凡的技术,使他们能够在世界上最严峻的环境中生存并繁荣。他们培育了专门用于拉雪橇的狗,用海豹皮设计出了防水裤,还制造了光滑的海上皮划艇,可以捕杀地球上最大的动物。这个部落如此强大的实力和高超的技艺,让部落中的人们可以举家行进数百千米,甚至越过北极圈。在接下来的几个世纪中,因纽特人定居在一片广阔的领土上,从白令海峡一直延伸到格陵兰,跨越了大约

5 000 千米的区域。

在 20 世纪 60 年代，许多因纽特家庭像几个世纪前的祖先一样，过着游牧狩猎的生活。海洋是他们的杂货店，荒原是他们的花园。为了捕猎动物，家庭会在营地之间不断移动。冬天，他们用鱼叉穿过冰层，捕猎海豹；春天，他们捕捉河中游过的北极鲑鱼；夏天，他们四处追踪迁徙的驯鹿。他们用动物皮毛制作靴子、防寒外套、被褥和帐篷。鲸和海豹脂肪是他们做饭和取暖的燃料。

1963 年 8 月，一架政府机构派遣的飞机将琼放置在一座花岗岩峭壁上，峭壁俯瞰着阿尔卑斯山湍急的河流。沿河有几个家庭在露营。起初，琼在营地的生活似乎很容易。在棕红色的苔原上，生长着很多蓝莓，营地下游的河流里挤满了银鳟鱼。"渔夫一天可以抓到 20 条鱼，偶尔可以抓到 40 多条鱼，每条鱼重 4～20 千克不等。"琼写道。但到了 10 月初，河流开始结冰，每天都会下雪。冬天来得很快。琼意识到，为了生存，她需要因纽特家庭的帮助。她说服营地中的一对夫妇阿拉克和伊努提阿克"收养她"并"让她活下去"。

阿拉克和伊努提阿克对琼格外友善和慷慨。他们教她说因纽特语的一种方言——伊努伊特语。他们教琼捕鱼，并和她分享了他们冬季储存的食物。他们还允许琼住在他们家的冰屋里，蜷缩在温暖的驯鹿毛毯下，和他们的两个年幼的女儿莱基莉（6 岁）和萨拉克（3 岁）并肩而眠（他们十几岁的女儿正在外地上寄宿学校）。

一开始，琼打算研究的是萨满教，但与阿拉克和伊努提阿克一家共同生活几周后，她意识到这个家庭和整个社区中有更不寻常的事情。

"他们经常对我很生气，但他们从未对我有过愤怒的表现。"她后来回忆道。

琼发现阿拉克和伊努提阿克有惊人的情绪控制能力。尽管他们在零下30摄氏度的小冰屋里生活，还有两个年幼的孩子，现在还多了琼这个美国研究生（后来琼承认自己有时"很难相处"），但他们从不会失去耐心、情绪激动，也不会发脾气，没有表达过哪怕轻微的沮丧。

"事实上，在困境中保持平和是一个人成熟、成年的必要标志。"琼在她的书《永不愤怒》中写道，这本书里记录了她与阿拉克和伊努提阿克一家一起度过的时光。

在他们的家里，小错误会被忽略，没有琐碎的不满或抱怨。即使是重大的错误也几乎无法引起任何反应。例如，有一次，阿拉克的弟弟绊倒在炉子上，把一壶开水洒到了冰屋的地板上。热水正在融化冰屋的地板，但没有人惊慌失措，甚至没有人从手头的工作中抬起头。相反，阿拉克的弟弟小声说"太糟了"，然后开始清理残局，修补地板。"我没有感觉到异常的情绪，甚至连一丝嬉笑声也没有。"琼写道。

还有一次，妻子阿拉克花了数天的时间用驯鹿筋编织了一根渔线。当她的丈夫第一次使用这根线时，驯鹿筋立刻断了。没有人对此表现出一丝挫败。阿拉克和伊努提阿克专注于保持高效率,而不是产生情绪。在琼的描绘中,阿拉克笑了笑,她的丈夫递回渔线,毫无责备的表现,只是说:"把它再缝起来。"

读到这儿,我感到惊叹。住在这样一个平静、没有愤怒的家庭里会是什么感觉呢?

当一个成年人稍微松懈了一下,没有抑制住自己的情绪时,其他成年人会轻描淡写地嘲笑他们的行为。例如,有一次伊努提阿克"冲动地向一只飞过的鸟开枪"。阿拉克在远处看着,评论道:"像个孩子一样。"这句话的意思是,缺乏耐心是孩子的专属领域,而不是成年人的。

琼也在非常努力地控制自己的情绪,但与阿拉克和伊努提阿克相比,她显得像个野孩子。她完全无法达到因纽特人的自我管理标准。当地的成年人认为,表现出轻微的烦躁或不悦是不成熟的表现,但在西方人眼中,这些反应微不足道。琼后来说:"我的行为太粗鲁、太不体贴、太冲动了。我会生闷气、发脾气,或者做一些他们从不会做的事情。"

在琼的讲述中,阿拉克展现出了超然的镇定和沉着,甚至是在分娩的时候。虽然听起来几乎不可能,但许多因纽特妇女在分娩过程中不会尖叫或发牢骚。琼住在阿拉克家里期间,阿拉克生下了第4个孩子。琼的描述几乎让人觉得好笑——生产竟然是如此微不足道的事情:

阿拉克在晚上炸了煎饼(面包)给我们吃……(她)在盛宴中分享食物,像往常一样开玩笑,然后像往常一样温柔地把萨拉克抱在怀里，哄他睡着，接着，阿拉克吹灭了灯，显然准备睡觉了。那是晚上 11:30。到了凌晨 1:30，我听到了新生儿的哭声。

在分娩期间，阿拉克保持着如此的沉默，以至于琼甚至没有注意到她在生产。

在分娩后，一个严重的问题出现了——胎盘卡住了，阿拉克有大出血的风险。当时，现场只有一个成年人——伊努提阿克，他对胎盘发出了几声简短的"敦促"，但从未大声喊叫或哭泣。没有医疗剧中急诊室门前的戏剧性剧情。相反，伊努提阿克点燃了一支烟，做了祷告，最终胎盘顺利娩出。

好吧，我承认，读到这儿时，一开始我觉得琼的观察难以置信。分娩时没有尖叫声？在拥挤的小屋里与小孩子待了数月却一次也不吵架？在旧金山，别人每天都会对我喊叫——在家里、外面、推特上。而我会对罗茜大喊大叫——哦，天哪，说出我对罗茜大喊大叫有多频繁实在是太尴尬了。琼肯定是夸张地记述了因纽特家庭的自我管理能力。

如果琼确实记述准确了，那么阿拉克是如何做到的呢？我不仅好奇阿拉克和其他因纽特妈妈在如此艰难的情况下如何保持冷静，也好奇她们如何将这种冷静传递给孩子们。这些父母如何将一个暴躁、易怒的 3 岁孩子变成一个随和、平易近人的 6 岁孩子？他们能帮我驯服我的小怪物吗？

因此，在琼的旅行近 60 年后，罗茜收拾好了她《冰雪奇缘》主题的行李箱，我们飞到了加拿大的库加鲁克，这个小镇就位于琼旅居的半岛的另一头。

抵达库加鲁克的感觉就像降落在明信片里一样。我似乎听到了一位日本朋友说："这里就是为皇帝而建的。"这里的风景确实美不胜收。

这个小镇中有大约 200 户人家，小镇嵌在两个壮丽的水域之间：一条叫作库克的河流清澈见底，随时可以跪下来喝一口；另一个是蓝灰色的海湾，夏天，阳光从靠近海平面的地方洒下，海湾表面闪闪发光。几个小岛从海湾中凸起，就像是弯下腰去捕鱼的巨人。

镇子后面，苍茫的冻原延展着，一直延伸到东面的地平线。到了 7 月底，蓝莓和黑莓覆盖了灰色的冻原，这些只有豌豆大小的小水果让冻原变得五彩斑斓。灌木丛只有大约 5 厘米高，你必须跪下来，在几乎要亲吻到驯鹿苔的高度，才能摘下果实。不过这些都是值得的，这些浆果酸酸甜甜，非常好吃。

在库加鲁克最初的几天，我和罗茜陷入了与年轻的琼·布里格斯类似的境地：我们没有适合居住的地方。库加鲁克唯一的一家酒店漏雨，而且还很贵。所以我开始四处打听有没有房间出租。

然而，我十分清楚地意识到我们在镇上声名狼藉，我的希望很快破灭了。不管我们去哪儿，罗茜把炫耀她的吵闹技巧当作是头等大事。在去杂货店的路上，她把一盒燕麦棒扔到了我的脸上；在回酒店的路上，我试着问一位善良的夫人，镇上还有没有其他地方可以住，但罗茜躺在了泥路中间（当时有一家正在屠宰鲸鱼的人在一边旁观），一遍又一遍地尖叫着："妈妈，妈妈！"

库加鲁克只有大约3个街区宽，几十个街区长。镇上只有一个杂货店、一个游乐场和一个咖啡店。所有人要么步行，要么骑越野沙滩车出行。所有人都互相认识，也都能看到镇上发生的一切。更重要的是，这里几乎每个人都是因纽特人。我的白种人肤色和罗茜的金发，让我们成了醒目的异类。

我和罗茜在镇子里走动时，我无法掩饰任何事——我无法应对发脾气的罗茜，只能对她生气。甚至在酒店里，墙壁非常薄，我知道酒店的女老板能听到我哄罗茜入睡的声音，能听到我发脾气的声音，能听到我大喊："停下！躺下去睡觉！"

相比之下，无论罗茜和我去哪里，其他妈妈都表现得非常镇定自若。她们似乎从不发脾气，甚至从不会感到慌张。小孩非常多，而父母对他们的反应中没有任何紧迫感。父母从不急着让孩子安静，或改变他们的行为。无论发生什么，成年人都会散发出一种平静的气息：无处不在，弥漫四周的平静。在所有地方，我都可以感受到这种平静的气息——在杂货店、游乐场，甚至在我的大脑、骨骼和心脏里。老实说，我喜欢它。

这种平静的气息是有感染性的，因为孩子们也都非常冷静——至少大部分时候是这样。我没有看到孩子们在杂货店里和父母争吵或谈判，我也没有看到孩子们在该从游乐场回家的时候大声哭泣。第二天，我意识到，尽管周围有很多孩子，但我没有看到任何学步期的孩子发脾气（除了罗茜），我也没有听到任何婴儿的哭泣声。

第二天晚上，罗茜和我在小溪边闲逛，我的担心和不安愈加强烈。这时，一位名叫特蕾西的年轻妈妈骑车来到我身边。她还不到25岁，3个孩子挤在她旁边：一个学步期的孩子依偎在她的胸前，一个5岁左右的孩子双臂紧紧地搂着她的腰，一个婴儿从她外套的兜帽里探出头来，坐在一种叫阿莫提[①]的婴儿背带里。特蕾西留着黑色的俏皮短发，发梢围绕她的心形脸颊轻轻颤动。特蕾西说话声音温柔，带着温暖的微笑。特蕾西和我分享做母亲的经历时，我感觉我的心跳变得更平稳了。"这次旅行会顺利进行下去的，麦克林"，我第一次这样想。

不管从哪个角度看，特蕾西的生活都并不容易。除了抚养3个孩子外，她还全职在酒店打扫房间，同时还帮助丈夫和公公为狩猎做准备。我问她，作为有年幼孩子的母亲，还要全职工作，她是否有压力。她回答道："没有，我喜欢做妈妈。虽然忙碌，但我很喜欢。"

"天哪，"我自言自语，"在这个年轻妈妈以及库加鲁克所有父母的眼里，我一定像是个彻头彻尾的糟糕母亲。"我已经开始长出了白发，我有化学博士学位，但我还是无法照顾好一个孩

---

① 阿莫提是加拿大北部因纽特妇女使用的，内置在外套帽子下方的婴儿袋，孩子在约2岁之前可以躺在母亲背上的阿莫提中休息。袋子宽敞舒适，适合婴儿使用。母亲可以将孩子从背部转移到前面哺乳或排泄，避免孩子暴露在外界环境中，使孩子免受冻伤、风和寒冷的侵害，同时有助于加强母子之间的纽带关系。——译者注

子。我感到尴尬和惭愧，但我并没有感觉特蕾西在评判我。事实上，我感觉我们成了朋友——我和罗茜需要帮助时可以依赖的朋友。

在库加鲁克，这种情况一遍又一遍地发生。其他父母并没有对我的糟糕的育儿技能评头论足——至少不会当着我的面，也没有像旧金山的人们那样斜眼看我或对我评论一番，而是想要帮助我。他们毫不犹豫地向我伸出援手。

几个看到罗茜和我在镇子里走来走去的妇女简直不敢相信自己的眼睛："你一个人照顾你的女儿？没有其他人帮你？"她们问我。在杂货店，另一位女士在苹果堆旁拦住了我。"孩子们不应该时时刻刻都只和一个人在一起。"她带着些许怜悯的语气说道。

"不应该？"我想，"有意思。"

还有一位女士从她的客厅窗户里看到我们后，跑出来找我们。她穿着一件粉色迷彩夹克，提出她可以帮我带罗茜几个小时，这样我就可以休息一下。**我每天都看到你带着你的小女孩经过，总是一个人，我真的想帮助你。**"她说。

我习惯地认为育儿是母亲的独角戏，因此不好意思接受她的帮助，所以，我说了些荒谬的话，类似于"谢谢你，但我自己能行"。

第三天，我们在库加鲁克遇到了玛莉娅·库库瓦克和她的女儿萨莉，她们教给我一种有用的看待小人儿的方式。

"**你的女儿可能已经受够你了，所以她会不听话。**"当我们在萨莉母亲的厨房桌边喝茶时,她对我说,"罗茜需要和其他孩子在一起玩,你需要休息一下。"

我知道我需要和罗茜分开一会儿。我也受够了她。但我从来没有想过罗茜可能也受够了我,这可能是我们经常吵架的原因。

"你和你的老公一起去旅行几天,你们都会厌烦对方,对吧?"萨莉说,"这并不意味着你们不爱彼此,你们只是需要休息一下。"

毫不夸张地说,萨莉是我见过的最了不起的人之一,她是诊所的心理健康服务者,当她说话时,脸上散发着温暖和友好。"我用眼睛微笑。"她对我说,然后把她的刘海梳到一边。这是真的,每次萨莉微笑时,她的眼睛都会变成一条向上弯曲的细线,自然地展露笑容。

我们两个年龄相同,都是42岁。但是萨莉已经养育了3个孩子,又帮助养育了其他8个侄子侄女,并且现在也会经常照顾4个年幼的孙子孙女。作为一个母亲,萨莉是一位世界级的专家,没有她没见过的情况。虽然萨莉从不向我炫耀自己的专业知识,但她能够看到我和罗茜的困境,并慷慨地提供帮助。"我妈妈马上要出去扎营了。她说你可以住在她的房间里,我们家人会帮助你照顾罗茜。你需要帮助。"这是我听过最真诚的话。

第二天晚上,罗茜和我从酒店搬到了玛莉娅的家里。我们真的非常幸运。她的家庭充满了爱,即使现在回到旧金山,有时候我仍然会在夜晚流泪,渴望回到他们身边。我想回到玛莉娅的客厅里,分享生的驯鹿肉或者玩宾果游戏。我想回到弥漫在他们家的平静气息中。

当罗茜和我走进门的那一刻，我就感觉到了这种平静。萨莉穿着灰色牛仔裤和黑色T恤，正在拌一大锅肉酱意大利面。"进来吃晚餐吧。"她说。客厅里至少有6个孩子，他们在玩电子游戏和纸牌。罗茜和我提着行李穿过去时，萨莉正将意面满盛在碗里，递给孩子们。

"谢谢你让我们住在你家，萨莉，还有这顿晚餐。我们太饿了。"我们收拾好行李后，我对她说道。

"我们家一直都有足够的食物，你们想吃多少就吃多少。"萨莉边搅拌锅里的肉酱意面边说道，"你们2个住在这里根本不是问题。这个房子里时常有很多孩子，再多一个也不要紧。"

这是真的——这个客厅是库库瓦克家族的社交中心。虽然只有2个孩子住在这个房子里，但这并不重要，不管什么时候，你都能看到姑姑、叔叔、表兄弟姐妹、侄子侄女和堂兄弟姐妹来家里玩。家人和朋友在家中自由进出，每天的各个时段都有人来。

今晚也不例外。我们吃意面时，我数了数，客厅里有10个人，包括一个5个月大的婴儿、一个18个月大的幼儿、一个3岁的女孩、一个6岁的男孩、两个13岁的女孩和两个15岁的男孩。

这些孩子主动为罗茜腾出位置，抱起罗茜，带着她玩。13岁的女孩苏珊立刻开始梳理罗茜的头发，给她编辫子（因为罗茜不让我碰，所以她已经三四天没有梳头了）。然后9岁的丽贝卡走进客厅，轻轻地拉着罗茜的手说："让我们去外面玩吧。"另外两个小孩跟着他们出去，罗茜正式成了这伙孩子中的一员。我感到身体放松了下来，好像独自育儿是我已经背负了数天、数月甚至数年的重担。

育儿书中经常提到心理学和神经科学中的一种概念，叫作执行功能。大体上，它是精神层面的一套过程，可以帮助你做出理性的行动，而不是冲动的行动。它是你脑海中的声音，在你做出反应之前让你先暂停一下，问你自己："我的行动会产生什么后果？是否有更好的方法？"执行功能有助于控制你的情绪和行为，或在需要时改变你的方向。研究表明，儿童的执行功能越强，日后就会有更好的生活，如有更好的学习成绩、更健康的心理状态、更好的人际关系、更容易找到工作并不被解雇等。

在库加鲁克，孩子们有着很强的执行功能：他们能站在另一个孩子的角度看问题，在情况改变时灵活变通，并且会适应他人的需要。在许多方面，他们比美国许多更大的孩子表现出的情绪更加成熟——在许多方面，他们甚至比我都更加成熟。即使是小孩子，也经常会表现得有耐心、有同理心、慷慨大方。他们很擅长分享——玩具、食物、衣服等。物体似乎是一种合作和玩耍的机会，而不会引发争吵或竞争。

在北极地区剩下的时间里，罗茜每天都会和这些孩子玩几个小时，不需要我和其他妈妈们的监督，也很少会出现问题。大孩子们已经很清楚规则，他们帮助小孩子们学习规则。十几岁的女孩想照顾罗茜，年幼的孩子则想和她一起玩。如果罗茜不高兴了，大孩子们就会想办法解决问题，或者只是简单地退让。他们采取了更明智的做法。

在萨莉家客厅的第一晚，我看着孩子们一起玩了大约2个小时。我没有看到任何争论、紧张的时刻或听到"那是我的！"的喊声（除了罗茜）。成年人也不会像裁判一样不停地发号施令。相反，大人们都很放松，他们用手机给朋友发消息，或者谈论即将到来的狩猎。

那个晚上，看着这一幕，我意识到，这个因纽特家庭将教给我的东西，会比我预期的更多。我来到库加鲁克的目标只有一个：想办法教会罗茜控制她的愤怒，与家人和朋友友善相处。但是这些因纽特父母将会教给我更多的东西，包括如何控制我自己只依赖下意识的反应且容易发怒的育儿模式。

第 8 章
如何教孩子控制愤怒情绪？

我们到达北极地区 10 天后，我目睹了一幕难以置信的场景。

那是一个典型的玛莉娅家的下午，戈登叔叔在沙发上看书，萨莉的儿子图西坐在他旁边看手机，萨莉的 2 个孙子在电视屏幕前玩"劲舞革命"。所有人，从 3 岁到 45 岁，都自得其乐、和睦共处。

接着，我的女儿罗茜和她的新死党莎曼珊加入了这一幕，我为一切都变得一团糟做好了心理准备。2 个女孩都穿着有褶皱裙摆的公主裙，罗茜的裙子是浅黄色的，莎曼珊的是红色的。

两个女孩在一起让我有点害怕。两人的能量都非常强大。莎曼珊和罗茜一样，聪明、健谈、有冒险精神。在她那狂野卷曲的黑发下，她露出的表情显示着纯粹的喜悦。"我们要给米西洗澡。"她微笑着。米西是家里的小约克夏猃犬，它的体重不到 3 千克。莎曼珊和罗茜都想逼它跳进肥皂水桶里。此时，可怜的米西躲在客厅的一张边桌下面。

"我抓住它了!"罗茜尖叫着扑向小狗。

嘭!罗茜的手臂撞到了桌子边上一杯滚烫的咖啡,将它打翻在房间里。棕色的液体在空中沿弧线飞溅,洒在了萨莉的白色地毯上。热咖啡在古董桌子上扩散开来。我的心沉了下去。"天哪,罗茜!"我想尖叫,"我们是这个家里的客人。你怎么不小心一点呢!"

但环顾四周时,我发现其他人都没有反应,完全零反应。戈登和图西没有抬起头来看,小孩子们仍然在跳舞。似乎没有人注意到滚烫的咖啡刚刚飞过房间,造成了巨大的混乱。

萨莉拿着一条毛巾从厨房出来,慢慢地、小心翼翼地把毛巾放在地毯上,就像摊开瑜伽垫,准备冥想一样。罗茜实际上重现了琼·布里格斯书中的场景——年幼的弟弟把开水壶碰翻在冰屋里,没有人做出任何反应。

但最让我惊讶的是萨莉的反应。她没有大喊大叫或训斥罗茜。相反,她转向图西,平静地说:"你的咖啡杯不该放在那儿。"

~~~~~~~~~~~~~~~~

在过去的几年里,我采访了从阿拉斯加到加拿大东部的100多个因纽特父母。我和80多岁的老人们一起用餐,品尝他们的"乡村食品"——炖海豹肉、冻白鲸肉和生驯鹿肉。我曾在一个高中工艺博览会上与卖手工缝制海豹皮夹克的妈妈们交谈过。我还参加了一个育儿班,那里的托儿所教练学习过他们的祖先是如何在数百年(甚至数千年)前养育孩子的。

无论如何，所有的父母都提到了因纽特育儿的一条黄金法则："永远不要对孩子大喊大叫。"74岁的西多妮·尼尔隆加尤克说。西多妮出生在距离库加鲁克不远的一个草房子里出生。"我们的父母从不对我们大声喊叫，从来不会。"

即使是西多妮的母亲生孩子时，也不会大声喊叫，就像琼·布里格斯的书《永不愤怒》中写到的阿拉克一样。"我在半夜起床，听到了像小狗叫一样的声音，"西多妮解释道，"'有人把小狗放出来了吗？'我说。然后我看向我母亲，她跪在地上，刚刚生下了一个孩子。在叫的'小狗'是刚出生的婴儿，我母亲则没有发出一点声响。"

当西多妮自己成为妈妈时，她延续了不大声喊叫的政策。"我们不允许对自己的孩子大声喊叫，"她说，"我对他们说的每一句话，都是用非常冷静的语气说的。"

真的吗？每一句话都是冷静的吗？即使孩子打你的脸？即使孩子把前门砰地关上并把你锁在门外？即使孩子故意来挑衅你？

"是的，"丽莎·伊皮利笑着说，似乎在强调她觉得我的问题有多么愚蠢，"孩子还很小的时候，大声喊叫或对他们发怒是没用的，这样做只会让你自己的心率骤升。"

丽莎是一位电台制片人，也是一位母亲，她生活在加拿大的北极小镇伊魁特，丽莎在一个有12个兄弟姐妹的家庭中长大。她说："小孩子常常会让你感觉他们在故意惹你生气，其实不是这样。他们是在为某些事情烦恼，你需要找出原因所在。"

几位老人告诉我，因纽特人认为，对小孩子大喊大叫是有失身份的。大人这样做基本上就是把自己降到了和孩子一样的水平，或者是成人版的乱发脾气。责骂或用愤怒的声音跟孩子说话也是这样。

"对小孩子发脾气没有意义。" 83 岁的玛莎·蒂基维克说。她出生在巴芬岛的一个冰屋里，养育了 6 个孩子。"**生气并不能解决问题。它只会阻碍母亲和孩子之间的沟通。**"

库加鲁克的老人莱维·伊卢托克也同意这种看法。他出生在库加鲁克附近的一个岛屿上，7 岁左右就学会了如何捕猎海豹和驯鹿。这位 79 岁的老人说："我从来都不记得我父亲对我有过粗鲁的行为或大声对我说话。"但这并不意味着他的父母是好欺负的。"我母亲很严格。她不允许我们晚睡，让我们早上一起起床。但她从来没有对我们大喊大叫过。"他说。

传统因纽特人的育儿方式非常温和。如果把世界各地的育儿方式按照温和程度排序，因纽特人的方式很有可能排在前列。在我们参观的一个家庭里，妈妈和阿姨们对在场的婴儿和幼儿充满了关爱，他们会在房间的一头大声喊"我爱她！我爱她！"因纽特人甚至有一种叫作库尼克的专门亲吻孩子的方式，就是用鼻子去碰孩子的脸颊，同时闻一下孩子的皮肤。

即使是轻微的惩罚，如面壁，也会被视为是不恰当的。在伊魁特的努纳乌特极地学院教授因纽特育儿课程的古塔·贾夫说。这些类型的惩罚没有什么效果，只会孤立孩子。"我不赞成家长大喊'想想你刚才做了什么。回你的房间去！'这不是我们教育孩子的方式。相反，你只是在让孩子远离你身边。"

这还不是全部。西多妮认为:"你对孩子喊叫时,孩子就听不进你想说的话了。"事实上,她认为美国孩子不听话,是因为他们的父母总是在大声叫喊。"家长对孩子大声吼叫时,你就能看得出来这一点,因为这时孩子就没有在听父母在说什么了。"

因纽特人父母都在一遍又一遍地重复这一点——大声喊叫使得育儿更加困难,因为孩子在这时已经停止了倾听。孩子把你拒之门外。就像71岁的泰瑞莎·西库阿克所说的:"我认为这就是白人孩子不听话的原因。父母对孩子叫喊得太多了。"

事实证明,许多西方科学家同意这些因纽特族老人的观点。回到旧金山后,我联系了临床心理学家劳拉·马卡姆,她是《父母平和孩子快乐》一书的作者。我问她,对孩子大声喊叫是否有负面影响,她的回答与西多妮如出一辙,令人惊异。

"我们对孩子大声喊叫时,其实是在训练他们不要听话,"她告诉我,"很多时候,父母会说:'我提高音量,他才会听。'我说:'好吧。提高你的声音让他听到,然后你就一直都需要提高声音说话了。'"

她认为,西方父母大声喊叫时,其实是在自取其辱。因为,最终来说,大声喊叫并不能教育孩子什么是正确的行为。相反,这将教会他们发脾气。"我们正在训练他们在生气时通过大声喊叫来解决问题。"她说。

回想一下,要训练孩子养成某种行为方式,我们主要需要2种因素,以及少许第3种因素:练习、示范以及在必要时的认

天性教养

可。如果我们对孩子大声喊叫并表现出愤怒，我们就向孩子展示了愤怒。孩子们经常对我们大喊大叫，是我们给他们练习喊叫和发怒的机会。如果在孩子大喊大叫之后，我们再向孩子喊回去，那么我们就认可和接受了他们的愤怒。

相比之下，能够控制自己情绪的父母——无论在孩子面前还是不面对孩子——能够帮助孩子学会做到这一点。"孩子们可以从我们身上学习情绪调节，"劳拉说。每次你克制自己不发脾气时，孩子就会看到一种冷静面对挫折的方式。孩子可以学会在生气时保持冷静。因此，为了帮助孩子学习情绪调节，父母们能做的最重要的事情就是学会调节自己的情绪。

你可能已经对这些内容很熟悉了。也许你已经读过关于"积极育儿"的书籍。有很多这样的书籍，而且许多都是畅销书。因为很显然，如果可以选择，我们所有的父母都希望少对孩子叫喊、少责备孩子、少对孩子生气。但是，周一下午5:30时，你已经工作了一整天，还有3个小时就到了一项任务的截止时间，而你的孩子在杂货店的地板上平躺着大声尖叫，因为你只买了一盒冰棒，而不是两盒，你如何能继续做一个积极的父母呢？

在这些问题上，许多目前可见的书籍都不够好。我觉得它们的内容中缺少对2个关键问题的解决方案：如何减少对孩子的愤怒，以及如何在不生气的情况下纠正或改变孩子的不良行为。毕竟，即使你不再对孩子生气，你仍然需要教你的孩子对一盒冰棒心存感激，甚至是与全家人分享冰棒。

在接下来的几章中，我将为你提供一些工具，来帮助你处理从孩子发脾气到日常的不良行为的所有紧张时刻。最终，我们将学习长期改变孩子行为模式的工具，同时传递诸如尊重和感恩等价值观。让我们从如何让自己不那么生气开始学习。

第 9 章
如何不再对孩子生气?

就我自己而言,我默认的日常育儿方式的核心就是大声命令——更确切地说,是先唠唠叨叨,再大声命令。有时候,在这种情况的结尾,我会尖声喊着类似于"罗茜,别再尖叫了!停!"的话,听起来极其荒谬而讽刺。

所以,对我来说,北极地区的零愤怒育儿方法看起来像海市蜃楼。再仔细想想,我觉得它像"原始人饮食法"①一样——我知道我不应该吃太多碳水化合物和糖,但是如果没有人在看我,我会狼吞虎咽一整碗意大利面。难道不是所有人都这样吗?难道不是所有人都会在没人注意时对孩子大声喊叫吗?

---

① 原始人饮食法,也称为旧石器饮食法,是一种强调人们应该食用类似古代人类祖先所食用的食物的饮食习惯。这种饮食法包括摄入大量的动物蛋白质、植物类食物、坚果和种子,但排除谷物、糖和加工食品。支持者认为这种饮食方式有益于身体健康、增加能量和精力,甚至有助于预防疾病。然而,对于这种饮食法的益处和风险,科学界存在争议。——译者注

答案是否定的。萨莉不是,她的母亲玛莉娅也不是,她的姐姐奈莉和家庭中的任何一个父母都不是。在他们那里,零愤怒的育儿方法显得轻而易举。例如,一天晚上,萨莉要照看她的3个孙子孙女,年龄从18个月到6岁不等,而我则在照看罗茜。当时,场面非常混乱,熵值大幅攀升。其中一个叫凯莱布的小男孩尤其让人头痛。有一次,他甚至在萨莉的脸上划了一个大口子。但萨莉从未失去冷静,一次也没有。

看着萨莉管教孩子,我被深深折服了——不仅是因为她能保持冷静,还因为她从不让孩子对她指手画脚。她用很多其他的技巧来管教孩子和改变孩子的行为,这些技巧不包括大声喊叫,甚至很多时候,不需要任何的言语。

在库加鲁克,我第一次看到了无愤怒或喊叫的育儿方式,这对我来说是一次革命性的体验。我首先注意到,成年人是那么轻松和冷静。我也看到这种冷静对房间里的孩子们产生的深刻影响,包括罗茜。结果几乎是立竿见影的。在萨莉和玛莉娅平静的翅膀下,罗茜炽热的情绪渐渐冷却,她的焦虑情绪也缓和了下来。有一天晚上,罗茜因为想喝牛奶而焦躁不安,但我们没有牛奶。她开始发脾气,但当她意识到这种行为对房间里的任何成年人都没有影响时,她就像西方邪恶女巫[1]一样倒在地上大哭:"不!!!"

---

[1] 西方邪恶女巫是美国作家莱曼·弗兰克·鲍姆所著的经典儿童文学《绿野仙踪》里的角色,是奥兹国最强大的女巫之一。她性情反复无常又有些懦弱。——译者注

观察到罗茜的变化后，我开始反思自己的愤怒。我意识到，如果我提高嗓门并责备罗茜，其实会让罗茜开始发脾气或情绪崩溃。我们会陷入一个可怕且可预见的反馈循环[1]：我开始大声喊叫，罗茜又喊叫回来，我再次对罗茜喊叫，并施加一些无效的威胁。然后，她就会躺在地上，在空中乱踢腿，叫叫嚷嚷。我会去把她抱起来，试着让她冷静下来，但为时已晚——她已经很生气了。为了表达她的情绪，她可能会打我一巴掌或拉扯我的头发，这更加激起了我的愤怒。

我们的愤怒教给了孩子什么？

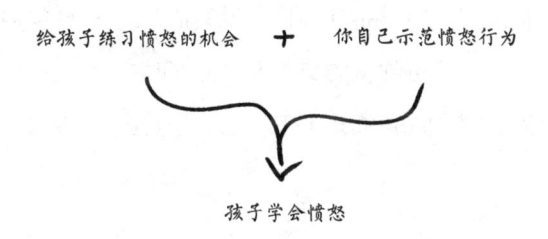

给孩子练习愤怒的机会 ＋ 你自己示范愤怒行为

孩子学会愤怒

但不知为什么，萨莉和玛莉娅从未陷入这种小孩与父母之间的情感陷阱中——这种由愤怒支配的双人舞中。她们从来不与孩子进行权力斗争。我与她们共处时，我努力地逆向思考她们是如何做到这一点的。

据我所得出的结论，这是一个两步走的过程：

---

[1] 反馈循环是指系统或过程的输出被用作同一系统或过程的输入，导致不断地加强循环。——译者注

1. 不要多说话。保持沉默。什么也别说。

2. 学会减少，甚至消除对孩子的愤怒。（注意：我说的不是当你愤怒时控制它，而是从一开始就更少地产生愤怒情绪。）

从表面上看，这些步骤可能像积极育儿的陷阱。但请听我解释。显然，这不是一个容易的过程。第二步尤其困难。但是，天哪，如果我能改变自己（或者取得很大的进步），那么任何人都可以做到。请记住，我是在一个充满愤怒的家庭中长大的。我记得，我第一次去到大学时，晚上宿舍中的寂静让我感到震惊。为什么没有人大喊大叫？为什么大家都这么安静？

但我不想让罗茜在一个充满愤怒的家庭中长大。我希望她能学会以其他方式应对挫折和烦恼。说实话，进入40岁后，我觉得当下就是我学习更细腻的交流方式的好时机，不仅是和罗茜，也是和我的丈夫、同事和所有身边的人。首先，我要做到不再大声喊叫。

第一步：不要多说话

我用了大约 3 个月的时间，才彻底停止了对罗茜大声喊叫，然后又用了 3 个月的时间，学会了在感到愤怒时完全保持沉默。有时，我仍然会失误，开始对罗茜下命令、提要求，并且斥责她。但总的来说，我已经学会了在罗茜引发我的愤怒和挫败感时保持沉默的技巧。以下就是我尝试做到的：

- **保持沉默。**罗茜惹恼我时，我总是像火山一样滔滔不绝：

"罗斯玛丽①,停下来。""你为什么哭?""发生什么了?""你需要什么?""你想要什么?"这些问题和陈述传达着紧迫感和压力,更激怒了罗茜,而这恰恰是我本想要避免的结果。即使我试着保持冷静,这些话也总会暴露出我躁动的情绪。

但是,萨莉和玛莉娅则会有相反的行为和反应。每当我看到她们和孩子相处遇到令人恼怒的情形时,她们就会停下来,一言不发,只是观察。她们看起来像面无表情的心理治疗师,倾听着她们这一天中的第5个过度情绪化的来访者。如果萨莉和玛莉娅说了什么,那么也一定会是温和而平静的话语——极度温和,如果我不在她们旁边,我都听不到她们在说什么。保持安静和冷静有助于孩子也保持同样的状态,我们会在下一部分中谈到这一点。相反,一大堆废话——即使听起来友好——也只能提高孩子的愤怒水平,让孩子更暴躁。

因此,我学习了萨莉和玛莉娅的做法,改变了我的策略。现在,当我对罗茜感到生气时,我就紧抿双唇,保持沉默。我想:"麦克林,保持静止,像一块石头一样。成为一块石头。成为一块石头。"然后,我只是看着罗茜,等待一会儿,以便我评估当时的情况。

• **暂时离开**。我会走开一会儿,几分钟,甚至几秒钟都可以。你可以离开房间、下车、走过人行道、穿过公园,或者只是

---

① 罗茜是作者对女儿罗斯玛丽的昵称,这里,作者在生气时,叫出了女儿的全名。——译者注

转过身背对着孩子。我和玛莉娅第一次见面,在她家的厨房桌边聊天时,她告诉了我这个策略。"当我感觉到愤怒来临时,我就让孩子一个人待着,"她说,"就小孩一个人。"①

暂时走开后,想要叫喊和说话的冲动会随着空间距离的增加而逐渐消散,然后你就可以回来帮助孩子了。我们将在下一章节中了解到,和孩子拉开距离还可以让你以一种平静的方式告诉孩子,刚才他们的行为是不可接受的。暂时忽视孩子是一种非常有用的管教工具。

仅仅做这两件事情——保持沉默和暂时离开,立刻就对我与罗茜的关系产生了很大的影响。我们之间的沟通渠道立刻开始变得通畅了。

但是,罗茜仍然能感受到我的愤怒。她就像一只被困在情绪矿井里的金丝雀,她可以在我用话语表达出情绪之前就感受到它。我再次和她说话时(最终,我必须得说些什么),我经常会紧咬着牙齿或瞪大眼睛威胁她:"如果你不听我的话,我会……拿走你所有的裙子!"(是的,我曾经说出过如此荒唐的威胁,甚至还有更荒唐的。)

---

① 注意玛莉娅话中的前半部分:"当我感觉到愤怒来临时"。玛莉娅并不是在愤怒爆发后才离开房间,而是在她发现情绪即将升高时,就将自己从当时的情境中移开。我认为我的问题之一是,我过去常常忽略了愤怒的早期信号。当我采取行动时,情绪已经过于强烈,我无法控制它。但最近,我开始更加关注先于愤怒的挫败感或烦恼的细微信号。处理这些更细微的情绪(例如,通过离开房间来平复自己)比控制愤怒本身要容易得多。——作者注

所以，我设立了一个似乎不可能完成的目标：不再对罗茜生气——至少，很少生她气。

现在，坦白地说，如果我没有看到萨莉和玛莉娅的育儿方式让我的女儿平静下来，我可能不会有这么大的动力去做这件事。其实，在与萨莉和玛莉娅同住之前，我真的以为，为了让罗茜学会尊重和感恩，我必须要是坚定、强势的母亲。我必须惩戒和责骂孩子。我的父母就是这样养育我长大的，我以为所有的好父母都是这样做的。我以为温和的育儿方法不会有什么成效。但玛莉娅和萨莉让我相信，这种方法不仅有效，对像罗茜这样的孩子更是如此。

因此，带着相当多的自我怀疑，我开始尝试做一件不可能完成的事情：不再对女儿那么愤怒。

第二步：学会减少甚至消除愤怒

在我们深入讨论之前，我需要明确一点：我并不是想让你抑制你的愤怒，也不是想说愤怒会随着时间消失或缓和。确实，如果你离开孩子，等待足够长的时间，你的愤怒终会消失——我向你保证。问题是，在一个小公寓里和一个小孩子相处，我常常没有独立的时间和空间。罗茜生气的时候，会一直跟着我，把我困在一个角落里，甚至会抱住我的腿，就像一个巨大的蘑菇紧紧"抱"住树干一样。

因纽特父母向我展示了如何在第一时间减少对孩子的愤

怒——不是仅仅针对罗茜，而是针对所有小孩子。他们教会我，即使在早上7点被一个3岁的孩子打在肚子上，也可以丝毫不生气。

他们是如何做到的呢？在与因纽特父母、祖父母进行访谈后，我看到了问题的关键：他们对孩子的行为有着与我们在西方文化中截然不同的看法，对孩子的动机也有不同的解读。例如，在西方文化中，我们往往认为孩子在"挑衅我们""测试我们的忍耐限度"，甚至是在操控我们。罗茜还是个婴儿时，我姐姐在电话中对我说："孩子还那么小，就学会操控我们了，真是厉害。你迟早会看到的。"

但如果这个想法完全是错误的呢？我们真的肯定，幼儿和小孩子会像成年人那样"操控"我们吗？孩子会像成年人那样向我们挑衅吗？没有任何科学证据表明这些说法是正确的。当幼儿行为不当时，没有任何大脑扫描结果表明他们的"操纵"回路处于激活状态。在心理学研究中，也没有任何2岁的孩子"坦白承认"他们想做的就是激怒父母。

事实上，这些关于儿童的观念也是文化构建的结果。在某种程度上，西方父母编造和传播了这样一套民间故事，帮助自己理解孩子的行为。然而，在其他文化中，包括因纽特人，父母有另一套故事，这些故事使他们更容易在孩子周围保持冷静，减少愤怒。这些故事不会让亲子关系更紧张，反而会巩固亲子关系，使得育儿更加容易。

如果我们抛弃西方的思维方式，用更好的方式来理解年幼的孩子，会怎么样呢？如果我们不把年幼的孩子描述为试图让我们生气的操纵者，而是把他们看作不合逻辑的、正在努力找到适当的行为方式的新公民，会怎么样呢？如果我们假设孩子的动机是友善良好的，只是他们的执行方式需要改进呢？

换句话说，如果我想减少对罗茜的愤怒，我就需要改变解释她日常行动和不当行为的方式。

因纽特族的老人们提供了3条规则，以帮助父母在孩子失去理智时保持冷静：

- **预期孩子会有不当行为。**你需要预料到孩子会有无礼、暴力、专横的行为，预料他们会搞得一团糟，无法正确地完成任务，有时会让你感到非常恼火。不要将这些事放在心上（也不要认为自己是糟糕的父母）。这些其实都是孩子的本性。作为父母，你的职责是教导孩子如何表现得符合社会规范、如何控制自己的情绪。

如果孩子现在不能达到你的期望，试着去改变环境，而不是改变孩子。

有一天下午，我坐在库加鲁克唯一的餐厅的一个包厢里，和多洛罗萨·纳托克喝下午茶。多洛罗萨向我解释了在她小时候，她的家人是怎么用海豹油灯来使他们的雪屋保持温暖，罗茜则在尽力干扰我的采访。她不断地抓住我的话筒线，像跳绳一样摇晃着它。

多洛罗萨看得出来我很沮丧。我恳求罗茜停下来："罗茜，不要再抓话筒线了。我已经说了你多少次？你为什么不听呢？"

多洛罗萨看着我，表示出微微的同情，然后简单地说："**如果一个小孩不听你的话，那是因为她还太小，理解不了。她还没有准备好学习这一课。**"

这种对孩子的洞察，我将永远不会忘记。多洛罗萨接着解释了因纽特人如何看待年幼孩子的不当行为。"小孩子还没有理解力，"她说，"他们不知道什么是对，什么是错，不知道什么是尊重，不会倾听。父母必须教他们。"

这种观点类似于西方父母对待阅读或数学的方式。例如，罗茜才 3 岁，还太小，还不会 2+2=4。如果她说等于 5 或 6，我也不会对她生气，因为我并没有期望她能理解数学。在未来某个时候，我会教她。如果她太小，无法理解一个概念，我不会发脾气或失去耐心，而是会等一段时间后再试一次。因纽特父母对于教年幼孩子学会控制情绪的技能，也采取了类似的方法。

在美国，我们高估了孩子的情绪能力水平。我们期望非常年幼的孩子——甚至是 18 个月到 2 岁的孩子——就已经拥有发展成熟的执行功能，并理解复杂的情感概念，

如尊重、慷慨和自我控制。如果孩子没有展现出这些品质，我们就会变得沮丧，对他们失去耐心。

许多因纽特父母会从相反的角度看待孩子。在他们的期望中，孩子的执行功能和情感控制能力都很差，因此，他们将教授孩子这些技能视为自己的职责。大体上来说，孩子不听话或表现不当的原因很简单：孩子还没有学会这个特定的技能。也许，他们还没有准备好去学习。因此，家长没有理由为此烦恼或愤怒。

几位人类学家在北极圈的各个社区记录了相同的育儿哲学。因此，这种思想可能已经存在了数千年，至少可以追溯到因纽特人迁徙到如今生活的加拿大北部之前。在《永不愤怒》一书中，琼·布里格斯写道：

在乌特库人[①]（因纽特人）的期望中，小孩子是易怒的……在受到干扰时很容易哭泣，因为他们没有"ihuma"：没有思想、理性、理智或理解力。成年人说，他们并不担心孩子的无理恐惧和愤怒，因为他们知道没有什么真正的问题……因为孩子是不理性的生物，无法理解他们的痛苦是虚幻的，所以成年人会费尽心思地安抚他们……

在乌特库人看来，孩子的成长，主要是获得"ihuma"的过程，因为能否使用"ihuma"，是区分成熟的成年人行为与儿童、

[①] 乌特库，也称作乌特库希克哈利克，是指加拿大北部的一个地区，也是因纽特语中的一个单词，意思是"河口处的人们"。在该地区，因纽特人依靠捕鱼、狩猎和采集来维持生计。——译者注

白痴、病重者或精神失常者的行为的标志。[①]

在距离乌特库约 2 500 千米的地方，人类学家理查德·康登在加拿大西北领地的乌鲁哈克托克岛上与因纽特人一起生活时，也观察到了类似的情况。他写道：

人们认为孩子是极其专横的。孩子尚未吸收文化中所重视的规范，如耐心、慷慨和自我控制，因此常常会向他人提出过多的要求，如果这些要求没有得到满足，孩子就会非常沮丧。人们也认为孩子侵略性很强、吝啬、爱出风头，所有这些行为都与理想的行为规范背道而驰。

所以当一个小孩子无礼地对你喊叫、冲你发脾气甚至打你时，你没有必要生气，因为这只是孩子天性的表现，并不能反映家长的育儿技能。

- **不要和小孩争吵**。74 岁的西多妮·尼尔隆加尤克非常有力地表达了这一点："即使孩子对你粗鲁无礼，你也不应该与年幼的孩子争吵，"她说，"无论什么问题，只要不去计较……最终孩子的行为都会变得更好。"

在采访中，几位老人也给了我类似的建议。但是伊丽莎

[①] 在这一段中的外文单词为因纽特语，在《永不愤怒》一书中，作者琼·布里格斯引用了这些因纽特语单词，在这里将其保留。下一段也是同样。——译者注

白·特古米亚尔让我真正理解了当地父母有多么重视这个原则。我和罗茜到库加鲁克的第一晚，我们在酒店餐厅里见到了伊丽莎白，她在那里当厨师。我和罗茜吃完晚餐后，伊丽莎白从厨房出来，黄色围裙还系在腰间，她端着一大盘的炸薯条给罗茜。伊丽莎白身材娇小，脸上几乎没有皱纹，很难猜出她的年龄。我觉得她40多岁。她有着红棕色的短发、灰色的眼睛，通常穿着黑色的运动裤和灰色的连帽衫。

伊丽莎白对我的工作非常感兴趣，我们谈起了育儿相关的话题。当我告诉她美国父母的常见做法时，她努起嘴唇，瞪大了眼睛，表示难以置信。

伊丽莎白在当地长大，她说自己是"土著人"。她对因纽特文化、历史和育儿有着深刻的理解，她慷慨地和我分享了她的知识。于是，我问她是否想参与这个项目。我雇她采访当地的老人，并将他们的话翻译成英语。她的建议非常有价值，不仅对我的报道有帮助，而且对我个人也很有启发。她帮助我减少了对罗茜的愤怒，并教我用更多的善意和爱来看待罗茜的动机和行动。

伊丽莎白告诉我，因纽特人认为与孩子争吵很愚蠢，是在浪费时间，因为孩子基本上是不讲逻辑的。成年人与孩子争吵时，其实是把自己降低到了孩子的层次。

"我记得有一次我和叔叔吵架。我和他顶嘴，他生气了。"她回忆道。这场争吵如此罕见，以至于这件事在她的记忆中保持了40年。"我父亲和姑妈们都嘲笑叔叔，因为他在和一个孩子争吵。"

在我去北极的 3 次旅行中，我从未见过父母与孩子争吵，也从未见过亲子间的权力斗争。我从未听到父母对孩子唠叨，或孩子向父母讨价还价。从未。在尤卡坦州和坦桑尼亚也是如此。父母们只是简单地提出要求，静静地等待孩子的遵从。如果孩子拒绝了，父母们可能会发表评论、走开，或者将注意力转向别处。①

你也可以做到。如果下一次你意识到自己在唠叨、和孩子谈判或者与孩子争吵，请立刻停止。闭上嘴巴，如果需要的话，也可以闭上眼睛。等待片刻，轻轻地拍一下孩子的肩膀，然后走开。或者你也可以使用下一章中提到的工具，但是永远不要和孩子争吵，永远不要，因为这样做永远不会有好结果。②

现在，我们有了 2 条减少对孩子愤怒的规则：预计孩子会有不良行为和永远不要争吵。第 3 条规则呢？好吧，那就是普遍育儿方法的核心要素。

---

① 还记得特蕾莎帮她的 4 个孩子准备上学的情景吗？欧内斯托没有找到他的鞋子时，特蕾莎没有把自己的要求变成和孩子的争吵。她等待了约 5 分钟，然后再次平静地提出要求。——作者注
② 想一想，每当你与孩子谈判时，其实你只是在训练他们与你谈判。还记得传递价值观或特质的第一要素是什么吗？练习。——作者注

TEAM 2

永远鼓励，永不强迫

> 强迫孩子永远都是没用的。坦诚地告诉孩子他们的错误，他们总会学会的。
>
> ——71岁的泰瑞莎·西库阿克，来自库加鲁克

为写这本书采访父母的过程中，有一条建议我听到过最多次。我从妈妈、爸爸、奶奶、爷爷那里听到过，也从来自全球的研究狩猎采集社群的心理学家和人类学家那里一遍遍地听到过。

这个建议在理论上听起来非常简单易行。但天哪，对我来说，实现起来太难了。它违背了我身体里的育儿本能。

这个重要的建议是什么呢？永远不要强迫孩子做某事。

与其强迫，不如鼓励。"TEAM 育儿"中的"E"就代表"鼓励"（Encouragement）。

在许多狩猎采集文化中，父母很少斥责或惩罚孩子。他们很少强迫孩子遵守规定或以某种方式行事。他们认为，试图控制孩子会阻碍他们的发展，只会给亲子关系带来压力。

这个想法在全球的狩猎采集文化中非常普遍，因此，毫无疑问，这是一种古老的对待孩子的方式。如果我们能够采访50 000年前的父母，我们（很）可能会听到同样的建议。

强迫孩子会引起3个问题：首先，它会破坏他们的内在动

机,也就是会侵蚀孩子自愿完成任务的天性(如第 6 章中讲的那样)。其次,它可能会损害你与孩子的关系。你强迫孩子做某事时,你就冒着挑起冲突、让双方都愤怒的风险。你会在你和孩子之间筑起一道墙。最后,你会剥夺孩子学习和自主决策的机会。

鼓励

| 用威胁、奖励、惩罚以外的工具来激励孩子 | 把孩子当作小大人来对待,冷静地和他们交谈,尊重他们 | 强迫孩子做事,只会让你变成孩子的敌人 |

一次一起喝下午茶时,萨莉的母亲玛莉娅在厨房里形象地阐述了这个想法。她说:"养育孩子是一条双行道。"成年人不喜欢被强迫做事或以某种方式行事,孩子也一样。玛莉娅又说道:"如果你强迫孩子做事,孩子会变得愤怒和疯狂,以后也不会尊重父母和长辈。"

但是,如果你像对待一个成年人一样平静和尊重地与孩子交谈,他们最终也会这样对待你。

"你也用这种方式与小孩和幼儿交流吗?"我问。

"是的,即使是和年龄很小的孩子们也是这样。"她回答道。

心理学家露西娅·阿尔卡拉表示,玛雅父母也有类似的育儿哲学。"父母告诉我,'你不能强迫孩子做某事。你可以引导他们,并帮助他们理解做某件事对他们的重要性和学习做某件事的价值。但你不能强迫他们去学习'。"露西娅说。强迫孩子不仅会产生冲突，还会破坏家庭的整体凝聚力。"你肯定不愿意把你自己的孩子变成敌人。"她补充说。

和露西娅访谈时，我想："啊哈，这就可以解释为什么我和罗茜已经成为敌人了。我一直在强迫她做事情。"我强迫她把盘子拿到厨房，我强迫她在睡前不要大声喊叫，我强迫她吃绿豆，刷牙，过马路时牵我的手，不打我家的狗，我甚至强迫她说出某些特定的话（"说谢谢！"）。

随着时间的推移，这种控制她的需求已经让我们之间充满怨恨和冲突。当然，不强迫孩子并不意味着你完全放弃了对孩子行为的塑造。绝对不是这样！（我仍然需要罗茜做许多事情，比如刷牙、晚餐后帮忙收拾，以及尊重我和她的父亲。）相反，不强迫孩子意味着你不用控制和惩罚来育儿，而是用更加娴熟和微妙的工具。

在世界各地，父母们使用了一整套工具来鼓励孩子听话、学习和遵守规矩。这些工具还向孩子展示如何成为彼此尊重的好家庭成员。我们已经听到了其中几个工具（鼓励孩子成为团体的一部分，给孩子提供实践的机会和认可孩子的贡献），在接下来的章节中，我们将听到更多，包括戏剧、讲故事、提问、后果拼图和身体接触等。

但你要注意，鼓励和训练孩子是需要时间的。这些并不是能够快速解决问题的权宜之计，而是迈向深刻变化的步骤，这些变化会在孩子的成长过程中持续下去。在这个过程中，你将会为孩子提供一份他们终身受益的礼物——强大的执行能力。

试一试 4：学会对孩子少一点愤怒

下一次，如果一个孩子做了一些激怒你的事情，或者仅仅是让你感到愈发烦躁时，请尝试以下方法：

1. 闭上嘴巴，什么也不要说。如果需要，闭上眼睛。

2. 离开一会儿，几秒钟或几分钟，直到愤怒平息。

3. 从不同的角度看待这种错误行为，或者把它放在不同的语境中去思考。你可以这样想："她并没有故意激怒我，也没有想故意影响我。她是一个没有逻辑思维、不理性的人，她还不知道正确的行为方式，我的工作就是教她理性和逻辑。"（如果这些想法对你不适用，你也可以尝试另一种方式，想想孩子强烈的、想提供帮助的内在动机。想想"她想帮忙，想做出贡献，想和我共同努力，但她不知道该怎么做。我必须向她展示这样做最好的方式。"）

4. 用尽可能平静的声音，简单告诉孩子她犯了什么错误，或这一行为的后果。例如，如果她打了家里的狗，可以说："哎呀，那会伤害到狗狗。"或者如果她打了你，可以说："哎呀，那会伤害到我。你不想伤害我吧。"

5. 然后就让它过去吧，不要再去想。让这个错误行为消失。

6. 如果需要，可以使用下一章节中描述的一些育儿工具来鼓励孩子采取适当的行为。

本章总结
如何教孩子控制愤怒情绪

需要牢记的知识

关于愤怒情绪

➢ 对孩子发脾气没有任何益处，它会产生冲突、紧张，阻碍交流。

➢ 如果父母频繁地对孩子大喊大叫，孩子最终会听不到父母想说的话。

➢ 父母和孩子很容易陷入愤怒循环中，父母的愤怒引发孩子的愤怒，孩子的愤怒反过来又会引发父母更多的愤怒。

➢ 以善良和平静的态度回应孩子，可以停止这种循环。

关于控制愤怒情绪

➢ 我们经常会高估儿童的情商。

➢ 通过自己练习和观察你的示范，孩子可以逐渐学会控制愤怒的技能。

➤ 要帮助孩子学会控制愤怒，最好的方法就是在孩子面前控制自己的愤怒。

➤ 每次我们对孩子大声喊叫时，我们都在教孩子在感到沮丧或遇到问题时生气和大声喊叫——孩子在练习生气和大喊大叫。

➤ 每次我们以冷静和安静的方式回应烦躁的孩子时，我们是在给予孩子找到让自己平静下来的机会，我们在给孩子练习抚平自己情绪的机会。

➤ 随着时间的推移，这种练习会教会孩子调节情绪，并以冷静、有效的方式应对问题。

建议与工具

➤ 当你对孩子感到愤怒时，保持沉默并等待愤怒平息。如果你说话，孩子会感受到你的愤怒，所以最好保持沉默。

➤ 如果你无法控制自己的愤怒，离开孩子或将自己与孩子分开，等你冷静下来再回来。

➤ 让自己对孩子少一些（甚至没有）愤怒情绪。

· 改变你对孩子行为的看法。你应该预料到年幼的孩子会有不良行为和问题。孩子不是在刻意挑战你，也不是在试图操纵你，孩子只是尚未学会正确的行为。你需要教导他们（孩子的不良行为并不意味着你是一个糟糕的家长）。

· 不要与孩子争吵（或是谈判）。争吵会让孩子练习争吵，并且观察到你的示范。如果你开始与孩子争吵，停止说话并离开孩子。

· 不要强迫孩子做事。强迫会导致冲突，破坏沟通，并引起愤怒（双方都会如此）。使用下一章中的工具来鼓励正确的行为，而不是强迫孩子。

第 10 章
我们拥有什么样的育儿工具?

育儿书常常告诉我不要大喊大叫、责骂孩子,但它们并未提供多少工具来代替愤怒。这些书籍告诉我要确认孩子的感受(例如:"你现在感到非常不安"或"哦,你感到很生气。当你的弟弟拿走你的玩具时,你真的很难过"),但它们并没有告诉我如何改变孩子的行为,如何帮助孩子跳出自己的情绪,解决引发他们

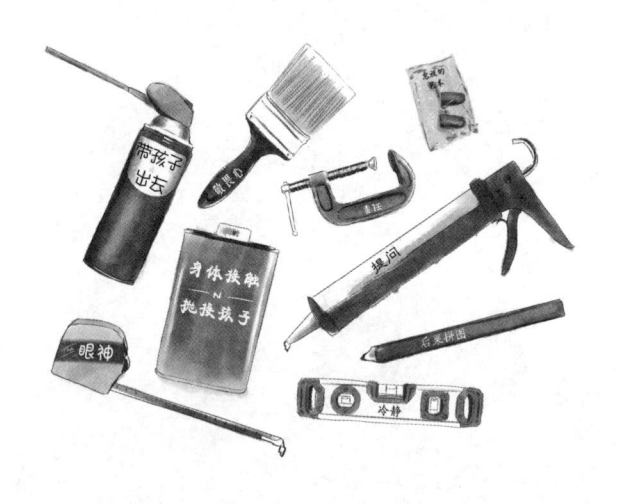

发脾气或争吵的问题。如果我们不断验证孩子的情绪，那么孩子又如何学会更有效地处理挫折或问题呢？

好像我们都是木匠，不辞劳苦地建造坚固美丽的房子，然后一些所谓的"专家"来了，把我们唯一的工具——喧闹的愤怒之锤——拿走了，却没有留下任何替代品。没有钻头，没有锯子，没有水平仪，没有螺丝钉。接下来我们该怎么办呢？

在库加鲁克和尤卡坦期间，我见证了父母们使用许多令人眼花缭乱的育儿工具。这些工具不只是能调节孩子的行为或保护他们的安全，它们更为复杂。它们也教导孩子们在行动之前思考，以及如何应对失望和变化。换句话说，这些工具使孩子们能够发展出极其优秀的执行功能。

在我们开始之前，关于这些工具，有一点需要说明。起初，我犯了一个错误，仅从字面上理解这些工具。当你将一个概念从一种文化转移到另一种文化中时，这个概念的含义可能会改变。若想使我在这些章节中所描述的工具发挥出最大的作用，你需要针对自己的孩子、家庭和日常生活量身定制一番。例如，有一种工具会使用问题帮助你的孩子思考他们的行为。但20世纪60年代或21世纪第二个十年的因纽特父母在中央北极地区所使用的具体问题，可能不适合21世纪20年代美国纽约的孩子。要有创意，要运用想象力。观察你的孩子如何回应，倾听他们的声音，然后调整你所使用的工具。

例如，为了帮助孩子和幼儿学会与新出生的弟弟妹妹分享，一些玛雅父母会利用孩子成为"姐姐"或"哥哥"以及照顾年幼孩子的愿望。"这是你年幼的弟弟妹妹，真是可怜的小家伙，给他一点吧。"父母会这样说，暗示孩子需要帮助还是婴儿的弟弟妹妹。

然而，当我尝试使用这个方法教导罗茜时，她好像听不懂我在说什么。我心想："这方法不起作用。"但有一天，我看着她和她的泰迪熊"爱因斯坦"玩过家家游戏，她轻声哄着泰迪熊，"别哭，爱因斯坦，妈妈在这里"，像抱婴儿一样抱着泰迪熊。

那一瞬间，我意识到罗茜告诉了我该如何帮助她学会分享。她不想成为一个姐姐（因为她没有成为姐姐的好榜样）。她想成为一个妈妈！所以下一次在游乐场，一个蹒跚学步的小孩子摇摇晃晃地走过来，想要一块罗茜的饼干时，我就说："可怜的孩子，他需要妈妈分享食物。罗茜，你是不是一个好妈妈呢？"瞬间，我看到她脑海中亮起了一盏灯。她的眼睛睁得大大的，嘴角上扬，几秒钟后，她开始分享她的食物。

我将这些工具分为3组介绍。第1组将帮助你处理孩子暴躁和情绪失控的时刻。第2组可以帮你应对孩子日常的不当行为，例如抱怨、哭闹和过多的要求。第3组在第9章和第10章中介绍，它可以改变孩子行为，并向孩子传递关键价值观。

对付发脾气的工具

我们库加鲁克的旅程过去几天了，我终于开始明白如何帮助罗茜应对她的暴躁情绪，并且减少这种情绪的强度和频率。我要感谢的人只有一个,那就是我们的翻译——伊丽莎白·特古米亚尔。

一天下午,伊丽莎白、罗茜和我一起去杂货店买午餐用的薯片、火腿和饼干。我们排队结账时,罗茜看到了一排粉色、蓝色和黄色的糖果色发带,上面有小独角兽,她非常想要。"妈妈,能给我买一个吗?"

"抱歉,罗茜,我们不能再买发带了。"我回答道。

罗茜的愤怒开始酝酿。"但是我想要一个!我想要一个!"她尖叫道。

我开始进入我的惯常做法:用严肃的语气要求她停止抱怨,并展现出我富有理性的逻辑。我用大声的、一连串的要求来回应罗茜的尖叫,我们之间的紧张气氛开始像闪电一样闪烁,愤怒的火花从我的声音和眼中闪现。罗茜感觉到了我的愤怒,也开始发出自己的闪电,挥舞着手臂,大声哭喊。她要失控了。

谢天谢地,有伊丽莎白在场。她做了与我完全相反的事情:降低能量,降到非常低。她没有变得坚定和严肃,而是变得甜美、温柔和平静。非常平静!她的面部表情柔和,身体放松,动作小而温柔。起初她很安静,她等了几秒钟,然后用我听过的最温柔、最慈爱的声音对罗茜说话。她的语言缓慢、有条理。她没有说太多,只是用温柔回应罗茜的暴风骤雨,就像给闪电盖上了一层柔软的毯子。罗茜被迷住了,尖叫声马上停止了。然后她转向伊丽莎白,用自己的甜美声音说道:"Iqutaq"(因纽特语中"大黄蜂"的意思)。

工具1：以冷静的方式育儿

如果你只能从这本书中掌握一个概念，那我希望是这一个。虽然它很难，但我保证，它值得一试。

在世界许多文化中，父母们相信，他们的关键职责之一是帮助孩子学会让自己冷静下来，教他们以沉着冷静的态度应对日常生活中的挫折。他们认真对待这项责任，就像教孩子阅读、数学或健康饮食等其他技能一样。

"我告诉新一代人，'不要让孩子哭太多。试着让孩子冷静下来，'"玛莉娅·库库瓦克坐在厨房桌旁告诉我。"父母和祖父母都需要让孩子冷静下来。"

而要做到这一点——无论是哭泣、尖叫还是没完没了的要求——成年人与孩子互动时必须处于极度平静的状态。说真的，我们讨论的是一种在西方文化中很少见到的平静状态。你可以想象躺在按摩床上，或是洗个热水澡后的感觉，类似罗杰斯先生[①]那种慈祥的平静状态。

在库加鲁克，孩子当下爆发的能量越高，父母回应的能量就越低。如果孩子开始尖叫、挣扎、哭泣，甚至打人，父母不会急忙走过去下命令，也不会告诉孩子冷静下来。父母不会威胁孩子

[①] 罗杰斯先生是美国传媒人弗雷德·罗杰斯的绰号，他主持了一档名为《罗杰斯先生的邻居》的儿童电视节目，曾获得艾美奖等多个奖项，被誉为美国电视历史上最受欢迎和最有影响力的节目之一。他以温和、善良、理解和鼓励的形象被大众所熟知和喜爱。——译者注

("如果你再尖叫……")或给孩子一些让他们高兴的东西("怎么了？你想喝点什么？你想去……吗？")。

如何教育孩子冷静

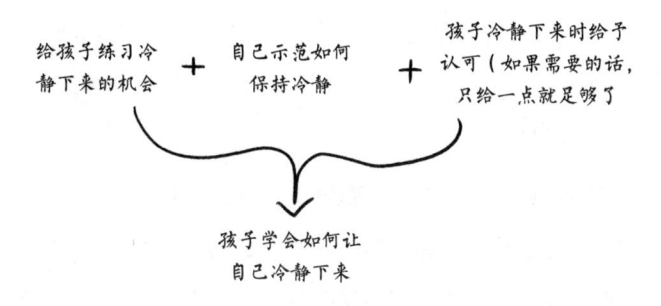

给孩子练习冷静下来的机会 ＋ 自己示范如何保持冷静 ＋ 孩子冷静下来时给予认可（如果需要的话，只给一点就足够了）

→ 孩子学会如何让自己冷静下来

相反，父母通过自己的冷静来向孩子展示如何保持冷静。

每当孩子情绪失控、哭闹或尖叫时，父母很少说话（言语会刺激孩子），很少做动作（动作会刺激孩子），也很少有面部表情（情绪也会刺激孩子）。父母并不是缺乏面对孩子的勇气，他们仍然充满自信。但他们以柔和、缓慢、轻柔的方式与孩子交流，就像你对待落在肩头的蝴蝶一样。

20世纪60年代，人类学家琼·布里格斯住在阿拉克和伊努提阿克家时，多次记录了这种育儿方式。"成年人对儿童不当行为的反应通常都是冷静而理性的。当萨拉克（一个3岁的女孩）用勺子打她（妈妈）的脸时，她冷静地说道：'她还是个不理性的孩子（ihuma）。'"

随后，这个3岁的孩子要面对一个新生儿的到来。当她的母亲停止对她哺乳时，所有的事情都乱了套。她发起了"一阵哀号和拍打"的攻势。她的母亲没有责备她,而是以一种"温柔的声音"回应,这让琼都感到难以置信。"我从未想过可以如此温和地处理这种危机(兄弟姐妹之间的竞争)。"

为什么这个策略如此有效呢?儿童心理治疗师蒂娜·佩恩·布莱森说,这很简单:儿童的情绪和能量水平会反映出父母的情绪和能量水平。蒂娜和他人合著的两本育儿书籍都登上了《纽约时报》畅销榜。

"情绪是具有传染性的。"蒂娜说。人脑中包含仅用于模仿其他人的情绪神经元和回路。"我们的大脑中有一种社交共鸣回路,当你与他人互动时,这一回路就会被激活。"

因此,如果你希望你的孩子精力充沛,那么你也应该充满活力。提出一系列问题,给孩子指令,不断提出要求。在跟孩子交流时,以强调的语气快速说话,表现出紧迫。提高你的音量,重复你的要求,保持强烈的情绪。

但是,如果你希望你的孩子保持冷静,自己也要保持冷静。声音安静下来,身体保持静止,保持温柔的状态。随着时间的推移,孩子将会把你视为他们在情绪风暴中的安全港湾。

毫无疑问,以冷静的方式育儿很有效。令人惊奇的是,父母冷静的行为举止不仅会影响当下,也会对孩子有长期的影响。蒂娜指出,随着时间的推移,孩子会学会在没有父母的帮助下让自己冷静下来。

"真正酷的是,如果你在父母的帮助下,经常练习从一种崩溃的、紧张的状态中恢复到一个受控状态,你的大脑就会学会如何自己完成这个过程，"她说，"因此，这是一个培养技能的过程。"

回想一下那个该死的公式：练习+示范+认可=技能的学习。

相比之下，当我们在情绪高涨的状态下与孩子交流——大声说话、发号施令、提出问题——我们很可能会让孩子的情绪变得更糟。我们很容易陷入愤怒的循环中——你的愤怒会让孩子的愤怒变得更加严重，这反过来又加剧你的愤怒。同时，孩子错失了发展执行功能的机会。

冷静工具是我们摆脱这种恶性循环的出路，它给了我们一种逃脱权力斗争的方法。当我们对孩子的情绪爆发做出平静、低能量的反应时，孩子就有机会在自己身上找到这种反应并练习保持冷静。

正如蒂娜所说："我们需要展示冷静。我们必须先调节好自己内在的状态，然后才能期望孩子们学会调节自己的状态。"

愤怒的循环

父母的愤怒 → 如何走出循环？
↓   ↑
孩子的愤怒

养育罗茜的经验

那么，当你的孩子像个暴躁的疯子时，你怎样才能找到内心的平静呢？当你3岁的孩子打你耳光时，你怎样才能成为最冷静的那个人呢？这当然不容易，需要数月的练习。但是，每当罗茜情绪失控时，我越能奇迹般地保持冷静，事情就变得越容易，罗茜和我也越享受在一起的时光。

就我个人而言，我使用感官想象来保持冷静。我想象自己在豪华酒店的水疗中心按摩。我闭上眼睛想象那个空间：一个微暗的房间，墙壁漆成淡紫色，尼泊尔风铃演奏着平静的曲子，薰衣草的香气弥漫在空气中。啊，太美好了。

如果想象无效，我就会哼唱《雪绒花》的曲调，引导自己进入朱莉·安德鲁斯的状态。找到适合你的方式，让你成为最冷静、最镇定的自己。在那里，你被孩子一口牛奶吐在脸上，也可以轻轻一笑作为回应。在你的孩子情绪激动时，挖掘出你的另一面。我丈夫有他自己的窍门："我就假装自己有点喝醉了。"

蒂娜告诉我，她想象她的孩子是一个立体声音响。"把孩子的神经系统想象成音量调节器。我的工作是帮助我的孩子把音量调低，而这首先要从我自己开始。如果我对他大喊大叫，或者加入混乱，我会把他的音量调得更高。所以我的工作就是控制自己的音量调节器，确保我的音量不会被调得太高或太低。"

当我学会使用这种策略后，罗茜情绪爆发和乱发脾气的行为开始消失了。这种情况发生的频率更少了，即使它确实发生了，也会更快地得到解决。最终,在几个月后,它们几乎完全消失了。这个频率的下降是惊人的——从一天发几次脾气变成每月一两次。

这样的变化让人惊讶,就连我的母亲也承认,这种方法确实更有效。

工具2:用身体互动来育儿

在玛莉娅家的第二个晚上,她的一个曾孙让她的育儿方式面临严峻考验。18个月大的卡勒布是个脾气火暴的小家伙。他聪明、好奇、强壮、无畏。他走进客厅,立刻开始爬椅子和桌子。他把游戏机从桌子上摔下来,然后走到家里的小约克夏㹴犬——米西跟前,抓住了它的尾巴。

萨莉抱起了卡勒布,可小男孩的手指抓住了萨莉的脸颊,把她的皮肤抓破了,她的脸颊上现出微小的红点。我看到她很疼,她咬紧牙关,眼睛眯起来,我觉得她肯定会尖叫,但她保持了冷静,缓缓地把卡勒布胖乎乎的手指从她的皮肤上拨开,用极为温柔的声音说:"你不知道这会很疼吗?"

接着,萨莉使用了身体互动工具。

她慢慢地把卡勒布翻过来,

托在手上，轻轻地拍打几下他的屁股，就像人们在烤肉之前轻轻拍打肉块一样。她用同样温柔平和的声音说："哎呀，你伤害了我。我们不能伤害别人。"然后她把他抱起来转圈圈，就像飞飞机一样。卡勒布咯咯地笑了。他抓挠别人的冲动消失了，他的愤怒消散了。萨莉通过身体上的接触，让卡勒布平静了下来，同时向他展示了谁是强大和有爱心的人（也就是谁是老大）。

几天后，我和罗茜之间发生了类似的事情。当时我正在采访一位老人，伊丽莎白在给我翻译。罗茜想让我们回到玛莉娅的房子里，但我们需要先完成采访。我和罗茜开始争吵，她打了我，伊丽莎白知道她马上就要发脾气。她转向我，异乎寻常地急切说："把她背起来，麦克林！把她背起来。"也就是，把她放在婴儿背带里，或者"背包"里。"真的吗？"我想着。"这样可以阻止她发脾气吗？她已经三岁半了，不再是婴儿了。"

"罗茜太大了吧，还用婴儿背带？"我问。

"如果孩子需要，并且没有其他孩子，有些妈妈会一直背着孩子，直到四五岁。"伊丽莎白说。她还说我不应该因为使用婴儿背带而感到羞耻。如果背着孩子能帮助他们冷静下来，那就没问题。"每个孩子都不同。有些孩子需要更长的时间来学会让自己冷静下来。"

于是我系上了婴儿背带，让罗茜跳上来。果然，这个小恶魔毫不犹豫地跳进了"背包"中。她立刻停止了哭闹。几分钟后，我回头一看。罗茜睡得香甜，像个天使。

在上述两种情况下，身体接触、拥抱、旋转等身体互动帮助卡勒布和罗茜缓解了他们的愤怒情绪并平静下来。对于卡勒布，萨莉使用了高能量的身体互动，减轻了两人之间的紧张感，同时也分散了小男孩对破坏性行为的注意力。对于罗茜，我使用了低能量的身体互动，舒缓了她的神经系统并降低了她的能量水平。

这样看来，身体互动有点像瑞士军刀，提供了多种工具。你可以轻轻碰一下孩子的手臂或揉揉她的背来抑制她的脾气，当你看到孩子快要爆发时，你可以把她抱起来，放在膝盖上。身体互动也可以有更多的方式，你可以在孩子的脸颊上给她一堆"库尼克"（因纽特式亲吻），在孩子腋下轻轻挠一下，或在孩子肚子上吹吹气。无论哪种方式，身体互动可以向孩子展示他们是安全的、被爱的，并且有一个更冷静和更有力的人在照顾他们。

"身体接触能够缓解孩子和父母之间的紧张关系。"心理学家劳伦斯·科恩博士说。他撰写了多本育儿书籍，包括《游戏力养育》。"孩子们天生渴望合作。他们喜欢取悦你。如果孩子没有取悦你，这是因为他们被紧张感压倒了。"

我们住在玛雅村庄时，我看到了一种类似的技巧，这种技巧也被用在了罗茜身上。每当她有些失控时，那些十几岁的女孩就会挠她痒痒。她们会把她抱起来，开始挠她——在她的腋下和肚子上。有时她会笑得倒在地上，然后她们都围过来给她拥抱和亲吻。她会尖叫着跑开，所以我不确定她喜不喜欢这样。但当我跟她提起时，她的想法非常明确："我喜欢，妈妈。我喜欢。"

从科学的角度来看，有无数理由支持以身体互动来育儿。身体触碰会像烟花一样点亮孩子的大脑。嬉闹会释放出一种名为脑源性神经营养因子的化学物质,帮助大脑成熟和发育。温柔的抚摸会释放被称为"拥抱"激素的催产素,向孩子传递安全和爱的信号。

与健康饮食和充足睡眠一样,"触摸对你的健康有益",神经科学家丽莎·费尔德曼·巴雷特在她的书《情绪》中写道。

对各个年龄段的孩子来说,身体互动比说教、斥责或冗长的解释更有效。当孩子感到沮丧时,他们无法运用到"左脑"或逻辑思维,儿童心理治疗师蒂娜·佩恩·布莱森说。在情绪爆发时,专注于非语言交流的"右脑"掌控一切,蒂娜和她的同事丹尼尔·西格尔博士在《全脑教养法》一书中写道:"我们的右脑关注整体——某一体验的意义和感受——擅长处理图像、情感和个人记忆。"因此,当你平静地拥抱一个尖叫的2岁孩子或温柔地抚摸哭泣的8岁孩子的肩膀时,你直接与他们大脑最易接触的部分交流,从而更有效地与孩子沟通。

在很多方面,孩子们天生就通过身体互动而非口头指导来学习情绪调节。"在我们的社会中,我们被训练用语言和逻辑来解决问题。但当你4岁的孩子因为不能像蜘蛛侠一样在天花板上行走而非常愤怒时(蒂娜的儿子曾经如此),那可能不是给他讲一堂物理定律入门课的最佳时机。"他们写道。

养育罗茜的经验

在对待罗茜时,身体互动非常有用,不仅可以阻止罗茜发脾气,还可以提前预防。当我感到自己要对罗茜发脾气但又不想提高音量时，我会用一种有趣的方式抱起她。我会把她翻过来或像抱婴儿一样在怀里摇晃她，说："你是我的甜心宝贝吗？"或者我会开始挠她的肚子。我的愤怒几乎立刻消失了。她的怒气也像热锅里的黄油一样迅速融化。她会在瞬间从哭泣变成大笑，或从尖叫变成咯咯笑。"妈妈，再挠！再来挠！"她喊道。

就在今天早上，我们要出门去上学时，情况突然开始恶化。我们找不到她的鞋子，找不到她的自行车头盔，也找不到她的专属水瓶（"妈妈，我真的需要它！"）。紧张情绪在上升，罗茜看得出我要生气了。作为回应，她大喊："我要生气了！"我快要尖叫出声，但我知道尖叫只会让事情变得更糟。所以我闭上眼睛，想象淡紫色的按摩室，闻到薰衣草的味道，听到风铃声。然后我想到萨莉，想象她在这种情况下会怎么应对卡勒布。我跪下来靠近罗茜，尽可能温柔地说："我不想让我们生气。"然后我假装是饼干怪兽，咬着她的胳膊说："咕噜咕噜咕噜！"一瞬间，紧张的气氛被打破了，她开始咯咯笑起来。最后我们俩一起笑着走出门。

工具3：让孩子有敬畏之心

有一天，伊丽莎白、罗茜和我在大约晚上10点钟走回玛莉娅的房子。天空瑰丽无比：太阳低悬在海湾上方，云层闪耀着粉色和紫色的光芒。

我们整天都在工作，罗茜累得发脾气，她坐在路边开始发牢骚。我不理她，于是她开始哭和尖叫。伊丽莎白走到她身边，跪下来，用最夸张的惊叹语气说："看这美丽的日落。你看到粉色和紫色了吗？"

罗茜怀疑地看向伊丽莎白。她紧皱着眉毛，但她无法抗拒伊丽莎白的温柔，也无法抗拒这美丽的日落。罗茜转身看向天空。她整个表情都变了：她的眼神变得温柔。她停止哭泣，站起身走了起来。

我意识到，伊丽莎白刚刚做了一件许多库加鲁克因纽特母亲都会做的事。从孩子1岁到16岁，这些妈妈都会使用这种非常复杂的心理学工具：教孩子用敬畏代替愤怒。

大约在我们北上旅行的一年前，我曾为美国国家公共电台撰写过一则关于成年人如何控制自己愤怒的报道。在一次采访中，神经科学家丽莎·费尔德曼·巴雷特给了我一个最好的建议："你可以尝试培养敬畏之心。"

"培养什么？"

"敬畏之心。"

"下次你在外面散步时，花点时间在人行道上找到一个有杂草探出头来的裂缝，并尝试感受对自然力量的敬畏。"她解释道，"一遍又一遍地练习这种感觉，在看到一只蝴蝶、一朵可爱的花，仰望天空中的云时练习感受敬畏之情。"

她分享了她在日常生活中如何使用这种技巧。"例如，当我与在中国的某人进行视频聊天时，如果连接不太好，我很容易地感到恼怒。但我可以对这样一个事实感到敬畏——即使他在地球的另一端，我仍可以看到他的脸，听到他的声音，即使不完美，我也应为这种能力感到感激。"

在丽莎看来,情感的作用有点像肌肉。如果你不使用它们,你就会失去它们。你越是弯曲特定的肌肉,它们就变得越强大。因此,你体验敬畏的次数越多——你大脑中的神经肌肉越活跃——将来就越容易获得这种情感。当你开始感觉到一种无益的情绪,如愤怒,你可以更容易地将这种消极的感觉换成一种积极的感觉,如敬畏。当你感到恼怒时,你可以把它转换成敬畏之情。

在紫色的夕阳下,伊丽莎白正是这样做的。我也看到萨莉的妈妈玛莉娅多次对她的曾孙卡勒布这样做。在我们和他们住在一起的时候,每当这个小男孩哭泣或抱怨,玛莉娅就把他带到窗前,让他看美丽的海湾。在这样做的时候,她提醒孩子他生命中的一些美好的东西,一些值得感激的东西,一些比他自己更广阔的东西。这种重新指引每次都能抚慰他。

"这听起来可能很抽象,但我保证,如果你练习敬畏,这种练习本质上是在帮助大脑重连,你在未来就可以更容易地产生那种情感(敬畏或感激)。"丽莎说道。

"这种练习对儿童尤其重要,因为他们的大脑是可塑的。"她说,"儿童的大脑正在等待来自世界的连接命令。"

因此,敬畏工具不仅有助于在当下阻止发脾气或暴怒,而且还有助于孩子在未来减少发脾气的频率。

工具 4：带孩子出去

　　我犹豫过要不要在本书中加入这个工具，因为它看起来有点单薄。但是自从我们回到旧金山后，这个简单的策略让罗茜逐渐学习怎样使自己平静下来，所以我还是应该提到它。你也完全可以把这个工具收在你的"育儿背包"里随时取用，特别是在公共场合。它很简单、有效，来自不同文化背景的妈妈们都推荐它。

　　我是从苏珊娜·加斯金斯那里第一次听到这个方法的。她告诉我："当孩子的要求超过他们的理解水平时，玛雅父母会把孩子带出去。这一行动告诉孩子，以他们的年龄或成熟程度，他们的行为或要求是不可接受的。"苏珊娜说，"这是对孩子的一种鞭策，他们需要提高自己的社会责任感。"

　　我从库加鲁克的多洛罗萨·纳托克那里听到了类似的想法。"孩子们小的时候不受控制，那是因为他们在房子或冰屋里待得太久了，"她说，"让他们在外面待几分钟。"

　　多洛罗萨是从她婆婆那里学到这个技巧的。她说："小孩子在屋里待得太久，就会变得很暴躁。所以要把他们打包起来（也就是把他们放在婴儿背带里），出去走走。"

　　这个工具就是这么简单直接。孩子发脾气时，你平静地抱起他们，把他们带到外面。你可以把他们放下来，走回屋里，然后从窗户里看着他们——像玛雅父母做的一样。你也可以像多洛罗萨建议的那样，把孩子放在一个婴儿背带里，然后出去走动一下。或者，如果你像我们一样住在一个没有多少户外空间的城市,你可以把孩子抱在怀里,静静地坐在你的小门廊上。如果你不得不说些什么,可以尝试说:"你很安全。我爱你。"孩子开始平静下来时,你可以说一些话,比如"等你稍微冷静下来,我们就可以回到屋里去"。

但随着孩子的年龄增长,你不能再轻易地把他们抱起来带到外面去了。根据我的经验,罗茜不再希望我在她不高兴时把她抱起来。所以我轻轻地拉着她的手,带她出去。如果我需要说什么,我会告诉她:"我们去呼吸一下新鲜空气吧。过几分钟你就会感觉好一些。"但一般来说,你不需要说任何话。你平静、温和的行动,就足够了。

工具5:忽略孩子的脾气

在世界各地的许多文化中,父母会忽视孩子发脾气。人类学研究中充斥着这样的例子:一个小孩子对父母大发雷霆,而房间里的成年人只是假装孩子不在那里。

但是许多因纽特父母采取了一种更微妙的方法。他们有时会在对孩子的发脾气做出反应之前等待一会,看看情绪是否会过去。然而,一般来说,父母不会让幼儿和非常小的孩子哭很久。大人或兄弟姐妹会用某种工具来安慰他们。但对于大一点的孩子,就有另外的解决方式了。一旦父母认为孩子有能力让自己平静下来,父母就可以——而且确实忽略他们的脾气。

例如,在库加鲁克,当我们和伊丽莎白一起出去的时候,我们在一个钓鱼营地附近看到一个七八岁的女孩,正在一辆皮卡车的前座上哭泣。伊丽莎白告诉我，这个女孩的祖父母故意让她一个人待着。"看，我们不理会孩子发脾气。"伊丽莎白说。然后女孩的奶奶解释了发生的事情。"她（小女孩）想在去营地的路上在机场停一下，而我们没有停。"奶奶说道，她的语气很实在。奶奶知道这个小姑娘能让自己平静下来，所以她就让孙女独自一人去待着。

孩子在多大时才能获得这种令人羡慕的技能？这因孩子而异、因情况而异，但要达到这个目标可能需要比你预期的更多时间。正如我提到的，美国人倾向于高估孩子的情感技能（而低估他们的身体技能）。我的儿科医生告诉我，在罗茜只有18个月大时，不要理会她的脾气。这一策略适得其反，使罗茜的脾气和我们的生活变得更糟。罗茜还没有能力让自己冷静下来，让她独自哭泣只会助长她胸中的怒火。她需要温柔、平静的爱。她需要肢体上的互动和联系。

我也必须不断提醒自己，想达到情感上的成熟是不能急于求成的（我在42岁的时候还在尝试在情感层面变得更成熟）。在孩子不高兴的时候，给他们一个拥抱；在他们开始尖叫的时候，给他们树立敬畏或感激的榜样；在他们发脾气的时候，给他们提供呼吸新鲜空气和户外活动的时间，这些都不会伤害到他们。你不是屈服于他们的要求，而是把发脾气作为一个帮助他们弯曲其他神经回路的时刻，把发脾气看作是孩子练习让自己冷静下来的机会，也是你自己示范冷静的机会，而不是你作为他们的父母证明自己观点的时候。

正如因纽特人的妈妈们通过她们的言行不断告诉我的那样，当小家伙们情绪失控的时候，对他们宽容一些。扔掉你自己的愤怒和沮丧（想想那个水疗室），代之以同情和爱。提醒自己，孩子们没有我们成年人那样的情感技能。我们需要一次又一次地向他们展示保持冷静的作用，然后才能期望他们掌握这个概念。

应对日常不当行为的工具

因纽特教育的一个重要目标是启发思考。"孩子们需要思考他们所做的事情。他们总是需要思考。"71岁的泰瑞莎·西库阿克说道。事实上，在因纽特语的某个方言中，"教育"这个词是"isummaksaiyug"。"其大致意思是寻求思维、寻求思想……以及其他认知方面的事情，"人类学家琼·布里格斯指出，"这种思维过程的锻炼贯穿了一个孩子的一生。"

在检视下一组工具时，我们将开始理解启发思考的重要性和力量。使用这些工具时，你并不是告诉孩子们该怎么做，而是给他们提供他们需要自己找出正确行为的线索。换句话说，你要使用这些工具来鼓励和引导孩子，而不是要求和强迫孩子。

你可以将这些工具应用于各年龄段的孩子上，从幼儿到青少年（我也看到许多工具在成年人身上奏效）。也许孩子不愿离开游乐场或帮助打扫杂乱的客厅，也许他们不愿去做作业或停止打他们的小妹妹，或者也许他们不想去睡觉！在所有这些情况下，孩子们拒绝遵守行为规范，但与狂躁发作时不同的是，他们仍然控制着自己的情绪（或者至少部分控制）。他们理性、逻辑的自我是清醒且愿意接受输入的。

这些工具实现了一些关键目标：

1. 它们是实时工作的。它们可以立即改变孩子的行为，因此可以帮助保护孩子的安全。

2. 它们有助于实现长期目标，例如帮助孩子学习关键价值观（例如尊重、感激和乐于助人）。

3. 它们教会孩子思考。

4. 它们避免了亲子间的权力斗争、争吵和反复谈判。它们避免了愤怒的循环。

日常工具1：学会使用"眼神"

哎呀！这个工具太强大了，一想到它我就兴奋不已。

你知道吗？孩子们能非常清楚地读懂父母的面部表情，真的非常、非常清楚，甚至是非常小的婴儿和幼儿也能做到，所以大多数时候，父母不必说一句话就能改变孩子的行为，我们只需要给他们"一个眼神"。

把你想说的每个字、你感受到的每种情绪都通过你的眼睛、你的鼻子、你皱起的眉头（或者你脸上的任何一个部位）表达出来。

世界各地的父母会用各种各样的面部表情来引导孩子的行为，一个巧妙的眼神就能奏效。你可以让孩子离开杂货店货架前的糖果，你可以让孩子停止打他的弟弟，或者鼓励他与游乐场里的朋友分享他的燕麦棒。

"我妈只需要瞟我们一眼,我们就会不寒而栗。"我的一个朋友告诉我。

因纽特人非常擅长表达和解读面部表情。快速地皱一下鼻子是在说"不",而向上一扬眉毛则是在说"是"(库加鲁克的一些少女用眉毛和鼻子做出的表情非常微妙,以至于我一开始都没有注意到)。

父母可以用各种方式做出"眼神"——睁大眼睛、眯起眼睛,甚至是眨一下眼。"当我母亲希望我停止某种行为时,她只需要缓慢而坚定地向我眨眼,这就是一个严厉的'不'。"教师克里斯蒂·麦克尤恩说,她的妈妈属于北极的另一个土著族群——尤皮克人。[①]

相比之下,"眼神"比言语更具优势。它可以在远距离外起到作用——在操场上,在客厅里,在餐桌上。而且由于它是无声的,孩子们很难与"眼神"争论。孩子们无法像对待口头命令那样与鼻子或一双眼睛进行谈判。

在我看来,"眼神"比告诉孩子"不"甚至"不要那样做"更有效。一个快速、平静的眼神中表达了你想说的一切,它显示了谁是冷静的,谁拥有控制权。

这种眼神给我免去了很多烦恼,特别是在购物的时候。有一

[①] 克里斯蒂分享了她妈妈阻止表兄弟姐妹争吵的方法:"她让我们站在她面前,把手举过头顶,然后命令我们不要笑。当然,我们很快就会笑个不停。"——作者注

次下午，在超市里，罗茜从收银台旁边的货架上拿下一根巨大的士力架。和很多父母一样，我丈夫发出了口头指令："罗茜，你不能要那个，把它放回去。"罗茜决定把这变成一个有趣的游戏，她拿着士力架跑上过道，我丈夫在她身后大叫。于是我决定结束这场权力斗争。

我转向罗茜，与她对视，发出"那种眼神"。我皱起鼻子，仿佛闻到了空气中的臭味，微微闭上眼睛，并且坚定地对自己说："不可能让孩子胡闹的，姐妹。"你猜罗茜怎么做？她看着我，脸上挂着一丝微笑，走到货架旁，把士力架放回去了。她知道该做正确的事情，这种眼神只是提醒她而已。

日常工具2：用后果拼图教育孩子

"告诉孩子他们行为的后果，告诉他们真相。"泰瑞莎·西库阿克说。

我们在库加鲁克待了3天，其间我对育儿有了一次重要的顿悟。我意识到我和罗茜说话的方式并不是最有效的，可能会引起矛盾。

那天，罗茜、我与伊丽莎白在一起度过，她不仅仅是我们采访时的翻译，还会向我们介绍因纽特的历史和传统文化。她带我们去参观一个距离库加鲁克一个小时车程的钓鱼营地。途中，我们来到了一座横跨库克河的高桥上。这座桥让我感到恐惧，它高出河面十几米，没有防止孩子掉落的栏杆。罗茜跑到桥边，我要开始大喊,"等等!不要靠近边缘!"但我还没来得及开口,伊丽莎白已经走到了罗茜旁边。她轻轻地握住罗茜的手,平静地说道:"你可能会跌倒、受伤。"

就在那一刻,我恍然大悟:伊丽莎白和我与罗茜交流的方式完全不同。我的命令几乎总是以"不要"开头:"不要爬椅子""不要把牛奶溅出来""不要抢小宝宝的玩具""不要,不要,不要……"

但是伊丽莎白很少使用这个词,她和我遇到的许多因纽特父母都采取更加有效的方式与孩子交流。父母会告诉孩子,如果他们继续调皮捣蛋,将会发生什么,告诉孩子他们行为的后果。

比如说一个游戏——玩石头。一次在游乐场里,罗茜决定玩石头。她捡起3个柠檬大小的石头,开始抛向空中。在我还没来得及告诉她"不要扔石头"之前,一个叫玛丽亚的10岁女孩为我解决了这个问题。她平静地说:"罗茜,石头会砸到别人的。"然后她走开,爬到了攀爬架上。仅此而已。玛丽亚只是实事求是地陈述了罗茜行为的后果,并让罗茜自己想出正确的反应。令我惊讶的是,这个方法奏效了。罗茜停了一秒钟,看了看石头,然后放下了它们。

当我看着这个场景发生时,琼·布里格斯的话在我的脑海里回荡:"因纽特教育的目标是引起思考。"小女孩玛丽亚正是这样做的:她促使罗茜思考。

想想看,告诉一个孩子"不要"——不要扔、不要抓、不要爬、不要尖叫——包含的信息极少。罗茜已经知道她正在扔、抓、爬或尖叫。但她不知道（或者没有意识到）这些行为的后果。在当时，她可能不知道为什么不应该做这些事情。当你告诉孩子"不要"和"停止"时，你假定他们会像机器人一样服从命令，而不是自己的想法。

因纽特父母对孩子的认知远高于此。他们相信，即使年幼的孩子也可以独立思考，至少可以学会独立思考。所以，他们会为孩子提供有用的行为信息，让孩子有理由再三考虑是否继续这样做。

在操场上的那件事之后，我开始看到，在库加鲁克的各个地方都有这种指导和规训，不仅仅是对罗茜，还包括各个年龄段的孩子。一个7岁的女孩爬上了一个大约5米高的棚子，一个年龄更大的女孩很平静地说："你会掉下来的，唐娜，会伤到自己的。"唐娜在屋顶上停了一会儿，然后下来了。在玛莉娅家，6岁的萨曼莎沿着沙发边缘往上攀爬，靠近一排易碎的瓷器。萨曼莎的妈妈用令人轻松的语气说："你会把架子上的东西打翻的。"那天晚些时候，萨曼莎的3岁妹妹泰莎在她奶奶睡觉的时候挤压了一个声音响亮的玩具狗。珍安静地说："太吵了，你会把奶奶吵醒的。"

我注意到，在发出警告之后，珍没有再说什么。她没有强迫泰莎不要再挤压玩具，没有唠叨或大声喊叫。作为成年人，她只是提示孩子思考他们的行为及其后果，然后让孩子推断出适当的反应。这是一种尊重孩子们的自主性和学习能力的沟通方式。

你会掉下来的，唐娜，会伤到自己的！

养育罗茜的经验

我认为这种方法特别适合那些喜欢自己尝试并探索世界的"有主见"的孩子（或者我们在西方文化中常说的"挑战边界"的孩子）。是的，我说的就是罗茜。现在，当她在早上像翼龙一样尖叫时，我会平静而温和地说："声音太大了，你会让我头疼。"当她不肯和朋友分享玩具时，我会说："如果你不分享，基安就不会想过来玩了。"（我总是尽量冷静、不带感情地说这些话，任何严厉或谴责的言语只会引起争吵。）

通常情况下它是有效的。罗茜并不会总是按照我想要的方式去做事，但大多数时候她会听我的话。她的抗拒也少了很多。

当她继续调皮捣蛋时，我会（尽量）放手不管，我相信她听到了我的话，只是正在学习。我经常感觉到罗茜正在认真考虑我所说的内容，而且知道我传达给她的信息将有助于她在下一次做出正确的选择，这让我感觉很好。①

如果她让自己或别人面临真正的危险，比如会流很多血、头部受伤或骨折等情况，我会直接过去帮助她。但我不会对她尖叫或表现出过度的紧张反应，我会解释行为的后果并帮助她移动，以避免发生严重的后果。

日常工具3：用"问题"来育儿

这是我在库加鲁克学到的育儿黄金法则之一（我在坦桑尼亚也听到过哈扎人这样做）：把命令、批评和反馈转化为问题。

一天，萨莉下午下班回家时，我第一次目睹她使用这个工具。除了抚养她15岁的儿子和帮助照顾3个孙子外，萨莉还在诊所全职工作。当她在漫长的工作日后疲惫地走进家门时，发现客厅里一片狼藉。纸牌散落在地上，糖纸散布在桌子上。但萨莉并没有生气，她只是以温和的语气看着"罪魁祸首"——罗茜和她的朋友萨曼莎，问道："谁把这里弄得这么乱？"

"嗯……"我想，"这个方法很有意思。"

此后，我注意到这个工具随处可见。"谁不理我？"萨莉的嫂子玛丽在她的4岁女儿无视出门的要求时说。"你给我带了什么？"萨莉问从杂货店回来的孙子。当一个孩子递给萨莉一堆垃

---

① 在其他父母面前，我更难以"放手"，因为如果罗茜忽略我，我会感到羞耻。但是我鼓起勇气，对其他父母们说："我发现如果我不太强求，她会学得更好。"——作者注

圾让她扔掉时,她则巧妙地回应道:"我是垃圾桶吗?"

在坦桑尼亚,这种问题也随处可见。当一个2岁的孩子打一个年龄更小的孩子时,她的妈妈会问:"你在对你的朋友做什么?"当一个3岁的孩子希望父亲背着他长途跋涉时,这个父亲会问:"我是你的驴吗?"

父母们通常会以半讽刺半认真的口吻提出这些问题。这些问题并不是用来指责或贬低孩子的,也不是为了让孩子进入防御状态。相反,这些问题更像是一个谜题,引导孩子思考自己的行为和潜在的后果。

这种策略是天才的。当你觉得孩子正在"挑衅你"而你不想生气、也不知道该怎么做或该怎么说的时候,问问题是完美的策略。当孩子做出不好的行为时,你想忽略这种行为,但你必须说些什么,这些问题让你能够表达自己的观点,而不会引起权力斗争。

养育罗茜的经验

我和罗茜一回到旧金山就开始使用"问题"工具。特别是我想减少家里的尖叫和无理要求时,我会说:"谁在对我尖叫?"当罗茜在晚餐时抱怨食物时,我会用一种陈述事实的语气说:"谁不领情?"之后,我就继续做自己的事情。我不是为了得到答案或与她辩论的,甚至不是为了让她立即改变的,我只需要罗茜进行思考。

当我尝试教授罗茜关于行为的更宽泛概念,例如尊重时,我发现这种方法特别有用。我以为罗茜知道"尊重"的意思,但实际上,三岁半的她一点也不知道(这又是我高估了她的情绪能力的例子)。没有人教过她尊重,所以我开始使用提问的方法来教她。

有一天,我接她放学回家,礼貌地使用"后果"工具要求她擦上一些防晒霜。"外面很晒,"我说,"如果你不涂一点防晒霜,你会晒伤的。"她尖叫着,"不要!"并把防晒霜扔在人行道上。以前的我可能会暴跳如雷,厉声批评罗茜。

但是新的麦克林运用了"问题"工具并保持冷静。我陈述事实:"谁不尊重别人了?"我说话的时候,把目光从罗茜身上移开,因为我不是在指责她,而是在试图让她思考。然后,我就继续做我的事情了。我拿起防晒霜,把它放回我的包里,没有表现出我生气了。我认为这个互动到此结束了,但大约 1 分钟后,罗茜说:"好吧,给我那个防晒霜。"她毫不抱怨地把防晒霜涂在脸上。

到那时为止,我已经在使用"谁不尊重别人?"这个问题一个星期了。每次罗茜说了不好听的话,或者尖叫着说她想要 2 块而不是 1 块饼干,或者只是表现得很令人讨厌的时候,我都会以同样的方式说:"谁不尊重别人?"

我无法判断她已经学会了多少。但是,在这个实验进行了 10 天后,我终于得到了一个线索。当我们躺在一起聊天,聊着在学校的一天时,她突然问我:"妈妈,什么是不尊重?"啊哈!她在听,并且在思考。

旧金山的一个朋友也尝试用这种方法对付她3岁的女儿，几小时后她给我打电话，对这个方法赞不绝口："奏效了！奏效了！"她的3岁女儿一直用一个毛绒玩具打她的弟弟，我的朋友提问："是谁对弗雷迪不好？"

这个小女孩停止了打弟弟，过了5分钟后走过来对她的妈妈说："对不起，是我对弗雷迪不好。"

日常工具4：用责任来育儿

这个工具是我从尤卡坦的玛雅超级妈妈玛丽亚·德洛斯安赫莱斯·通·布尔戈斯那里学到的。在旅行前，罗茜给我和马特提出了一个新的挑战：她开始独自离家了。只有2岁的她已经学会了如何打开两扇门，包括一把插销锁。有一天早上，我们醒来找不到她了。我从厨房窗户往外看，她正一丝不挂地沿着人行道跑。好吧，至少她不在马路上，我心想。

问题已经如此严重，所以我们考虑再给门加一把锁。"把她锁起来！"我婆婆在电话里大喊。

但当我告诉玛丽亚关于罗茜的逃跑行为时，她有了另一个想法。"罗茜可以为你去商店跑腿吗？"她问道。她的意思是：罗茜需要更多的自由和更多的责任。

玛丽亚住在一个只有大约2 000人口的小镇上，那里几乎没有繁忙的交通或犯罪，每个人都彼此认识。因此，一个2岁半的幼儿穿过半个街区，去街角的商店，并且店主认识这个孩子，是完全安全的。但不幸的是，在旧金山，我们没有这样的环境。我们的房子位于一条繁忙的街道上，车辆以每小时50千米的速度在急转的弯道上呼啸而过。然而，即使环境更安全，我也不认为我们的邻居们已经准备好让一个幼儿去跑腿。如果2岁的罗茜独自走进街角的商店，在收银台放下半加仑牛奶和5美元的钞票，那么肯定会有警察在门口等着我和马特。

玛丽亚的建议背后蕴含着更宽泛的意义，因此我可以在我们旧金山的家中使用它：孩子的不良行为是在请求家长教他们承担更多责任、为家庭做出更多贡献的方式，以及拥有更多自由。当孩子违反规则、表现得很任性或有很多要求时，他们的父母需要让他们参与到工作中。孩子在说：“嘿，妈妈，我在这里被低估了，感觉不太好。”

想想看，如果你在工作中感到无聊，或者你的经理没有充分利用你的潜力，你也会变得易怒和烦躁。你可能不会赤身裸体地从办公室里冲出去，但你可能想大声喊出：“嘿，经理，看看我这里！我能做其他人在做的所有工作，给我一个机会。”

在我们家中，这个工具有助于实现2个重要的育儿目标：教育罗茜少抱怨，鼓励她投入工作、帮助家庭。现在，罗茜抱怨我为她准备的午餐时，我以一种新的方式看待这些牢骚和抱怨：我把它们看作是罗茜寻求工作的方式。换句话说，抱怨可以表明小孩对学习新技能很感兴趣。你可以利用这种兴趣，让孩子提供帮助，做出贡献。与其简单地告诉他们不要抱怨，不如给他们一份工作。

即使是最基本的任务也可以让一个蹒跚学步的孩子摆脱大小

姐脾气。例如，有一天早上，罗茜醒来情绪低落，开始抱怨谷歌家居设备上播放的音乐（我知道这是21世纪孩子的问题）。"但是我想要听另一首叫《海洋奇缘》的歌，不是这首！"她哭着说道。在她开始滔滔不绝地发牢骚之前，我给了她一个任务："看起来曼戈饿了。你应该知道，如果不向别人提供帮助，小女孩就不能提出要求。先去喂狗狗，然后我们再换歌曲。"

我丈夫严肃地看了我一眼，因为他认为这个命令会引发罗茜的脾气。但是罗茜只是点了点头表示同意，然后走向了狗碗。这项任务让她停止了抱怨，她有更重要的事情要做。接下来，早上要做的事情就进行得更加顺利了。

"这很有意思。"马特说。我很开心能和他人分享我从玛丽亚这样的母亲身上学到的东西。"孩子们需要工作，"我说，"他们不喜欢'失业'，这会让他们紧张。"

日常工具5：以行动而非言语来育儿

当你观察北极或尤卡坦的父母与孩子之间的互动时，最引人注目的是大家都很安静。你会感觉自己在看没有音乐的芭蕾舞。他们的动作似乎是精心编排和排练过的。他们的互动顺畅无比，而且大家很少说话，真的很少。你只能听到舞者的脚步声。

在绝大多数文化中，父母不会不停地跟孩子说话或给他们无休止的选择。相反，父母会采取行动。这些行动有3种形式：

1. 父母自己示范希望孩子做的事情。在北极地区，萨莉的嫂子玛丽准备去钓鱼，于是她穿上靴子对她的女儿说："好的，维多利亚，我们去钓鱼。"然后她走出门，跳上了越野沙滩车。维多利亚最终会跟着出去。

在尤卡坦州的午餐时间，我看到一个妈妈把食物放在厨房桌子上，然后等待她的两个女儿过来吃饭，她们正在外面涂色。"她们准备好了就会自己过来。"她告诉我。她说的没错。几分钟后，2个女孩都走进屋里开始吃饭，不需要再三劝说。

2. 父母温柔地帮助孩子做必要的事情。在尤卡坦，罗茜爬上了一辆对她来说太高的成人自行车。她肯定会从车上摔下来，但没有人对她尖叫或喊话。相反，16岁的劳拉走过来，轻轻地握住罗茜的手，帮她下了车。罗茜需要的只是一只稳固的手和一个大大的拥抱。

3. 父母会改变环境，这样孩子就不需要改变他们的行为。在尤卡坦州的一个晚上，我们围坐在餐桌旁聊天，一起吃菠萝。突然间，罗茜从桌子上拿起一把巨大的屠刀。没有人惊呼或试图从她手中抢夺刀子。相反，其中一位妈妈朱厄妮塔镇定地走过去，等待罗茜放下刀子，然后把它移到罗茜够不着的地方。没有争吵，没有抱怨，没有破坏那一刻的和谐。

在绝大多数文化中，甚至贯穿了整个人类的历史，父母不会与孩子讨论他们接下来要做什么事情，也不会与孩子争论午餐是想吃花生酱三明治还是意大利面。父母不会问"你想要"式的问题："你想在意大利面上放黄油还是番茄酱？""你想跟我一起去商店吗？""你想洗澡吗？"相反，父母只是采取行动。妈妈午餐时会做黑豆，爸爸拿上夹克走出门去商店，奶奶去卫生间打水准备洗澡。

我认为这种少言语的育儿方式是这些文化中的孩子看起来如此冷静的一个重要原因。话语越少，反抗越少，压力越小。

话语和命令是充满能量和刺激的，经常会引起争论。每次我们要求孩子做某事，都在创造一个争吵和谈判的机会。但是，当你把对话减少到最少时，你就可以保持最低的能量，争吵和冲突的发生概率会急剧下降。即使是罗茜内心非常狂躁的野兽，最终也会屈服并放松下来。

选择也是如此。即使是成年人，做选择也是件很困难的事。选择可能会引起压力和焦虑，因为我们不想错过我们没有选择的选项。那么对于小孩子来说，又会有何不同呢？[1]

在我一次又一次地观察到这种少言语的育儿方式在北极和尤卡坦多么有效之后，我开始质疑自己喋喋不休的育儿风格。为什么我要不断地和罗茜说话、解释、提问、提供选择？采取行动似乎更加有力。

我知道我的育儿方式永远不会像玛雅和因纽特父母那样平和和冷静。我是一个充满活力和热情的美国人，言语将永远是我的首选育儿工具。但是通过减少日常任务中冗长的话语，我可以大大减少家庭中的压力，并提高日常活动的流畅度。我可以说一次

---

[1] 其实，前几天，罗茜刚说过"妈妈，做出选择很难。它们太难了"。所以，即使是孩子也能意识到选择会引起压力。此外，给孩子的选择越少，孩子越容易接受和感激面前的一切。——作者注

"我们5分钟后出发",然后就走开,不用每隔30秒就提醒。我可以说,"罗茜和马特,来吃午餐吧",然后等他们来加入我。

我可以通过亲自示范来促使罗茜采取行动。例如,每天早上我们到她的幼儿园时,罗茜都需要洗手和涂防晒霜。我过去常常先重复几次要求,然后唠叨一会儿,最后再威胁。但是因纽特的妈妈们启发我尝试另一种方法:自己去洗手,或者和罗茜一起去洗。我给自己涂防晒霜,然后要求罗茜加入我。或者我要求罗茜给我涂防晒霜,然后再换我给她身上涂。

这些小改变产生了惊人的效果。我们家不仅少了狂热的能量和抵抗,而且罗茜也变得更加自主了。我们一起洗手几个月后,她不再需要我提醒就会自己洗手了,她会自然地给自己涂上防晒霜。从家出门的过程也变得轻松愉快,她知道我不会和她辩论或谈判。当我在早上8:15开始下楼梯时,她明白火车很快就要开了,我不会再回到房子里提醒她了。"等我一下!"她经常在我取出自行车时大喊。

最后,我给罗茜更少的选择。我完全可以不问"你想要……吗?"我为什么要不停地问一个3岁的孩子想要什么?如果我们总是问他们"你想要……吗?"孩子怎么能学会灵活应对所有场面和与他人合作呢?罗茜从来没有回避过告诉我她想要什么,我们不需要鼓励她做出选择。提供选项经常会导致谈判、不必要的决定,最终可能导致哭泣。而且在大多数时候,她的"想要"对我们的生活来说无关紧要,家庭事项需要排在第一位。例如,在用餐和吃点心时,我不再像服务员一样列出特色菜。当她说饿了,我们就一起准备食物,然后吃掉。结束。

日常工具 6:掌握忽视的艺术

当我第一次看到伊丽莎白使用这个工具时,我感到很意外。这与我一直称之为"忽视"的方法有很大不同。它更强大、更有效。

有一天,伊丽莎白和我一起在她姐姐家厨房里的桌旁喝咖啡,这时罗茜开始引起伊丽莎白的注意。"伊丽莎白小姐,看我!看我在干什么。伊丽莎白小姐,看我。"罗茜一直说着。

"伊丽莎白小姐"肯定没有看着罗茜。事实上,伊丽莎白根本没有改变表情,保持着完美的扑克脸。她没有看罗茜,而是稳定了视线,然后慢慢地转过头,看向罗茜头顶上方的地平线,好像罗茜是隐形的。

我的第一个想法非常消极。我想:"天哪,她对罗茜太无礼了。"但很快我意识到罗茜的行为是不合适的,伊丽莎白以一种极为温和而又有力的方式让她知道了这一点。伊丽莎白继续我们的谈话,罗茜停止了她的要求。

伊丽莎白是忽视罗茜的大师。有时她只需要忽视罗茜 10 秒钟,然后,砰!罗茜的不良行为就消失了,平静随之而来。一旦罗茜意识到她的不当行为不值得关注——也许,她不需要我们的关注——她就会遵守规矩,开始合作。伊丽莎白会微笑或点头欢迎罗茜回到"社交圈"。

看着伊丽莎白的表现,我意识到当我认为我在"忽视"罗茜时，我实际上正在做相反的事情。我实际上在给罗茜的不当行为以更多的关注。我一直在看着她，扮鬼脸并评论。最可笑的是，我会告诉她我在忽视她。罗茜甚至喜欢我的"忽视"游戏。多有趣啊！

比利时鲁汶大学的跨文化心理学家巴蒂亚·梅斯基塔说，在许多文化中，父母完全忽视各个年龄段的孩子的不当行为。父母不看孩子，不跟他们说话，也许最重要的是，没有表现出他们关心这种不当行为的信号（请记住，许多文化中，父母都预期孩子会做出不当行为）[1]。通过这样做，父母向孩子传达了大量关于某种不当行为的信息，特别是关于它的有用性以及它是否符合文化价值观的信息。

例如，如果一个孩子开始用麦克风打她的妈妈，该怎么办呢？"是的，世界上有很多母亲会完全忽视这种殴打。"巴蒂亚说。"这样做可以抑制孩子的愤怒，愤怒最终会消失。或者你可以用另一种情绪取代它。孩子的情绪是由其他人对他们的回应而形成的。"

所以父母可以通过不回应来教导孩子哪些情绪在家里是不被认可的。相反，即使是对一些情绪做出消极的回应，也会向孩子传达这些情感是重要的、有用的。

---

[1] 民族志记录中有很多这种育儿工具的例子。琼·布里格斯在她的书中详细记录了在库加鲁克以及在加拿大东部巴芬岛的情况。她在《永不愤怒》一书中写道："通常，父母面对孩子的不当行为会保持沉默，不是升级紧张气氛的沉默，而是看似轻松和理智的沉默，这似乎需要认识到孩子虽然暂时没有理智，但迟早会恢复理智，变得更加成熟。"——作者注

巴蒂亚说，在西方文化中，父母经常给孩子的愤怒和不当行为大量关注。我们与做出不当行为的孩子互动，问他们问题，并提出要求。

"如果你说'停下来'，那就是在关注他们。"巴蒂亚说。

请记住这个公式。我们对孩子的不当行为做出的反应越强烈，即使这些反应是负面的，就代表我们越认可那种行为，从本质上讲，我们就越鼓励孩子那样的行为。

所以，即使我对罗茜说"停止"或"不要"，我也会加强她的情感或行为，这阻碍了她学会控制自己的情感和行动，而我理所当然地认为我是在做相反的事情。

但当我真正忽略罗茜——当我真正不再看着她，不在乎她的不当行为——神奇的事情发生了，罗茜停止了她的不当行为。"看，"伊丽莎白有一天下午说道，"一旦你真正忽略她，她就平静下来了。"

试一试 5：不用言语的教导

初步尝试

- **如果不确定该怎么做，那就转身离开。** 下次孩子们调皮捣蛋时，试着走开。不要对他们做出反应或改变表情，只需转身离开。之后发生了什么？如果你觉得一场权力斗争或争吵即将开始，也可以尝试同样的方法，只需转身离开。

•**练习保持沉默**。挑战保持沉默一段时间。告诉孩子们,"我们现在要安静 5 分钟"。如果他们继续说话,你只需保持沉默。第 2 天,试着延长到 10 分钟,然后 20 分钟。最后,逐渐增加到 1 小时或更长时间,你会对家里出现的难以置信的"和平"感到格外舒适。

当我们家里的能量变得过高和紧张时,特别是当罗茜似乎无法平静下来、无法停止提问或要求时,我们就会采取这种方式。保持沉默 5 ~ 10 分钟后(至少我保持沉默),她就会平静下来,接下来的一天或晚上剩下的时间就会更加顺利。

•**将孩子的坏脾气转化为对家庭的贡献**。下次你的孩子表现得不高兴或要求苛刻时,可以使用"责任"工具,尝试让他们去工作。让他们帮你做饭,他们可以搅拌、打蛋、切香草或洗蔬菜,教他们如何喂宠物、扫地或扔垃圾,让他们帮忙叠衣服、打扫落叶或浇花。

"四处看看家里有什么需要做的事情,"一位在库加鲁克的妈妈告诉我,"孩子们总能在家里帮忙做些事情。"(更多想法请参考第 4 章)

然后简单地邀请孩子一起帮忙。一位伯克利的妈妈告诉我,这个方法对她 5 岁的女儿很有效。一个星期天下午,这个小女孩看起来很烦躁,哭哭啼啼,不断捣乱。于是这位妈妈说:"来帮我做饭,把迷迭香叶切碎。"

"这是一个如此简单的任务,"这位妈妈后来告诉我,"但是她很喜欢!她为自己切碎的东西感到非常自豪。她一直在给我看叶子。"之后的晚上也过得更顺利了。

·**使用责任作为奖励**。请记住，与成年人一起工作对于孩子来说是一种特权。如果一个孩子真的想要加入成年人的事情或活动，请利用他们的渴望来教授他们成年人的行为。例如，罗茜非常喜欢去购物，她喜欢乔氏超市。但是和我一起购物是一个"大姑娘"的特权（至少我是这样说的）。因此，我利用她对购物的热情来帮助她练习成熟的行为。如果我在购物时听到很多牢骚和要求，我可能会问："发牢骚的小孩能去乔氏超市吗？"几秒钟后，我会听到："我不说了，妈妈。我停下来了。"

深度尝试

·**不要频繁地告诉孩子该做什么、不该做什么（或者只在必要的时候告诉孩子）**。这是一个棘手的问题，因为这些关于要做什么和不要做什么的指令已经在我们和孩子的对话中根深蒂固。但是，即使只是减少一半的指令，也会对你与孩子的关系产生很大的影响。我保证你们之间的争吵会减少，至少孩子会有更多的机会思考和学习，而不仅仅是遵照你告诉他们应该做（或不应该做）的事情。

下次你想改变孩子的行为时，请先暂停一会儿。在说话之前等一会儿，思考一下为什么要下达这个命令。他们的行为有什么后果？为什么你要改变它？甚至，如果孩子继续那种行为，你会担心发生什么？

然后告诉孩子这些问题的答案，就让他们自己去处理。就是这样！你不需要再说什么了。例如，罗茜爬到了狗的背上。我没有说"不要爬到狗背上"，而是停下来想了一下，如果罗茜爬上狗的背会发生什么。然后我对罗茜说："如果你爬上它的背，你会伤到它的。"或者是"哎呀，罗茜，你伤害到狗狗了"。

在使用"后果"工具几天（或几周）之后，尝试其他工具来替代"该做"和"不该做"的指令。你可以把你的后果陈述变成一个问题（"罗茜，你在伤害狗吗？"或"谁在欺负狗？"）。你可以和孩子对视，严肃地看着他们，表达你对他们行为的不满，或者你可以简单地走开，无视他们。

· **如果你真的想改变与孩子们的沟通方式，请尝试做这个实验。** 在一个普通的早晨或晚上，拿出你的手机，在你与孩子们在一起的时候用它录音。做饭时把它放在厨房的柜台上，或者吃饭时把它放在桌子上，然后忘记手机的存在，录制足够长的时间。第二天，回去听录音。

你的第一印象是什么？你是否一直在说话？有没有沉默和平静的时刻？你发出了很多指令吗？你有多少次给孩子提供选择或询问他们想要什么？你有多少次说"不要"或"要"？这些命令真的必要吗？孩子们听你的话吗？你听他们的话吗？

正如我之前提到的（请参见第6章），我曾经无意中进行过这个实验。当我回去听录音时，我哭了。我意识到我一直在说话，没有倾听罗茜的话。我以为我在倾听，但实际上我没有考虑她的想法和意见，而她对此非常沮丧（我也同样如此）。

· **学会忽视的艺术。** 你想改正孩子的一些不良习惯或行为吗？也许是发牢骚、过多的要求，或者是虐待狗、在晚餐时扔餐具。尝试这种方法1~2周，我相信这种行为会减少，甚至完全消失。每当孩子有不受欢迎的行为时，请执行以下步骤：

- **保持面无表情，不要有丝毫反应。**假装你听不到或看不到他们。带着这种平静的表情，望向孩子头顶上或他们身旁。

- **然后走开。**直接转身走开，直到孩子看不到为止。

现在，你不必对孩子很凶，也不必伤害他们的感情。你仍然会回应他们的需求，也不会对他们生气。你只是没有在情感上回应他们的不当行为。你保持中立，向他们展示你对那种行为完全不感兴趣。

例如，一个星期三的下午，当我去幼儿园接罗茜时，她对我撒娇说："我饿了，妈妈。"我友善地回答说："我也饿了。但我没有食物。我们在回家的路上去商店买些零食吧。"

多好的建议啊，对吧？

然而，罗茜不为所动，她继续发牢骚和提出要求。"但是我饿了，妈妈，我饿了。"她一遍又一遍地重复，然后开始哭泣。

几个月前，我可能会进行一系列的解释（"我明白你饿了，但我现在没有食物"），最终会变成紧张和愤怒（"我刚说什么？我们回家可以在商店买食物。我现在没有食物！"等）。但现在我使用了忽视的方法。在这一刻，我无法为她提供食物。她别无选择，只能忍受饥饿和等待。所以，我保持完全中立的表情，看着她身后的地平线（就像伊丽莎白一样），继续向前走，好像罗茜不存在一样。我骑上自行车，离开她的学校，而罗茜仍在哭泣。你知道吗？大约在 15 秒之后，她停止了哭泣，完全地停止了。她接受了自己的不适，并学会了控制自己的情绪。

与此同时，我避免了一场激烈的讨论和谈判，这很容易升级成争吵和发脾气。我把潜在的争斗变成了罗茜让自己冷静下来的机会。我降低了这个情形中的能量，而不是提高它。在这个过程中，罗茜的执行功能也得到了训练。

本章总结
改变行为的工具

需要牢记的知识

➢ 美国父母倾向于依靠口头指导和解释来改变孩子的行为。但对于孩子，尤其是年幼的孩子，语言往往是最无效的沟通方式。

➢ 孩子的情绪会反映我们的情绪。

·如果你想让孩子保持镇静，你也要保持安静和温柔。尽可能少说话（因为话语会激发情绪）。

·如果你想让孩子大声喊叫和充满高能量，你也要充满高能量，多说话。

➢ 命令和说教常常会引起权力斗争、谈判和愤怒的循环。

➢ 我们可以通过使用非语言工具或帮助孩子思考而打破愤怒循环和权力斗争，而不是告诉他们该做什么。

建议和工具

➢ **控制暴躁的情绪**。如果我们用平静的态度对待孩子,孩子的脾气就会消失。下一次孩子情绪失控时,请保持安静并试试这些工具:

·**能量**。以最平静、最低能量的状态站在孩子身边,默默地向他们展示你的陪伴和支持。

·**身体接触**。轻轻地碰一下孩子的肩膀或伸出一只手。有时候一个轻柔、平静的接触就足以让孩子平静下来。

·**敬畏**。帮助孩子用敬畏的情绪替代他们的愤怒情绪。环顾四周,找到一些美丽的事物。用最平静、最柔和的声音告诉孩子:"哇,今晚月亮真美啊,你看见了吗?"

·**户外活动**。如果孩子仍然不能平静下来,带他们到户外呼吸新鲜空气。温柔地领着孩子走出去,或者抱起他们。

➢ **改变行为和传递价值观**。与其告诉孩子"不要这样做",不如用以下方法帮助孩子思考和找到适当的行为方式:

·**眼神交流**。将你想对行为不当的孩子说的话,转化为你的面部表情。睁大眼睛、皱起鼻子或摇摇头,然后将目光投向孩子。

·**后果拼图**。平静地陈述孩子行为的后果,然后离开(例如:"你会摔下来伤到自己的")。

·**提问**。不要发出命令或指令,而是向孩子提出问题(例如,当孩子打了兄弟姐妹,可以问"谁欺负弗雷迪?",或者当孩子忽略了一个请求时,可以问"谁没有尊重别人?")。

· **责任**。给行为不当的孩子布置一个任务(例如,早上对一个发牢骚的孩子说:"过来帮我做你的午餐吧")。

· **行动示范**。不要命令孩子做某个任务(例如,离开房子),而是自己去做。孩子会跟着做的。

第 11 章
故事如何塑造了孩子的行为？

在北极地区时，我注意到因纽特人的大部分家庭教育都发生在孩子们有不当行为之后。不是在发生时或紧接着立即进行，而是等大家都冷静下来。加拿大伊魁特的89岁老人伊诺阿皮克·萨吉图克观察到，在这些平静的时刻，孩子们更容易接受教育。当孩子情绪激动或反抗父母时，他们太情绪化了，无法听从教导。因此，在这些时刻，没有必要试图给孩子上"大课"。她说："**你必须保持冷静，等待孩子冷静下来，然后你才能教导孩子。**"

现在我们来看2个可以长期改变孩子行为的工具。这些是塑造孩子价值观和思维方式的重要工具，关键是要在正确的时间使用它们。

这种"等待－修正"的策略有几个重要的优点。首先，它避免了权力斗争。与其在孩子的不当行为发生时立即跳入、指责孩子，不如将注意力集中在长期目标上，知道以后会有机会教导孩子正确的行为方式。因此，在冲突激烈的时刻，你不需要"证明什么"。你可以轻松地让问题过去。你可以忽略孩子在车上不尊重人的言论，拒绝帮忙摆餐桌，甚至晚餐时大肆扔食物。因为等到晚上的时候，你可以使用以下工具，并且你知道这些工具将比大声喊叫、责骂或争论问题更有效。

这一策略的第二个优点是，这些工具开启了孩子和父母之间的沟通渠道，而不是像惩罚和愤怒一样切断沟通。这些工具可以建立父母和孩子之间的联系并缓解紧张情绪。它们几乎让我感到不可思议：它们把不当行为变成了游戏，用故事取代了权力斗争。

～～～～～～～～～～～～～～～～～～～～～

北极地区的生活和旧金山的生活在一个重要的方面非常相似：危险无处不在。

正如我之前提到的，我们住在旧金山一条繁忙的街道上。大如鲸鱼的公交车以每小时48千米的速度飞驰而过，汽车在人行横道穿行。在北极地区，危险则是致命的熊和冰冷的海水。北极熊经常潜伏在城镇边缘。一个家庭的房子可能只距离冰冷的北冰洋一步之遥。在春天，幼儿可能会落入薄冰中；在夏天，湍急的水流会把孩子卷到海里。

那么，当一个3岁的孩子朝着冰冷的海水跑去时，父母必须通过大声喊叫来保护他们的安全，对吗？

不是的，努纳乌特极地学院教授传统因纽特人的育儿课程的讲师古塔·贾夫表示。"相反，我们使用讲故事的方式来教育孩子。"

口述故事是人类文明中的普遍现象。今天，乃至人类历史中的每一种文化，都有讲故事的传统。讲故事可能是智人进化所必需的因素。如果没有故事，我们的物种可能不会发展出某些对我们成功至关重要的技能，例如设计工具、协作狩猎和利用火。为什么？因为这些技能需要人记住一系列步骤、过去的事件和行动，类似于一个故事情节。

讲故事是人类独有的特征之一，它将我们与环境、家庭和家园联系在一起。它使我们变得具有合作性且有力量，它是培养孩子的关键工具。

除了传递重要的技能，故事还可以向孩子传递文化价值观。数万年来，父母一直用口述故事来教导孩子如何成为一个好的社区成员。今天，现代狩猎采集者群体仍然使用故事来教授孩子如何分享，如何尊重不同的性别，如何控制愤怒以及如何在家附近保证安全。

但是，讲故事的工具并不专属于狩猎采集者，事实上，我打赌，读者找不到一个没有这种工具的文化。

凯尔特文化研究者莎伦·P.麦克劳德表示，不久之前，讲故事仍是西方式育儿的重要组成部分。她说："凯尔特文化中充满了超自然的存在。仙女遍布森林，鬼魂在路上徘徊，怪物潜伏在湖泊和沼泽里。其中一些生物对人类很有帮助，有些则很危险。这些神秘的生物的一个主要作用就是帮助孩子保持安全。"她还说："沼泽和湿地可能非常危险。有时候沼泽看起来像陆地，但实际上是水。在孩子们具备这方面的技能之前，故事可以让他们远离湿地。"

例如，有一个凯尔特故事围绕着一匹住在水里、喜欢偷孩子的马展开。莎伦解释说："如果孩子们走得太靠近水，这匹马会把他们背在背上，带到水下。无论有多少孩子跳上去，这匹马的背都能变得越来越长，载着所有孩子。"因此，当孩子们在海滩或河边玩耍时，父母不必一直盯着他们，或者对他们大喊大叫，因为父母已经采取了一种预防措施。他们已经给孩子们讲了水马的故事。即使是小小的幼儿，也能理解要保持安全，就应该远离水。

值得注意的是，因纽特父母也有类似的故事，目的完全相同。古塔·贾夫说："它是'Qalupalik'，海怪。如果孩子走得太靠近水，'Qalupalik'就会把你放进他的amauti（袍子），把你拖到海里，然后把你寄养到另一个家庭。"

像这样的故事在因纽特人的育儿实践中随处可见。伊魁特的电影制片人和语言教师迈纳·伊舒鲁塔克表示，为了确保孩子在冬天戴上帽子并避免冻伤，家长们会讲关于极光的故事。"我们的父母告诉我们，如果我们不戴帽子出去，极光会把你的头拿下来当足球踢。我们曾经非常害怕！"她大笑着说。

因纽特父母也会用故事来传递重要的价值观，比如尊重。例如，迈纳的父母告诉她一个关于耳垢的故事，教她要听父母的话。"我的父母会检查我们耳朵里的情况，如果里面有太多的耳垢，就意味着我们没有在听。"她说道。还有一个例子，为了教孩子在拿食物之前要先询问，迈纳的父母告诉她如果不这样做的话,容器里会伸出长长的手指抓住她。

在传统的凯尔特文化和因纽特文化中,孩子童年的很大一部分都在学习如何对待这些神秘的生物——如何避开它们、尊重它们或让它们开心。父母和祖父母们通过这些引人入胜、有时令人害怕的故事传递知识。在这个过程中,孩子学会尊重父母并保持安全。"这些故事帮助孩子认识到,父母需要他们表现得多么认真和听话。"迈纳说。

起初,我认为这些故事对于小孩子,特别是像罗茜这样的幼儿来说太可怕了,我下意识地不理会它们。"我觉得这种方法对我来说没什么用。"我想。

但是我回到旧金山之后,尝试准备了一个故事讲给罗茜听,她的反应让我惊讶不已。

大约在北极旅行结束一个月之后,我和罗茜正在厨房里准备晚餐。她想要从冰箱里拿一件东西。于是她拿起她的脚踏凳,走到冰箱前,爬上去。然后她继续站在那里,让冰箱门大开着,站了5分钟。我告诉她要关上门,但她无视了我。我解释了好几遍她的行为有多么浪费能源,但我就像在和一堵墙说话。所以我试图用温柔、友好的声音来请求她。然而,她还是无视我。我可以感觉到愤怒在我的肚子里升起,一场权力斗争即将来临。

但我不想再争论了,我已经很累了。我正准备发出某种威胁时,古塔·贾夫和海怪突然出现在我的脑海中。我想:"家里现在来一只怪物也不会有什么害处。为什么不试试,麦克林?"

于是我半认真半玩笑地说:"你知道吗?冰箱里有个怪物,如果他暖和了,他就会变得越来越大,然后会来抓你。"

然后我指着冰箱,睁大了眼睛,惊呼道:"天哪,他在那里!"

天哪!你应该看看罗茜的表情。她比松鼠还快地关上了冰箱门,然后她转过身来,露出灿烂的笑容说:"妈妈,再多给我讲点里面的怪物的故事。"

从那天起,我们在家里引进了各种各样的怪物,罗茜无法满足于只听一个故事。讲故事已经成为我们家庭教育的必备工具。她把这些故事称为"带走",因为主人公——一个大约3岁的小女孩——经常被带走(就像凯尔特人和因纽特人的孩子们被水马和海怪带走一样)。每天晚上睡觉前,她都会说:"妈妈,给我讲个故事吧。"有时候她甚至要求我讲得更恐怖一些,一点都没有开玩笑。

讲故事已经深深地融入我们的生活中,我无法想象没有这些超自然生物在我们房子周围飞来飞去、穿过墙壁、在附近树上闲逛的生活。这些生物是我们每天早上去学校,晚上能够顺利入眠的唯一原因。

通过讲故事,我觉得我终于能说出罗茜的语言。我们终于能够顺畅地交流了。

比如,粉色连衣裙挑战。为了罗茜的生日,马特和我送了她一件连衣裙,上面绣满了玫瑰花。这件连衣裙是无袖的,对她来说有点短(正好落在她膝盖上方),对于旧金山多雨、寒冷的冬天来说不太合适。然而，一旦罗茜穿上那件该死的连衣裙，她就会连续几天都不脱下来。她整日整夜地穿着，要穿大约一周。到那时，它已经不是粉色了，而是变成了灰色和棕色，而且还有一股发霉和混合了陈旧尿味的气味（是的，我推测她肯定在洗手间里发生了小事故）。

我无论如何也无法让罗茜脱下那件连衣裙。我尝试了我经常使用的策略，包括冗长的解释和成人的逻辑。"罗茜，如果我们今晚洗了它，它就不会有污渍，明天可以穿到学校。"她看着我，就好像我在讲法语一样。

最后，有一天晚上，我跪下来保持和她平齐，靠近她的耳朵，戏剧性地用耳语道："如果这件裙子太脏了，上面会长蜘蛛的。"

罗茜没有说话。她的脸僵住了。她缓慢地从我身边走开，脱下了裙子。我从她手里抢过裙子，把它扔进洗衣机里。我胜利了！

那天晚上晚些时候，当我从烘干机里拿出裙子时，我高举着它喊道："罗茜，你看！干净又漂亮！"

"而且没有蜘蛛。"她紧接着说。

试一试6：使用故事来教导

一些美国家长对"恐吓"孩子以达到顺从或合作的想法表示了担忧。我也有同样的担忧，但重点不是恐吓孩子让他们做噩梦。重点是让孩子思考，鼓励某种行为，并开启关于文化价值观的讨论。

如果你像我一样对这种工具的"恐吓因素"感到犹豫不决，你可能会想到在西方文化中，我们也会"恐吓"孩子以使他们遵守规矩。孩子们可能会害怕父母的愤怒或惩罚。这就是在我小时候发生的事情，我守规矩是因为我害怕我父亲的愤怒。老实说，我宁愿罗茜害怕"冰箱怪物"或"穿衣服的蜘蛛"，也不想她害怕我或她父亲。

历史学家艾米丽·卡茨·安哈尔特指出，父母不给孩子讲故事并不意味着孩子不通过故事来学习。许多家庭，包括我们，把口头讲故事的任务外包给了迪士尼、网飞和油管。她说："人们会从所有被讲出来的故事中学习。这是我们传递文化的方式，而且我担心我们已经失去了文化的创造力。想要从故事中获得商业利润的动机意味着它们经常会充满暴力，而且它们可能不能教给孩子们好的价值观。"

相比之下，当你亲自给孩子讲故事时，你可以为他们量身定制故事内容。你可以实时看到他们的反应并相应地调整故事内容。当孩子感到害怕时，你可以稍微收敛一些。当你找到一个真正触动他们心灵、与他们产生共鸣的故事时，你可以更深入地与孩子探讨。每当我把罗茜自己的经历融入故事时，我知道我们会取得成功。

最终，事实胜于雄辩。通过讲故事来指导她的行为，罗茜变得更加合作、灵活和随和。我们之间的沟通变得更顺畅了，我们用幽默而不是训诫和责备来沟通。我能看到故事真正促使罗茜思考，并让她考虑自己的行为会对他人产生的影响。

有一天我问："罗茜，你更喜欢我对你喊叫还是给你讲故事？"她毫不犹豫地回答："讲故事。"

初步尝试

如果你对讲故事的做法仍然持怀疑态度，可以从非虚构的故事开始尝试。不必通过用故事吓唬孩子来打开沟通渠道，或者帮助孩子遵守请求。你也可以讲有趣而真实的故事。

这里有两种可以尝试的方法：

·讲述家庭历史故事。试着讲述关于你自己的童年或家族起源的故事。阿拉斯加州科茨布市的科琳娜·克拉默说："因纽特人非常重视对家族谱系的了解和与亲戚的联系。事实上，当我们以传统的方式介绍自己时，我们会先说自己的名字、祖父母和父母的名字，以及我们的家族来自哪个村庄。"孩子们无论年龄大小，都喜欢听父母和祖父母年轻时的故事，他们像磁铁一样被这些故事吸引着。

家族起源故事可以将一代人的经验传递给下一代，并建立代际联系，孩子们长大成人后，这些故事也会对他们的行为产生积极影响。多项研究发现，了解家族历史能够帮助学龄前儿童和青少年远离心理健康问题。在这些被研究的9~16岁的孩子中，更多地了解他们家族过去的孩子，如父母是何时相遇的，父母和祖父母在哪里长大，父母从年轻时的错误和工作中学到了哪些经验，等等，表现出了更少的焦虑、抑郁、愤怒和行为问题。这种知识也与家庭的整体功能相关，包括家庭成员之间的沟通。科学家指出，重要的是父母要分享他们的个人故事，而不是让孩子学习具体的事实。

你可以从一些简单的故事开始，比如"让我讲一个我在你这么大的时候的故事吧……"然后讲述一件在你记忆中印象深刻的童年事件或活动。对于小孩子，你可以讲非常简单的故事，比如你小时候喜欢在哪里玩耍，如何帮妈妈在花园里干活，帮爸爸洗衣服或者你喜欢和兄弟姐妹一起做什么。添加一些细节，让孩子们可以在脑海中将这个故事形象化，比如颜色、气味和熟悉的物品等。

向孩子们讲述你出生的地方、你的成长经历，或者你与配偶结婚的地方。叙述你从青少年时期和青年时期的工作中所学到的经验和教训。通过增加"角色"，如祖父母、叔叔阿姨、表亲、朋友和宠物等，来丰富你的家族故事的情节。

对于像罗茜这样的城市孩子，她非常喜欢听我在弗吉尼亚农村时的童年故事。她喜欢听我讲述我们后院里种玉米、黄瓜和西瓜的大花园，以及每个夏天我们采摘青豆，在门廊上剥壳当晚餐。

为了教育罗茜有正确的行为和家庭核心价值观，我经常给她讲一些故事，比如如果我和姐姐不分享食物或者不帮忙收拾餐桌，就会受到惩罚的故事。她也很喜欢听关于小麦克林因为对妈妈大声叫嚷而受到惩罚，结果没能去好友家玩的故事。

在写这本书的过程中,我注意到了一个很有趣的趋势:如果我先告诉罗茜在我小时候,我妈妈让我做同样讨厌的事情时,她就更有可能答应我的要求。例如,当罗茜晚餐拒绝吃芦笋时,我会说:"我4岁的时候,奶奶也让我吃芦笋。我真的不喜欢,但是我还是吃了,因为奶奶是老大。"然后,不出所料,罗茜开始把芦笋塞进嘴里。

·让科学走进生活。生物学、化学和物理学中的许多概念比虚构故事还要奇怪,但对年幼的孩子们来说,它们同样有趣。所以为什么不利用科学知识来创造非虚构的故事呢?你只需记住,要使用简单易懂、与孩子相关的词汇,特别是那些能够形象地描述情境或引导孩子想象的词汇。

例如,我们通过讲嘴巴里"小家伙"的故事来帮助罗茜主动刷牙。它们是如此微小,你肉眼看不见(是的,它们是细菌)。但是它们生活在你的牙齿上,你必须刷掉它们,否则它们会在晚上在你的牙齿上打洞并使它们变黑。本质上,我们采用了真实的科学知识,并加入形象化、拟人化和夸张的修辞手法使其鲜活起来。

为了帮助罗茜学习健康的饮食习惯,我们告诉她胃里的小动物的故事。数以百万计的友善的小家伙不仅努力让她的内脏感觉良好,而且还帮助她的大脑和身体抵御有害的小家伙。这就是微生物群落!当罗茜吃太多糖时,这些小家伙就会生病。但它们喜欢水果、蔬菜、豆类和坚果。"小动物正在大喊'鹰嘴豆,鹰嘴豆',罗茜,"我在午餐时这样说道,"它们在说:'求你啦,求你啦，给我们更多的鹰嘴豆！再多一点！'"

继续尝试

· **采用拟人化的方法**。下次当你遇到孩子难以应对的行为，或者在鼓励某种行为方面遇到困难时，试试这个简单的技巧。看看周围的无生命物品（即使是鞋子），然后赋予它们生命，假装它们会说话。让这个物品告诉你的孩子你需要他做什么。对于幼儿来说，我敢打赌，这个技巧10次中会有9次成功。

哪些物品效果最好？对于罗茜来说，毛绒玩具非常有效。但我也用过我的身体部位（包括肚脐）和她看不见的朋友（包括《音乐之声》中的玛丽亚）。

在美国国家公共电台，我收到过几位读者的来信，他们用这种方法取得了巨大的成功。

收听者凯瑟琳·伯纳姆创造了"汪汪"：

"如果我们快要迟到了，我3岁的女儿需要穿鞋，我知道对她喊'穿鞋！'会让事情变得更糟。所以我把我的手变成小狗'汪汪'，将中指和无名指向下弯曲，放到拇指上，模仿狗嘴。然后我说了一些像'汪汪可以帮你穿上鞋吗？'这样的话，同时我会发出傻笑、喘气和狗叫的声音，让汪汪帮助她穿上鞋。我让汪汪越活泼，她就有更多笑容，状态也更放松。这种紧张局面就变成了好玩的建立亲子间亲密联系的时刻。"

听众彭妮·克朗兹用一个毛绒玩具引导孩子：

"我儿子不想吃饭或上床睡觉时，我告诉他，到他最喜欢的毛绒玩具去睡觉或者去吃饭的时间了。然后我开始和毛绒玩具一起做这件事,他就会很快加入进来。"

阿黛尔·卡罗利让儿子的衣服说话:

"如果我儿子不想穿睡衣,我就让睡衣跟我说话,睡衣会说类似'艾略特想穿上我们吗?'的话,然后我会回答'我觉得他不想,我来问问他'。如果他说不想,我会告诉睡衣,并继续和它们聊天。最终,他会被吸引进来,穿上睡衣,睡衣会兴奋地给他一个大大的拥抱。"

深度尝试

·让怪物住进你家。为了发挥讲故事的全部威力,让怪物进入你的家吧。你可以让它们在有趣中带点危险,或者非常吓人但又有点好玩。"可怕"是一个广泛的范畴。在你家中,你的孩子以及他们的年龄、性情和经历会决定什么样的"可怕"程度是适当的。注意孩子的反应并做出相应的调整。但是,正如凯尔特文化研究员莎伦·P.麦克劳德所说:"孩子们喜欢被吓到!"

维拉诺瓦大学的心理学家迪娜·韦斯伯格研究了幼儿理解虚构故事的方式,她表示,改变行为的虚构故事最适合2岁以上幼儿和6岁及以下的儿童。2岁及以下的幼儿无法真正区分虚构和非虚构的故事。1~2年后,这种区分能力开始提高。"我不敢划定一个准确的年龄段,因为所有孩子都非常不同。但是三四岁的孩子可能不会百分之百相信这个故事。"然而,他们仍然会觉得这个故事有趣、吓人并且值得思考。"例如,我怀疑3岁的孩子不会百分之百相信她的裙子会有蜘蛛长出来。"但她还是脱掉了脏裙子。

迪娜指出，7岁左右的孩子基本上都知道虚构故事和非虚构故事之间的区别。但是他们仍然喜欢幻想。"他们可能会想：'我知道那里没有怪物，但我明白你的意思。'"她说。即使他们不上当，故事也可能成为开启对问题行为进行讨论的新方式。我发现许多大一些的孩子，大约七八岁，虽然不相信怪物的故事，但他们仍有讨论这些故事的强烈愿望，并希望我"确认"它们确实"不是真的"。

就我家的情况而言，罗茜喜欢稍稍被吓到。但我总是在讲故事时眨眼睛，保持对她的密切关注，确保我不会过度吓到她。

以下是几个在我家里受欢迎的故事：

1. 分享怪兽。这个分享怪兽住在厨房窗外的一棵树上。当小孩不肯与他人分享时，他会长得越来越大。最终，他会出来，抓住你，把你带到树上，让你在那里住7个晚上。而且你知道他给小孩子们喂的是什么吗？没错，是花椰菜和抱子甘蓝。

2. 喊叫怪兽。他住在天花板里，可以通过灯具听小孩子的声音。如果小孩子大声喊叫或者要求太多，它就会从灯具里出来，把你抓住并带走。而且要明确一点，在早上，喊叫怪兽可是非常严肃的哦。

3. 鞋子怪兽。她住在暖气管里，确保孩子们早上可以快速地穿好鞋子，否则她就会把你带去管道里面。为了让鞋子怪兽更加栩栩如生，有时候我丈夫会在出门前打开暖气。管道里面的声音会让罗茜立刻穿上鞋子。

4. 跳跃怪兽。这个故事是马特想出来的，对于减少睡前的争吵非常有用。

那天晚上，大约是9:30，罗茜甚至还没有准备好睡觉。她在床上跳跃，不断地挥舞着胳膊和腿，发出很大的噪声。我一遍又一遍地重复着"来吧，我们需要冷静下来"。但她只是对着我笑！

然后马特突然出现，并解决了问题。他从椅子上跳了起来，指着窗户，睁大了眼睛说："那儿有只跳跃怪兽。我看到他在窗户那里。"

罗茜跑到马特身边，抓住他的腿问："在哪里？他在哪里？"然后我轻声说："他在窗户外面，如果我们动作太快或说话声音太大，他会过来把我们带走。我可不想这样。"然后我拉着她的手把她带到床上。我们躺在一起，静静地讨论跳跃怪兽长什么样子、住在哪里、把晚上跳跃的孩子带去了哪里。

她很快就入睡了。

现在每天晚上睡觉时，我都会提醒罗茜跳跃怪兽的故事。我说话声音很轻、动作很慢，告诉她我真的不希望跳跃怪兽来。令人惊讶的是，跳跃怪兽出现的几个月后，他仍然能有效地帮助罗茜安静下来。

第 12 章
戏剧如何塑造了孩子的行为？

最后一个工具将帮助我们轻松地教导孩子，同时，关于为什么孩子们经常做与我们期望或要求完全相反的事情，这个工具会为我们提供一些令人惊讶的见解。

为了掌握这个工具，我们需要离开库加鲁克，向东飞行大约 960 千米，到达一个叫巴芬的巨大岛屿，它就在格陵兰岛对面。巴芬岛的面积与加利福尼亚州相当，自然风光十分秀丽，被冰川切割出的山谷和河流穿过 1 800 米高的雪山，巨大的冰墙高过帝国大厦，俯瞰着蓝宝石般的海洋，白鲸、独角鲸、海象和海豹在海洋中游弋（还有捕猎北极熊）。

在北极地区，一场旨在保护和延续传统因纽特人育儿方式的运动正在蓬勃发展，巴芬岛就是这场运动的基地。老人们告诉我，在过去的一个世纪里，高度的殖民化破坏了这些知识。因此，社区致力于培训新的父母和监护人掌握这些古老的技能。

12 月初，我来到巴芬岛最大的城镇伊魁特，与这场运动的先锋人物之一迈纳·伊舒鲁塔克见面。她同意与我共进晚餐，这家餐厅与我在爱彼迎上订的住处相隔了一整个城区。我早早到酒吧等她。外面的温度低至零下 32 摄氏度，寒冷刺骨。下午 2 点之后，太阳就已经落山了。细小的雪花在半空飘荡，给街道撒上粉色和蓝色的闪粉。餐厅里温暖舒适，煎鱼香味从厨房飘到我的座位。

迈纳迟到了。15 分钟过去了，餐厅和我的手机上都没有任何她的消息。我担心她可能改变了和我谈话的主意。我能理解她的犹豫。在过去的几个世纪里，甚至是最近几十年里，我所属的西方文化对因纽特人的文化采取了不正当的应对措施。在 20 世纪 60 年代，加拿大政府强迫或胁迫许多因纽特家庭放弃他们的传统游牧生活，永久定居在城镇中。在巴芬岛上，一些加拿大官员甚至杀死了雪橇狗，使当地居民无法狩猎或追踪动物。很多家庭饱受饥饿之苦，不少人死于疾病。总之，如果我是迈纳，我可能也不想和像我一样的人说话。

然而，迈纳遵守了她的承诺。大约又过了 5 分钟，她走进了餐厅。整个房间的能量瞬间发生了变化，就像有人打开了灯，调高了音乐一样。迈纳穿着一件宝蓝色的外套和白色的毛皮靴子，看起来很高贵。"它们是驯鹿皮的。"她边说边向我展示她的靴子。迈纳有心形的脸庞，脸上挂着灿烂的笑容。她的笑声听起来像一首摇滚乐中有力的和弦，使你觉得一切都有可能。

我们坐在包间里，开始谈论她的工作。迈纳非常忙碌，她是一名电影制片人，也是一名因纽特语教师，同时还是 2 个已成年儿子的母亲。大约10年前，她协助努纳乌特北极学院开设了一门至今仍在教授的育儿课程。该课程为日托中心和学前教师传授传统的因纽特育儿技巧——与迈纳小时候"在野外"成长时她的父母所使用过的一致。

迈纳在一个狩猎营地出生并长大，她与社区中大约60个人共同生活在巴芬岛沿海。"我们住在一个草皮房子里。每天早上起床，我的母亲点燃油灯之前，所有东西都被冻得硬邦邦的。"她回忆道。她记得祖父在晚上给她讲故事，帮助她入睡。"我们没有书，所以大人晚上会给我们讲传说故事，特别是我的祖父。他是我们营地的领袖。我不愿入睡，因为我非常喜欢他的故事。"

迈纳的家人只吃动物提供的食物。"海豹、驯鹿、鱼，有时还有北极熊肉，"她说，"秋天我们会采摘浆果。"

"我还记得第一次尝巧克力。哦，它太甜了！太甜了。"她摇了摇头说，"我们没有糖分那么高的食物。"

"我非常想念在野外的生活。"她告诉我，然后发出了一声长长的"嗯"。回忆让她脸上满是忧郁。

迈纳大约十二三岁的时候，她家搬出了狩猎营地，定居在一个城镇中，这样可以让她的祖父获得医疗服务。"住在城镇里让我非常震惊，"她轻声说，"这很难适应。"

现在，迈纳住在拥有将近8000人口的繁华城市伊魁特。

鉴于她的童年和现在的工作，我很好奇她对已故人类学家琼·布里格斯以及她在《永不愤怒》一书中描述的育儿方式有什么看法。

迈纳停顿了一下，然后紧张地笑了笑。我担心我冒犯了她，她却从手提包里拿出一本书。我立刻认出了封面：一张黑白照片，上面是一个奶奶用鼻子挨着一个小女孩的脸。这是琼写的书，名为《因纽特道德剧》。它描述了这位人类学家第二次重要的北极之旅，在那期间，她研究了一个3岁女孩的生活，女孩被称为"胖胖的马塔"。

迈纳轻拍书的封面，说："这本书讲的就是我和我的家人。我就是胖胖的马塔。"这令我惊讶极了！

在20世纪70年代初，迈纳刚满3岁时，她的家人欢迎琼进入他们的家中，开展为期6个月的研究。迈纳的父母允许琼研究迈纳日常生活中的私密细节。当迈纳打她的妈妈时会发生什么？当小妹妹出生时会发生什么？当迈纳发脾气、指挥她的母亲或没有表达感激时会发生什么？迈纳的家人如何将她从一个苛刻、专横的幼儿转变成一个友善、优雅、冷静的6岁孩子？

迈纳的母亲、父亲和祖父母反复使用了一种关键的育儿工具，旨在增强孩子的执行功能。琼把这个工具称为"戏剧"。它的操作方式是这样的：当孩子发脾气时，比如打人或攻击自己的兄弟姐妹，父母可以说一些像"哎哟！好痛！"或者"哎哟，你在伤害你的弟弟"这样的话，以展示孩子行为的后果。但是在这个过程中，没有大喊大叫，也没有惩罚。

相反，父母会等待，然后在一个平和、冷静的时刻，父母会重新演绎孩子的不当行为。通常，表演会以一个问题开始，来引诱孩子做她知道自己不应该做的事情。例如，如果孩子打人，妈妈可能会问"你为什么不打我？"以此来开始一个戏剧。

然后孩子不得不思考："我应该怎么做？"如果孩子上当了，打了妈妈，妈妈不会责骂或大声喊叫，而是用略带嬉戏、有趣的语气表演所发生的事情。她会模拟行为的后果。"哎哟！好痛！"她可能会惊呼。

妈妈会继续强调后果，向孩子提出后续的问题来帮助孩子思考。例如："你不喜欢我吗？"或者"你还是个小宝宝吗？"这些问题会持续引发孩子的思考。它们还将父母期望的行为与成熟联系起来，将不当行为与婴儿期联系起来。这些问题传达给孩子这样的信息：打人会伤害人的感情，而"大孩子"不会打人。妈妈提出所有问题时，会夹杂着一丝嬉戏的口吻。

琼·布里格斯写道，父母们会通过寓教于乐的方式来引导孩子克服一些成长中遇到的问题或转变。例如，如果幼儿不善于与兄弟姐妹分享，父亲可能会通过诱惑孩子变得贪婪来上演一出"分享戏剧"。父亲可能在下午与孩子一起吃饭时说："不要把你的食物给你的兄弟。"然后如果孩子不愿意分享，父亲会表演后果。"你不喜欢你的兄弟吗？真是可怜的小家伙，他好饿。"

父母会不时地重复这个戏剧，直到孩子不再上当。琼记录道，当孩子表现得好时，父母可能会用简单的话语，如"看胖胖的马塔多大方"，来表扬孩子的行为。

~~~

在巴芬岛的那个雪夜，和迈纳（即胖胖的马塔）面对面坐在包厢里，我感到自己有了一个难得的机会。我有机会更深入地了解琼的工作和这种令人难以置信的育儿技巧。因此，我询问迈纳与这位已故的人类学家的关系。

"她对我们来说就像家人一样，"迈纳说，"我们很爱她。"

几十年来，迈纳和琼保持着密切的联系，直到琼在2016年去世。琼经常去巴芬岛拜访迈纳，而迈纳也会去纽芬兰看望琼。"她对我来说永远是特别的。"迈纳郑重地说。

有时，琼会用因纽特语为迈纳的家人朗读她的书，回忆起那些戏剧和她"在野外"的时光。迈纳说，她已经不记得很多琼在书中记录的内容了。"我那时太小了。"她说。

但是，迈纳确信戏剧是帮助孩子调节情绪的重要工具。她说，它们教导孩子保持冷静，不轻易被激怒。"它们教你在情感上变得坚强，不把一切看得太重或害怕被嘲笑。"

戏剧通过两种方式实现这一点：

1. 练习正确的行为

戏剧为孩子提供在西方文化中很少拥有的机会：修正错误。在参与戏剧的过程中，孩子们可以练习控制自己的愤怒，练习对兄弟姐妹友好，练习与朋友分享，练习不打妈妈。练习。练习。（还记得吗？培养技能或传递价值观的第1个要素是什么？练习。）

在这些戏剧中，孩子们可以尝试用不同的反应来应对紧张的情境。由于他们的父母神情轻松，语气略带玩味，孩子们无须担心犯错误。孩子们可以在感到平静而非心烦意乱的时刻演绎不良行为,并看到可能产生的后果。因此,他们更容易学习和思考。

神经科学家丽莎·费尔德曼·巴雷特表示,练习在孩子们学习如何控制愤怒时尤为重要。因为愤怒一旦爆发,无论是孩子还是成人,都很难抑制它。

"人们有一个很大的误解,会认为当你已经生气时,你可以轻易地停止生气。"丽莎说,"其实,在情绪爆发的时刻控制自己的情绪,并且想要改变自己的感受,是一件非常困难的事情。"

但是,**如果在没有生气时,你常常练习对外界和他人感到敬畏或感激,你就会更有可能在你感到愤怒时体会到这些情绪,从而有效应对那些容易引发愤怒的时刻。**"这种练习本质上有助于重塑你的大脑,使它能够更轻松地产生除愤怒外的其他情绪。"丽莎说。

对于孩子们来说,这些戏剧为他们提供了锻炼和强化大脑中自我控制回路的机会。孩子们学会思考而不是生气,他们学会保持平衡而不是反应过度。

2. 将教导转化为游戏

心理学家劳拉·马克汉姆表示,游戏是改变孩子行为的有力育儿工具,但很多父母都忽视了这一点。"游戏是孩子学习世界的方式。游戏就是他们的工作。"

心理学家拉里·科恩说,通过游戏,孩子们可以从一天的艰难经历和"情绪动荡"中恢复过来。在与父母争吵之后,游戏帮助孩子缓解紧张、继续前进。随着火药味消散，氛围轻松起来，父母和孩子也从愤怒和不当行为导致的困境中解脱出来。

"这种父母和孩子之间的紧张情绪是导致问题的一个重要原因。"拉里说。而针对不良行为的一般反应，例如讲道理、辩解或者喊叫，甚至是最温和的形式，都会增加紧张感。"游戏可以减少紧张感。这就是我喜欢它的原因。"

当孩子在完成特定任务遇到困难时，例如早上起床、完成家庭作业或与兄弟姐妹分享，拉里建议使用与戏剧非常相似的技巧。"我会建议家长们把问题带到游戏空间。"拉里说，"游戏空间"是适合各个年龄段孩子的好工具，从幼儿到青少年都适用（我们将在"试一试"部分看看它是如何工作的）。拉里指出，通过游戏释放紧张情绪后，不当行为通常自己就会消失。

养育罗茜的经验

在采访迈纳之后，我开始以不同的眼光看待罗茜的不当行为。我意识到很多时候，当我认为她在"挑战我的底线"（或者是向我挑衅）时，她其实是在尝试练习正确的行为。在最终做出正确的决定之前，她会一遍又一遍地重复错误的行为。

一天晚上，我们在街区遛狗时，我真正认识到了这一点。罗茜在人行道上骑着她的红色三轮车，这在旧金山起伏不平的地形上并不容易。我之前提到过，我们的街区有一些可怕的十字路口，例如有4车道、限速约为每小时50千米的市场街。这个晚上，罗茜一路骑行，像一个骁勇的冒险家，我们离市场街大约还有一条街道时，她飞驰而去，远远地领先于我，直接冲向繁忙的马路。我的心脏猛地一跳！我想尖叫。"等等，罗茜！等等我们。"但是在我还没来得及说什么之前，罗茜就骑着三轮车直接从马路边沿冲向了路中间。

谢天谢地，她很快停了下来，只是在马路上稍稍探出了几厘米的距离。汽车就在她身边几十厘米的距离飞驰而过。啊，我想，她安全了。但是，她到底在做什么呢？

我真的很想责骂她。我想把她从三轮车上拉下来，抱回家。这是我作为家长的责任，对吗？但是我没有。相反，我想了想"胖胖的马塔"和迈纳的妈妈在这种情况下会怎么做。我认为孩子们想要，也需要练习正确的行为。也许她正在练习如何在这个危险的路口停下来。所以我保持冷静，无动于衷地告诉她后果（日常工具2）："如果你在马路上骑车，你会被车撞到。"然后我采用行动而不是言语来进行教导（日常工具5）。我走到她和车流之间，这样，如果她试图再次骑车冲出去，我就可以阻止她。

接着，罗茜做了一件非常有趣的事情。她骑着三轮车，重复了之前的冒险行为。她走上小山丘，跨上三轮车，径直骑到了人行道边缘，又一次在马路上探出了几厘米。她又重复了这个动作3次，最后在第4次尝试中成功了！她在人行道边缘前停下了车。她已经学会了正确的行为。

"好的，妈妈，我们回家吧。"她说着，向我们家所在方向的小山走去。"嗯……"我想，"小孩子真是疯狂。"

试一试7：通过戏剧来教导孩子

本章讨论的是如何将问题转化为游戏，将管教转化为练习。有许多方法可以实现这一目标。但不管采用何种方式，需要记住以下2点原则：

1. 确保你和孩子在使用这些工具时都冷静、平和与情绪稳定。游戏在每个人都放松和平静的时候发生。

2. 保持轻松愉快的氛围。尽量保持微笑或眨眼。这不是讲课或演讲的时刻，而是孩子们尝试新技能和调皮捣蛋、不用担心惹父母不高兴的时刻。

初步尝试

·**在家里上演木偶剧**。下次，当你的孩子在完成某个任务或在情绪控制方面遇到问题时，可以试着用木偶剧重新演绎这个问题。找两个毛绒玩具——或者甚至一双袜子——让它们扮演成与你和孩子无关的角色。例如，我通常用我们家的狗曼戈和邻居家的狗路易斯作为角色。这样做可以使孩子放松下来，而不是感到自己在被父母管教或训诫。然后，设置好场景，先表演出不当行为，接着演出行为的后果。

有时，我和罗茜会用乐高积木或万圣节糖果作为角色来重现场景。我的想法是，这样做可以帮助孩子毫无压力甚至是充满兴趣地重新回顾过去的问题。然后，她可以在加强自我控制的同时，以一种全新的、理性的方式思考这段经历。

你可以通过问问题（"是不是曼戈还是个小宝宝，所以才会打路易斯？""那会伤害路易斯的感情吗？"），让孩子扮演一个角色，或让孩子来完成整个表演。看看孩子在自然状态下会做什么，然后在这个基础上进行适当的引导。如果孩子有更年长的兄弟姐妹，你也可以让他们扮演其中的一个角色。

·**将问题带入游戏空间**。前面提到了心理学家拉里·科恩提出的"游戏空间"的概念，他认为这种技巧适用于各个年龄段的孩子，甚至青少年。为了了解它是如何工作的，现在我们来看一个常见的问题：如何让孩子在睡前平静下来。为了打破睡前的紧张情绪，拉里建议在一天中的一个安静平和的时刻（不是睡前），对孩子说："嘿，罗茜，我注意到我们在睡觉前有很多争吵。让我们来玩一个关于这个问题的游戏吧。"

然后你可以等待，看看孩子是否已经有了游戏的想法，有的话，就让她阐述一下。如果没有，你可以简单地问："你想在游戏中扮演谁？你想成为妈妈，而我扮演罗茜吗？"

然后你和孩子以轻松愉快的方式，表演出她不想去睡觉时你生气或沮丧的情景。"不要害怕表现得过分，尽量夸张不当行为和它的后果，"拉里说，"你的目标是和孩子一起笑并享受乐趣，从而释放紧张情绪。所以，越过分越好。"

有些父母可能会担心自己示范了错误的行为。拉里指出，孩子能分辨游戏和现实生活之间的区别。"在这种类型的游戏中，孩子不会记得家长的'示范'，但是她会记得与他人的联结、游戏中的创意和紧张情绪的释放。"

深度尝试

·编排一场戏剧。为了了解戏剧是如何工作的，让我们看看在我们家长期存在的问题：打人。当罗茜打我时，无论她打得有多狠，我都不再生气。我会尽力忽略它。如果我无法忽略，我会用尽可能平静的口气说："哎哟，好痛"（就像萨莉在卡勒布抓伤她的脸时说的话）。

然后，在我们都平静放松的时候，我会表演一些短小的"打人"戏剧。我会去找罗茜，让她打我。如果她上当了，我会再次表演打人的后果。我会用夸张的方式说："哦，好痛！天哪，真的好痛！"以此向她展示打人会导致身体和情感上的伤痛。

我可以看到，她脑海中的小齿轮在转动。"等等！我有伤害到妈妈的感情吗？"她似乎在想。（我可以看出罗茜不是故意想激怒我。她在乎我的感受，只是她没有意识到打人会造成多大的伤害！）

然后，我会表演着夸张的疼痛问她："你不喜欢我吗？"我经常会得到来自她的一些超级甜蜜和美妙的回答，比如"不，我爱你，妈妈"。

为了帮助她更好地理解打人的后果，我将不良行为与幼稚联系起来。我们的对话通常是这样的：

我："你是个小宝宝吗？"
罗茜："不是，妈妈，我是个大姑娘。"

我:"大姑娘会打人吗?"

罗茜:"不会,妈妈。"①

很多时候,罗茜也想要扮演母亲的角色,她会说"打我,妈妈!"我会轻轻拍打她的屁股或轻轻推她的肩膀。然后她会非常夸张地演出打人的后果。她会尖叫、逃跑,或用伤心的口吻说:"你不喜欢我吗?"第二场戏剧结束时,我们都笑了。

经过1个月左右的戏剧表演,罗茜打人的强度和频率都明显降低。有时她甚至会在打人的过程中停下来,或者有意地不打到我的手臂或腿。

但我必须说,当我不再那么在意她打我时,打人的行为才真正停止。一旦我学会了忽视胳膊上的一点小伤口——甚至是脸上的一巴掌——把它看作是"小宝宝"失去情绪控制的表现,罗茜就没有再"练习"这种不当行为的必要了。你知道吗?我也没那么需要练习控制我(那么多)的愤怒了。

---

① 将不当行为与幼稚联系在一起对年幼的孩子有非常大的影响力,因为他们非常渴望成为大男孩或大姑娘。我们的牙医告诉我们要扔掉罗茜的奶嘴时,这个想法让我感到害怕,毕竟她已经用了3年了。所以我将它与婴儿联系起来,鼓励罗茜停止使用奶嘴。每当她想要奶嘴时,我只是说:"哦,因为你是个小宝宝。"3天后,她走到我跟前,把奶嘴递给我,说:"我不需要这个了。我是个大姑娘了。"——作者注

第11、12章总结
用故事和戏剧来塑造行为

需要牢记的知识

➢ 当孩子感到沮丧时,他们很难倾听和学习。

➢ 当孩子感到放松且不用担心受罚时,他们会更愿意学习新的规则和纠正错误。

➢ 如果孩子在某个问题上不合作(例如完成作业),父母和孩子之间很可能在这件事上关系紧张。一旦通过游戏或故事缓解了这种紧张,孩子将更容易合作并表现得更好。

➢ 孩子们喜欢通过口头故事来学习,特别是涵盖了他们生活中的人物、经历和物品的故事。他们天生就有以这种方式学习的倾向。例如,孩子们喜欢:

· 听家族历史和父母童年的故事。

· 想象物品具有生命并且也会犯错误。

· 想象鬼魂、怪物、仙女和其他超自然生物在他们周围生活,并可以帮助他们学习正确的行为。

孩子们喜欢通过游戏来学习。这是他们释放紧张情绪和练习正确行为的方式。孩子们喜欢重演不良行为或自己的错误,并在有趣、低压力水平的环境中观察后果(而且无须担心受到惩罚)。

建议与工具

不要使用说教或成人逻辑来改变孩子的行为或向他们传递价值观,等待一个平静、放松的时刻,尝试使用以下工具之一:

➢ **讲述你自己童年的故事。** 解释你和父母如何处理错误、问题或不当行为。你受到了惩罚吗?你是如何反应的?

➢ **排一出木偶剧。** 找一个毛绒玩具或一双袜子来扮演孩子不当行为的后果以及你希望他们如何表现。让孩子扮演剧中的一个角色。

➢ **把问题带到游戏空间。** 告诉孩子:"我注意到我们经常因为家庭作业(或其他问题)争吵。让我们玩一个关于这个问题的游戏吧。你想扮演谁?我还是你?"然后以有趣的方式重新演绎争吵过程。不要害怕夸张和表现得离谱。这样做的目的是让大家笑一笑,开心地释放问题所积累的紧张情绪。

➢ **使用怪物故事。** 创造一个藏在你家附近的怪物。告诉孩子,如果孩子以特定的方式表现不当,怪物会来把他们带走(只有几天)。

➢ **让无生命物品活过来。** 让一个毛绒玩具、一件衣服或其他无生命物品帮助你引导孩子完成任务。让这个物品自己完成任务（例如，毛绒玩具自己刷牙），或让这个物品要求孩子完成任务（例如，让一个牙刷要求孩子刷牙）。

第四部分

哈扎部落保持心理健康的秘诀

T
E
A—Autonomy 自主权
M

减少要求和命令,在教导孩子前先问问自己:这真的是必要的吗?

第 13 章
我们的远古祖先如何育儿？

狩猎都是从一声哨响开始。穿着灰色条纹短裤，胸前披着狒狒皮的撒阿从火堆旁跳起来，拿起弓箭，开始吹哨子。长长的、高亢的哨声响起，"吁——吁——"

十几只狗从四面八方向我们奔来。棕色的、黑色的、白色的，甚至有一只毛发像鲱鱼骨头的狗。这些狗都很瘦，肋骨向外凸出。它们看起来很愿意帮忙。

"吁——"，撒阿又吹了一声哨。又有几条狗从下面的小径上冲了上来。撒阿的两个朋友从火堆旁站起来，加入了他的行列。每个人手里拿着弓和几支箭。三人都高大、苗条，像马拉松选手一样健壮。在我意识到发生了什么之前，他们已经消失在了灌木丛中。猎狗紧随其后，鼻子贴着地面，尾巴指向天空。

"我们也出发吧！"我对罗茜大喊。我跪在地上，等着罗茜用腿圈住我的腰。保持这种姿势是我们赶上他们的唯一办法。

黎明时分，我们站在几百米高的山坡上。太阳还没有出来，躲在东边的另一座山后面,但温暖的黄色光芒已经泼洒在了我们山脚下的大草原上。

我们位于赤道以南,距离塞伦盖蒂平原大约 160 千米的地方。现在是坦桑尼亚的冬天。这片土地干燥而多尘,粉红色和白色的巨石点缀在山坡上。灰色的树枝光秃秃的,像瘦巫婆长长的手指,在天空中盘旋交错。只有金合欢树顶部的枝条上保留了一些叶子,看起来像戴着绿色贝雷帽的法国人。

我和罗茜追上了撒阿和他的朋友。我们的翻译大卫·马克·马基亚也跟着他们一起来了,4 个男人停下来研究地上的东西——沙地上的脚印。今天早上,这些人想要追踪狒狒。但只要看到任何猎物——非洲灌丛野猪、小羚羊、麝猫等等——他们都会去捕杀。狩猎是撒阿养家的主要方式。

撒阿已经 40 多岁了,是 7 个孩子的父亲。他额头上 3 条深深的皱纹表明了他的年龄,他俯视大草原时,皱纹更明显了。撒阿头戴一顶装饰着狒狒毛的帽子。他的话并不多,当他说话时,我几乎听不见他的声音。他选择通过行动来表达自己的感受。罗茜和我刚到哈扎营地时,撒阿帮我们找到了一个搭帐篷的地方,就在距离他家小屋大约 15 米的山坡上。我在摆弄绿色的帆布帐篷时,撒阿弯下身,小心翼翼地把地上的所有大石头和鹅卵石都移开,确保我们有一块能睡觉的平坦地面。

撒阿和他的朋友是世界上最棒的猎人。他们几乎只使用弓箭狩猎,这些弓箭是由普通树木的树枝手工制成的。称他们为"神枪手"都算是轻描淡写了。这 3 个人都能从树上射中在 9 米高空中飞翔的小鸟。他们对草原动物有着极其渊博的知识：它们吃什么、如何移动、喜欢躲在哪里、在沙子上留下什么足迹。

今天，他们认定这些脚印不值得跟踪。他们再次深入丛林。严格来说，他们是在"步行"，而不是奔跑。但是我在看着他们时，我想到的词是"滑行"——他们的动作是如此轻松流畅。他们的步伐非常轻快，我必须背着罗茜慢跑才能跟得上他们。

没过多久，我的心脏就开始狂跳，我的肺叶渴望空气。我们越过像电线杆一样粗的猴面包树根，爬过巨大的石块，躲过布满食指长度的刺的树枝。我的毛衣时不时就会被巨大的刺挂住，我必须停下来，费力地脱身。

"罗茜，我觉得我们跟不上了。"我转向肩膀一侧说道。他们4个人已经跟我们拉开了很远的距离，我已经看不到他们了。

然后，他们出现在了我的视野中，他们在远处等待着，我们跑过去和他们会合。每个人都沉默着，甚至狗也停下了动作。

撒阿拿着弓，把一支箭放在两根手指之间，瞄准一棵树的顶端。风吹拂得树叶沙沙作响。他拉开弓弦，随即松开。箭飞得如此之快，我甚至无法追踪它的轨迹。我们屏住了呼吸。他射中了吗？一只鸠鸟从我们头顶上的树丛中飞了出来——他没射中。

他们立刻再次出发，势如破竹。

撒阿2岁左右时，他的父亲送了他一把小弓和箭。无论去哪儿，他都随身带着弓箭。他和罗茜一样大时，已经开始在家附近射猎老鼠、鸟和小型爬行动物。10多年来，他每天都和朋友一起练习打靶。在青少年时期，他开始跟随年长的男性进行短途狩猎。到了 20 多岁时，他已经能够追踪到条纹羚或长颈鹿。

眺望着大草原，我很难相信撒阿和他的家人几乎完全依靠这片土地生活。这里看起来干旱、枯黄、贫瘠。但是他和妻子可以轻松地从这里的植物和动物中获取到家庭所需的所有物品——食物、水、工具、衣服和药品。在他们的生活方式下，不需要大量的水来喂养牲畜，也不需要昂贵的化肥来促进庄稼的生长。如果箭在丛林中断裂或遗失了，撒阿和朋友们可以使用常见的树枝再制作一支。

撒阿是坦桑尼亚的哈扎人，这是一个狩猎采集族群。没有人确切知道哈扎文化已经延续了多少年，但古老的石器和岩画表明，撒阿的祖先可能已经在这片草原上狩猎了数千年，甚至可能是数万年。许多科学家认为，哈扎文化可能是地球上最古老的文化之一。

所有的人类都起源于非洲的狩猎采集者。从坦桑尼亚的撒阿到墨西哥尤卡坦州的玛丽亚，从我在弗吉尼亚州的祖父到我丈夫在马其顿的祖先，所有人类都共享这段历史。我们都由数百万年前非洲一支奇特的古猿群体进化而来，他们靠着采摘浆果、挖掘野生块茎、捡拾大型捕食动物留下的食物，并且最终学会了狩猎和捕鱼，从而生存了下来。

没有人能确定我们的祖先是如何抚养孩子的。我们没有关于旧石器时代的母亲如何让孩子在餐后打扫卫生，或者新石器时代的父亲如何哄幼儿入睡的记录。我们没有发现任何记录睡前习惯的洞穴壁画，也没有发现提供安抚幼儿脾气的技巧的岩画。

但是，我们可以学习地球上每个可居住大陆上存续的多元文化，对史前育儿的某些方面进行有根据的推测，了解那时的小孩如何接受父母的教导、鼓励和关爱。我们可以确定哪些育儿方法在大多数文化中持续存在，经受了时间的考验或在人类历史上一再出现。我们可以特别关注仍然以狩猎和采集为生的文化，因为它们在人类历史上占据着独特的地位。

我们人类所属的物种——智人——已经在地球上存在了20万年左右。在这段历史的绝大部分，大约95%的时间中，我们都以狩猎采集为生。首先，我们在非洲狩猎采集（包括罗茜和我竭力跟随撒阿进行狩猎的区域），最终我们扩散到地球上每个可居住的大陆上。大约在12 000年前，我们中的一些人开始以种植作物和饲养家畜为生。而后，在不到200年前，我们中的一些人将农业和畜牧业发展到了惊人的水平，让我们现在得以使用燃油拖拉机、电锯和机器人来生产我们日常所需的食物。

因此，如果我们想了解我们物种的历史，大体上有2种工具可供使用：古人类留下的化石和对现代狩猎采集社区的研究。正如我已经提到的，后者不是"活化石"或"来自过去的遗物"。他们不能向我们展示几千年前人类是如何生活的。相反，他们展示了人类如何以狩猎采集者的身份兴盛发展。除此之外，他们的生活方式比我在旧金山的生活方式更接近我们物种的过去，他们保留了许多西方文化已经丧失的古老育儿传统和技巧。简单地说，许多狩猎采集者社区可以向西方文化中的父母传授大量的知识。

记者写有关狩猎采集者（如哈扎人）的文章时，经常使用"罕见"和"最后"这样的词语，但是这些形容词给人留下了错误的印象。首先，目前世界上可能存在数百万狩猎采集者。2000年，人类学家估计其数量约为500万人。这些社区遍布地球的大部分地区。他们在西澳大利亚捕猎巨蜥；在北极冻原上追踪驯鹿；在印度，生活着近100万狩猎采集者，他们采集珍贵的药用植物和野蜂蜜。

1995年，考古学家罗伯特·凯利总结了西方文化视角下对全球狩猎采集社区的认知。他的成果——《狩猎采集者的生活方式》一书，描述了全球数十种文化，其中也包括美国境内的十几种文化。不久之前，狩猎采集者仍然管理着北美的大片土地，例如落基山脉的肖肖尼人和基奥瓦人，以及中西部的克里人。

事实上，我写下这些字时，所在的地方在200年前曾是拉马约奥龙人的聚居地。那是一个技艺高超的狩猎采集部落，他们在海湾中捕鱼，在橡树林中采集橡果，沿着海岸线收集贻贝。他们是旧金山的原住民。18世纪末，西班牙传教士来到这里，随后几乎所有原住民家庭都死于疾病或饥饿。

罗伯特的书生动地展示了狩猎采集文化是那么"普遍"，而且是那么多元，不仅过去如此，现在是如此，将来也是如此。一些狩猎采集者主要依靠狩猎或钓鱼为生，另一些则主要依靠采集。一些居住在大型定居族群中，另一些则生活在小型游牧营地中。许多狩猎采集者的道德体系都根植于所有人的平等，但也有例外。一些文化倾向于生育很多孩子，组建庞大的家庭；而一些文化中的家庭则更像是我和马特，只生育1~2个孩子。此外，基本上所有的狩猎采集文化都不仅仅依靠狩猎、采集和捕鱼为生。罗伯特写道："读者应该知道，许多这些'狩猎采集者'自己也会种植一些食物，与农民交换农产品或使用货币交易。哪里有'真正的'狩猎采集者！"

最重要的是，没有任何一种狩猎采集文化是"未受干扰的""原始的"或"与外界隔绝的"。每种文化都与附近或远方的其他文化进行着交流和贸易。每种文化都与其他文化相互学习和传授知识。每种文化都与其他文化相互沟通和联系。

坦桑尼亚北部的哈扎人也不例外。几千年来，哈扎人生活在一片广阔的稀树草原上，面积大约相当于罗得岛州，周围还环绕着一个巨大的咸水湖。在族群的全部历史中，他们一直以狩猎野生动物为生，包括大型动物（长颈鹿、河马、大羚羊）和小型动物（兔子、野猫、小羚羊、松鼠、老鼠）。他们从狮子那里抢走新鲜的肉（"容易得到的食物"），从树上采蜜（"生命的黄金"），挖掘山芋状的块茎，采食猴面包树的酸爽脆果。他们住在由树枝和草建成的圆顶形小屋里，女人们可以在2小时内轻松建造出一座这样的小屋。

换句话说，哈扎人之所以能像他们的祖先那样长期生存，不是因为他们与世隔绝或没有接触过其他生活方式，而是因为他们认为自己的生活方式最适合他们所生存的恶劣环境。这是真的，在很长一段时间里，哈扎人已经取得了成功。为什么要修补没有问题的东西呢？

哈扎人之所以能够顺利存续，很大程度上是因为他们与土地之间建立了稳定的关系。西方人称之为"可持续发展"。家庭与周围的植物和动物合作，以便他们能在数千年的时间里共存和繁荣。这是一种基于最小干预和相互尊重的关系，而不是控制和改造，那是西方人的做法[①]。植物生态学家罗宾·沃尔·基默尔称这种生活方式为"礼物经济"。土地提供给哈扎家庭小羚羊、狒狒和块茎，作为回报，哈扎人有责任照顾和保护土地。这种关系是相互的、双向的。

在她的杰出著作《编结茅香》中，罗宾写道：

在礼物经济中，礼物并不是免费的。礼物的本质在于创造一系列关系。礼物经济的货币从根源上来说，是一种互惠互利……在礼物经济中，财产附带有"一系列责任"。

换句话说，"礼物"在人与土地之间双向流动。责任也是如此，土地给予人类礼物，人类也需要将礼物的一部分回馈给土地。

在与哈扎家庭相处的短暂时间里，我可以看到，礼物经济无

[①] 在西方，人与土地的关系是一种支配关系。人类以极快的速度疯狂地改造土地、消耗资源，几乎没有给未来的人留下任何资源。礼物只向一个方向流动：人们索取、控制和改变土地以及动物。——作者注

处不在,包括他们如何对待猎杀的动物、如何分享每一棵采摘的植物,以及他们如何做到几乎不浪费食物、几乎不产生垃圾。我也在他们与孩子的关系中看到了礼物经济的影子。父母不是通过控制和支配使孩子尽快地变成理想中的模样。相反,他们注重相互的馈赠。父母不断地给予孩子爱、陪伴和食物,而作为回报,父母期望孩子承担起"一系列责任"。他们共同生活,互相尊重,通过互惠来实现爱和联结。我用笨拙的西方语言,为这种关系撰写了一句箴言:"我们各司其职,永远尽力相助,并肩同行。"

这种看待孩子和与孩子相处的方式并不是哈扎人独有的。你可以在很多狩猎采集社区和其他土著文化中找到类似的方式。而正是多种文化中的共通性使这种育儿方式显得如此非凡卓越、意义重大:尽管狩猎采集文化中存在着巨大的多样性,但你仍然可以追溯到一种普遍的抚育孩子及与孩子互动的方式——这种方式可能已经存在了数千年,也许是数万年(甚至更长时间)。我们将会进一步了解到,这种方式非常适合孩子的心理和身体需求,像定制手套完美地套在手上一样,甚至更好,像榫卯接头一样和孩子的需求严丝合缝地嵌合。多么美好啊。

在坦桑尼亚的狩猎行动中,我第一次学到了这种美好的育儿方式。罗茜和我落后撒阿和他的朋友们400米,我不知道我们怎样才能赶上他们,尤其是罗茜还骑在我的背上。我开始担心我们可能会在丛林中迷路。罗茜几乎要哭了。"妈妈,我不舒服。哎哟!哎哟!我想下来自己走。"她哭道。

"好的。下来吧，"我跪下说，"握紧我的手。"

我抓住罗茜的手腕，我们加快步伐追赶其他人。我紧紧抱住她，帮她爬过岩石，在带刺的树枝下压低她的头。"小心刺！"我几次大喊。我不断拉她的手臂，催促她走得更快。有时，我感觉自己像拖着一条不情愿的狗一样，拖着她穿过丛林。

她开始哭泣，我觉得我们应该放弃，返回营地。我呼唤翻译大卫过来帮助我们。他自己也有 2 个女儿，其中一个女儿只有 4 岁。大卫立刻看出了我的问题所在。他毫不犹豫地给了我一个育儿建议，概括了这次旅行中当地父母们教给我的很多东西，概括了礼物式育儿方式的全部精髓。

"**松开她的手。就让她走吧，**"大卫的声音中透着一丝恼怒，"让她走在前面，你跟在后面。她会没事的。"

"真的吗？你真的觉得会没事吗？"我表示怀疑。

"是的，她会没事的。"他说。

"好的……但是，我觉得……"在我还没说完这句话之前，罗茜已经跑开了，像一只小狒狒一样爬过了岩石。

事实证明，大卫对罗茜的判断是正确的。我"松开她的手"之后，她在这次狩猎中表现得非常出色，整整走了 3 个小时。

在那一刻，我第一次亲眼见识到对一个小孩来说，一点点自主权能够产生的效果，以及这种效果对她与母亲的关系有多么重要。

第 14 章
世界上最自信的孩子

在坦桑尼亚的第三天,我遇到了一个小女孩,她向我展示了孩子们是多么地自立和善良,即使他们还很小。她也让我开始考虑我是否过多地干预了罗茜的生活,并在这个过程中让她变得更加焦虑和霸道。

那时,我和罗茜已经在哈扎家庭附近露营了几天。我们已经对这里的日常生活节奏有了基本的了解——非常缓慢的节奏,主要由两个元素组成:篝火和友谊。

每天都以一样的方式拉开帷幕。在黎明前,天空还是一片乳白色,星星还在闪烁,撒阿会走过我们的帐篷,爬到附近的一棵树上,砍下一段和我身体差不多大小的木头。他把木材带到一堆石头周围,生起早晨的篝火。

黎明的空气十分寒冷,几乎能看到自己呼出的白气。罗茜和我只想待在我们的睡袋里取暖。但几分钟后,几个男人加入了撒阿的行列,围坐在篝火旁。他们轻声交谈,吸引了我和罗茜。"来吧，罗茜，"我说着，把我们的睡袋拉开，"我们去看看他们在聊什么。"我帮罗茜穿上一件毛衣，然后走向火堆，火堆正位于一棵我见过的最雄伟的树下。

每天早上，这些父亲都会在一棵巨大的千年猴面包树下坐上1小时。这棵古老的树有2层楼高，是大自然的奇迹。它看起来像一根插在山坡上的巨大的蜡烛。它光滑的褐红色树皮仿佛热蜡油一样往下滴。树顶上，绿色柔软的荚果在伸展的树枝上悬挂着，向哈扎人慷慨地提供礼物。猴面包树的果实中富含维生素和脂肪，为这些居民提供了全年所需的大部分热量，比任何其他单一的植物或动物都要多。

我喜欢这棵树。我坐在下面，脸颊和手指感受着火炉的温暖，我感觉树几乎要拥抱我了。罗茜坐在我旁边，裹着红色方格毯子，咀嚼着我在来时的飞机上藏起来的黄色玛芬蛋糕。名叫伊玛的年轻男子背着一只毛茸茸的小动物走到火堆边，那是他们清晨打猎的战利品。这只动物看起来像浣熊和家猫的混种。这些男人一起剥下动物的皮，分解它，然后在火上烤肉。他们一起分享烤肉，把剩下的肉渣扔给几只在火堆旁闲逛、渴望食物的狗吃。

从我们所在山坡上看下去，可以看到下面山谷的壮观景色，那里有种植绿洋葱的农场和闪闪发光的咸水湖。我想："这是一个休养的好地方。"每天早上都在这样的环境中醒来，一定有益于人的精神健康。生活的节奏也很棒：一天中，父母们会停下手头的工作，简单地坐在一起或安静地独处一个小时。我不禁思考："为什么我总觉得需要在每个时刻都说点什么或做点什么呢?"

然后,我看到了山下的小路上有一个小小的身影在移动——一个小女孩。她沿着小路,翻越几块大石头,脑袋忽高忽低地起伏着。当她走近时,我看到她弓着背,驮着什么东西。

那个小女孩有着黑色的短发和精致的五官,看起来大约五六岁。她穿着一件红色的绒布夹克、一双灰色拖鞋和一条黑白条纹的裙子,恰好与撒阿短裤上的印花是一样的。她的肩膀上缠绕着一条印有花卉图案的宽布,宽布包裹着一个大约6个月大的婴儿,依偎在她的背后。

"那是我女儿。"撒阿借助大卫的口译说道。我向撒阿询问她的名字。

"贝莉。她背着的小婴儿也是我的孩子。"撒阿说着,手指向贝莉的后背。"啊,她背着弟弟。"我想。

贝莉在火堆旁边坐了下来,坐在我和她的父亲之间。近距离看着她,我才意识到我在这次旅行中已经见过她好几次了。过去几天,她一直在我们身边观察我们。她从未靠近我们身边1米以内,但我可以判断出她非常好奇。她目不转睛地盯着罗茜。

今天,她似乎更勇敢了,像是想更多地了解我们。我给她一块从飞机上带下来的小蛋糕。"你想要吗?"我问。贝莉慢慢地接过蛋糕,看了看它,然后立刻撕下一小块,轻柔地放在她小弟弟的嘴里。婴儿也看了过来,对我微笑。

"哇,她好慷慨。"我想。然后,在接下来的5分钟里,贝莉把整个小蛋糕都喂给了她的弟弟,一点都没有留给自己。没有人要求她和弟弟分享，她完全是出于自愿这样做的。如此年幼的小人儿自愿做出的善良行为是那么美好，我几乎被感动得流泪了。罗茜会这么做吗？如果处在她那个年纪，我会这么做吗？即使现在，作为一个成年人，我会这么做吗？

而我不知道的是，这只是一个小小的开端，在与哈扎人相处期间，我将对善良和尊重有更多的了解。

～～～～～～～～～～～～～～～～～～～～～～～～～

哈扎人的一天以生火开始，也以生火结束。每晚日落后，撒阿和其他男人们聚在巨大的猴面包树下聊天、讲故事和唱歌。今晚的天空漆黑而清亮，我们甚至能看到银河系在东南地平线上隐约划出一道白色的刷痕。

一个20多岁的年轻人拿来了一个用葫芦制作的手工弦乐器，并教我们唱一首哈扎语歌曲。这首歌讲述了一只狒狒在男人外出打猎时去拜访女人的故事。哈扎语是地球上仅存的几种使用所谓"搭嘴音"的语言之一，这些搭嘴音是舌头以不同的方式撞击上颚而发出的。哈扎语中有3种不同的搭嘴音，嘴型和舌头的动作决定了发出的音节。哈扎语的说话者会以3种不同的方式发出这3个搭嘴音，从而创建出了9种不同的音节。在我听来，它们基本上都一样（像马蹄声一样）。我只能唱出一两句歌词，但罗茜似乎毫无困难，她在猴面包树下尽情歌唱。

然后，一位名叫普//伊普//伊乌（"//"代表搭嘴音）的年轻父亲决定给我和罗茜取哈扎语名字。普//伊普//伊乌只有20出头，但他已经是一个了不起的父亲了。他几乎每天下午和晚上都抱着他的第一个儿子，和只有1岁左右的儿子依偎在一起。普//伊普//伊乌轻声对婴儿说话，抚摸他，并在火堆旁给他唱歌，一连唱好几个小时。孩子们喜欢这样的陪伴！他们似乎永远不会对简单地坐在一起共度时光感到无聊——根本不需要一台iPad。

普//伊普//伊乌指着罗茜说："她就叫'托可可'吧。"一边让他的小宝宝在他腿上弹跳。

"'托可可'是一种小野猫，"他说，"因为她总是像一只小猫一样在营地四处奔跑。"我想："她尖叫起来也像一只猫。这很恰当。"

然后普//伊普//伊乌转向我，对着我微笑。"你就叫'洪！沃！沃可'。"

"什么？"我笑着惊叫道。

"洪！沃！沃可，洪！沃！沃可，洪！沃！沃可。"他一遍又一遍地重复着。

"那两个'！'是两个响亮的爆破音，然后在最后加上清晰响亮的'沃可'的音"。但实际上，我根本学不会用口腔和舌头发出这些音。每次我尝试发音，所有的人都觉得很搞笑，都会爆发出笑声。

然后，一部分人又开始唱歌了，很快，我们都唱起那首关于狒狒的歌，一起欢笑，一起点头。一切都非常愉快。我开始明白，想拥有一个美好的夜晚，你所需要的只是一个篝火、几首喜欢的歌曲和你认识的朋友。

最后，歌声和笑声渐渐消失，我问普//伊普//伊乌，"洪！

沃！沃可"这个名字是什么意思。

"它的意思是'等一下'。"普//伊普//伊乌笑着说道，露出了他闪亮的整齐排列的洁白牙齿。

"'等一下'？为什么叫这个名字？"我问道。

此时，普//伊普//伊乌和翻译大卫展开了一场激烈的对话，他们手舞足蹈，表情夸张。然后他们都放声大笑起来。几个男人甚至开始唱歌。我感觉自己成了个笑话。

"'等一下'是金合欢树的名字，"大卫笑着说，"你知道的，就是那种树枝上长满了刺的树。他们叫那些树'等一下'，因为如果你被刺挂住了，只需要等一下，就可以摆脱刺的束缚。"

"所以他们用金合欢树的名字给我起名？"我说，并对此感到相当自豪。谁不想和那些美丽的树有相同的名字呢？

"是的，"大卫笑着说，"因为打猎的时候，你的毛衣经常会被金合欢树的刺挂住。所以你的名字就是等一下。你需要等一等。"

"嗯……"我想，"打猎的时候，罗茜和我落后大部队很多。但他们怎么知道我总是被刺挂住？难道有人一直在看着我，而我却没有意识到吗？"

我似乎有种感觉，这些男人是想通过这个名字教我些什么，不仅仅是在打猎时等一下。

我微笑了下，进而大笑起来，但现在我有了一个新的问题：他们为什么给我取名叫"等一下"？

第二天早上，罗茜和我起得有点晚。太阳已经升起，高高地挂在东边的山上，迅速温暖了清凉的空气。我们身边弥漫着烟雾和篝火的气息。

罗茜和我走下山坡，来到一家人的小屋前，发现几个母亲正在准备出去采集块茎。她们都穿着美丽的吊肩长裙，裙子上印着蓝底黄花、红底金叶、蓝红相间格子等一系列基本色构成的图案。

我们先坐在火堆旁聊了一会儿——反正没有什么急事，块茎也不会跑掉。我很快发现，这些女人只需要1～2个小时就能采集到她们需要的所有块茎。

然后，几个女人突然站起身，拍拍裙子上的灰尘，走向灌木丛。我牵起罗茜的手，跟在她们身后。我向右转头看了一眼，猜猜我看到了谁跑过来想要追上我们？是可爱的贝莉。她背上的婴儿不见了，我也没看到她妈妈和我们一起。"嗯……很有意思，"我想，"她一个人出来了。"

我们走了大约15分钟，直到其中一位名叫夸察察的女人停了下来，指着泥土里一个比25美分硬币还小的洞穴，说："看到这里的土了吗？"夸察察说着，拉起她的红色长裙，以我见过最优雅的姿势跪在洞旁边。夸察察是一个20出头的年轻妈妈，她的身体从头到脚都笔直如箭。事实证明，她也是一个了不起的优秀猎手。

夸察察拿着一根90厘米长的棍子在洞周围挖掘，棕色的土飞扬起来。贝莉目不转睛地注视着她，很快，夸察察挖出了一个大约 60 厘米长的沟壑。她停下来，用手势示意另一个女人，然后又在垂直方向上开始挖掘，形成了一个 L 形的沟壑。我完全被搞糊涂了。夸察察在做什么？

突然，一根白线出现在沟壑的后面，从棕色的土壤中伸出来。夸察察停下来，拉住那根线，一只白色的老鼠跑了出来！

"哈？"我惊叫着，完全震惊了。我本以为会找到一个块茎，但没想到是只老鼠。"你怎么知道它在地下？"我天真地问道。抓住地下的老鼠是我见过的最神奇的壮举之一。夸察察把老鼠交给了一个蹒跚学步的孩子，然后若无其事地走开了。

与此同时，其他女人已经走到了附近的一棵树下，开始用锐利的木棒挖掘块茎。红色的像土豆一样的块茎堆在她们旁边。一位女士递给我一根棍子，向着地上的深沟做了一个手势。我接受邀请，跪在地上，试图模仿她们的动作。这些妈妈期望每个人都能帮助完成每项任务，即使是一个身材走形的记者。

我四处张望，寻找着贝莉的身影。她正在照看 3 个跟随我们从小屋里出来的孩子。她帮一个男孩系好鞋带，用鼻子亲吻另一个小孩，哄他停止哭泣。然后，贝莉开始给孩子们喂午餐。她拿起一个块茎，削好皮，然后递给孩子们。她又去采集了一些猴面包果实，拿起一块像甜瓜一样大小的石头，举过头顶，狠狠地砸在这些有着绿色绒面的果实上。嘭！果实破开，白色的果肉露了出来。贝莉把果肉递给孩子们。然后她走过来，把剩下的果肉递给了我和罗茜。白色的果肉有着太空冰激凌[①]般的口感,还带有七喜汽水的酸味。

"天哪,小姑娘,"我想,"你好强大,好有责任感啊。"

几天后,罗茜和我又和这些女人碰面了。这次,我们去河边取水。路程并不轻松,我们必须在崎岖陡峭的地形上步行大约3千米。几乎所有的婴儿和幼儿都留在家里由年长的妇女照看,因为他们会成为负担。在回程中,这些女人会在头上顶着11千克的水桶——即使没有宝宝在背上,这也不是一件容易的事。

罗茜和我一起前往,但她已经因为我们之前的运动而疲惫不堪,大部分时间都在我背上哭闹和抱怨。"妈妈,我们什么时候到啊?"或者"妈妈,还有多久?"

但贝莉不同,她把一个空水瓶绑在背上,也递给罗茜一个,然后和其他妇女一起朝着河边走去。同样地,这一次她的父母也没和我们一起来。独自一人的贝莉表现得非常独立、非常顽强。

徒步约1个小时后,我们看到了下面的峡谷。我们沿着陡峭的斜坡走下去,穿过干涸的河床,最终到达了水源地。年轻的妇女开始往水桶中舀水,贝莉和罗茜也一起帮忙。但5分钟后,我注意到贝莉离开了我们这个集体,开始攀爬河谷边上的悬崖。那里非常陡峭,大约有30米高。

[①] 太空冰激凌最初是提供给NASA的阿波罗登月计划中太空人享用的特殊的太空食品,普通冰激凌在低温和低压的环境下,其中的冰晶升华,使之脱水冻干后变成符合太空运输需求的宇宙甜点,口感比较干脆。现在已经变成一种普遍生产和购买的零食。——译者注

"啊哈，"我想，"她终于开始玩耍和闲逛了。她在做些自己觉得好玩的事情。"

但是，哦，不是！

在山崖的顶端有一棵猴面包树，贝莉走到那棵树旁，开始收集营养丰富的果荚，将它们扔进一个巨大的银色碗里。

她没有在玩耍，她在采集！

回到家后，几个女人打开猴面包果荚，取出种子，用几块石头把种子磨成粉。她们将磨出的白色粉末与水混合，搅拌成厚厚的糊状物，然后倒入葫芦做成的小杯子里，分给每个人。这就是午餐。我尝了一口，味道非常好——酸爽可口。它看着也营养十分丰富。

我用视线寻找到了小贝莉。她坐在一块大石头上，双腿伸直，脚踝交叉。她的表情平静，身体放松。因为她的勇气和行动，我们才有了这美味又有营养的猴面包糊。她独自爬上悬崖，采集果荚，从而让整个营地的居民都有东西吃。那一刻，我意识到贝莉有多么了不起。她不仅会照顾自己和小宝宝们，还帮助为整个营地的居民提供食物。她已经成为社区的重要贡献者，即使她还没有上幼儿园。她已经开始回报父母的养育之恩。她似乎没有被责任的重担压迫，相反，责任让她感觉良好。这让她充满信心，安然自得。

哈扎父母是如何教育她为社区做出贡献的？我猛然想起我的哈扎语名字"等一下"。我开始思考，也许那些父亲给我取这个名字，实际上是在教我有关育儿方面的知识。作为一个母亲，我是否需要等一下？

TEAM 3

焦虑和压力的古老解药

在坦桑尼亚时，我惊讶地发现当地的孩子们拥有如此大的自由。各个年龄段的孩子似乎可以去任何他们想去的地方，做任何他们想做的事情，说任何他们想说的话。

相比之下，罗茜的生活似乎被限制住了，甚至可以说被监禁了。她整天待在我们的公寓或学校里，她一直处于我、马特或她的老师的监管之下，她全程在不断地接收指令。

哈扎的孩子们甚至也拥有情感自由。如果一个孩子需要发脾气，那就让他发。没有人会走过去制止他们，没有人会告诉他们"冷静一下"，没有人会告诉他们应该有什么样的感受。尽管在最后，父母或其他孩子还是会安慰这个孩子，但没有人表现出任何紧迫感。

哈扎父母甚至会允许最小的孩子拥有这种自由。提提泰就是这样的一个例子。她大约18个月大，是我见过的最可爱的小孩之一。她有大大的圆眼睛、胖嘟嘟的脸蛋，还带着调皮的笑容。提提泰穿着黄色方格布的娃娃裙，像个大孩子一样在营地里走来走去。如果一个大孩子从她手里拿走了东西，她会尖叫并立刻夺回来。毫无疑问，提提泰是社区中的一名正式成员，可以自己安排自己的日常活动。①

有一天下午,贝莉带着我和罗茜去了一处高山上的观景点,距离营地大约400米。我们攀爬上巨石,罗茜好几次差点儿摔倒。我们终于到达山顶时,那个高度已经让我有点眩晕了。然后,我朝下看去,猜猜我看到了谁一个人站在石头底下。是提提泰!她一个人离开营地跟上了我们。为什么父母允许她独自走这么远?我想(其实我不知道并不只是她一个孩子会这样)。

最初,我认为提提泰和其他的哈扎孩子拥有的是"独立"——完全的独立。但随着时间的推移,当我观察得更仔细、听得更加仔细时,我发现自己错了。哈扎孩子们拥有的不是独立,而是更有价值的东西。

总体而言,狩猎采集社区非常重视个人自主决策的权利,也就是自我管理的权利。他们认为控制另一个人是有害的,这个理念构成了他们包括育儿方式在内的信仰体系的基石。

这种理念同样适用于孩子,他们可以随时决定自己的行动以及制订自己的日程。没有连续不断的外界帮助,没有人发出命令,没有人说教。父母没有那种无处不在的紧迫感,试图"占

---

① 在玛雅人的昌卡加尔村,我也反复思考着同样的问题。在那里,五六岁的孩子可以自由地骑着自行车到处溜达,随时去游乐场,自己制订日程——他们不上学时候的日程。即使是只有2岁的小宝宝,也可以独自在后院玩耍,尽管危险无处不在:火仍在燃烧,刀具散落在地,还有很多坑洞,小宝宝一不留神就会跌进去。——作者注

据"孩子的时间或"让他们忙碌起来"。相反,他们相信孩子能够——而且会——自己解决这一切。为什么要干预他们呢?

"不管是多大年纪的人,'决定'另一个人应该做什么,都不在耶库安纳人关于行为的词汇之内,"珍·利德洛夫在她关于委内瑞拉耶库安纳部落的书中写道,"孩子的意愿是他自己的动力。"

事实上,许多狩猎采集社区的父母都不会告诉孩子(或成年人)他们该做什么。这并不意味着父母不关心或不注意孩子在做什么。不,恰恰相反,他们确实在关注着孩子。(实际上,哈扎父母经常比我更加密切地关注他们的孩子,尽管我对罗茜没完没了地下命令。因为,你想一想,你在说话的时候,你真的能观察一个孩子吗?)他们从不同的角度看待育儿方式:他们相信孩子自己最懂得如何学习和成长。父母说的任何话,在大多数时候只会妨碍孩子的成长。

"所以 1 岁的孩子完全可以独自做 1 个小时他想做的事情,"玛雅心理人类学家苏珊娜·加斯金斯说,"父母或其他照顾者会观察孩子是否安全,但孩子并不需要外界的刺激,孩子自己的计划也不会因别人的介入而改变。父母尊重 1 岁的孩子,他们认为孩子自己有合理的计划,他们的目标是帮助孩子实现它。"

在非洲南部一个名为"昆"的狩猎采集族群中,表示"学习"和"教学"的词汇是相同的("n!garo")。当孩子试图弄清如何做某件事时,父母经常使用"她在自学/教自己"这个短语。为什么要打断他们的学习呢?

对于哈扎的超级父母而言,对孩子施加控制几乎是最后才会采用的手段。他们宁愿在告诉孩子该做什么之前，先尝试所有其他可能的办法。

在中非的巴亚卡狩猎采集族群中，人们也秉持着这种类似的信仰，甚至会阻止并羞辱他们看到的试图控制孩子的其他父母。"这是我们为数不多的几次看到其他父母干涉别人的育儿方式。"心理学家希娜·刘-莱维表示："如果一个父母试图改变孩子的行为，让孩子做自己不想做的事情，另一个父母会说：'**让你的孩子做他们想做的事情，这不是你该管的事情。让他们自己做吧**'。"（你应该还记得，这正是大卫在哈扎父亲的第一次狩猎中告诉我的。）

在一项研究中，希娜计算了父母每小时给孩子下达的命令数量。该研究的结果生动地展现了狩猎采集族群的育儿方式。希娜跟踪了9个小时内成年人和儿童在家里和社区周围的行动，她记录了成年人向孩子分配任务（例如，"去取火"或"拿水杯"或"去洗手"）、解释事物的运作方式、表扬孩子或给他们负面反馈的次数（其实仔细想想，表扬也是控制孩子的一种方式）。

你能猜到巴亚卡父母平均每小时下达多少个命令吗？3个。这意味着父母每小时基本上要沉默至少57分钟。此外，其中超过一半的命令是要求孩子帮助成年人或社区的。因此，只有在命令有利于传递合作的价值观时，父母才会选择下达命令。

当父母确实需要提醒孩子遵守规则或干预孩子的行为时，他们会通过微妙和间接的方式来做，尽力避免冲突的发生。他们让孩子保持自主性，以免孩子感到受控制或支配。父母会使用提问、后果拼图等工具。他们也可以改变自己的行为（例如，走开而不是告诉孩子停止打人），改变孩子周围的环境（例如，如果孩子无法合理地使用 iPad，则将它从房间中拿走，而不是告诉孩子不要使用它），或在孩子遇到不安全的状况时默默地帮助他们（例如，在孩子攀爬墙壁时站在他们旁边，轻轻地握住他们的手或看着他们，而不是让他们下来）。

这种"不随便发出命令"的策略对亲子关系有巨大的影响。首先，它意味着更少的冲突——远远少于一般的家庭。

在篝火边的一个下午，撒阿和贝莉很好地说明了这一点。我看着这对父女坐在一起大约 2 个小时，撒阿在为明天的狩猎打磨箭头，贝莉则在一旁看着他。他们聊了一会儿天，但大部分时间保持沉默。他们平静地共处，2 小时内，他们俩都没有试图命令对方，也没有告诉对方该做什么或不该做什么。他们似乎有一个公认的规则：我们各自管好自己，无须相互干涉。

因此，他们之间没有争吵，没有像我和罗茜之间的紧张和烦恼，他们只是享受彼此的陪伴。

看到撒阿和贝莉在一起的场景，我反思了哪些行为会导致我和罗茜的冲突。我尝试回想，我是否曾在 2 小时内，一次都没有命令罗茜？我是否曾经有过这样的 10 分钟？这是否是我们之间压力的根源？

每次我告诉罗茜该做什么时，是否在某种程度上就是我在与她在争吵？

作为一个美国妈妈，我觉得自己很随和。我和马特都尽量给罗茜最大程度的自由。我确实很重视独立和自主这2种品质，并希望罗茜也能拥有它们。但实际上，与哈扎母亲和玛雅母亲相比，我是个爱唠叨的疯子。不，还是说轻了——我是个喜欢下达命令的控制狂。我的初衷是好的，我试图教她成为一个好人，并以正确的方式做事。但现在我开始怀疑，这种育儿方式实际上可能产生相反的效果——可能会创造出一个更需要依赖的孩子，更难以取悦、更依赖别人。

在观察哈扎父母和玛雅父母的行动之后，我意识到自己在不断下达命令。事实上，我甚至在寻找命令。"罗茜，看着火。""别爬太高的岩石。""别挥动那根棍子。""别吃太多松饼。""擦擦脸。""在人行道上停下来！"我甚至告诉罗茜应该说什么话（"说'谢谢！'"），应该把身体哪部分放在哪里（"罗茜，别嗦拇指！"），以及应该有什么样的情绪（"罗茜，别哭了。别生气了。"）。我不仅在她违反规则或行为不当时命令她，而且在她试图帮助或参与一项活动时也会这样做。为了保护她的安全，我将她限制在我周围几平方米的范围内："罗茜，下来。""罗茜，别在人行道上跑。"罗茜，罗茜，罗茜，罗茜。这是接连不断的一系列命令。①

回过头来想一想，即使我给罗茜"选择"或者问她以"你

---

① 回到旧金山后，我开始记录我每小时对罗茜下达的指令数量。不过我提前结束了实验，因为在10分钟内，我每分钟下达了1~2个指令，相当于每小时会下达超过100个指令。——作者注

想要……"开头的问题,我仍然在某种程度上限制了她的经验,因为我引导了她的注意力并管束了她的行为。我仍然在试图控制她。

在坦桑尼亚和墨西哥的旅程中,我从未听到哈扎或玛雅的父母问孩子,"你想要……吗?"他们也肯定从未提供过"选择"。但我经常这样做。

为什么?为什么对我来说,控制罗茜的行为如此必要?为什么我觉得去引导和限制她在这个世界上的旅程是必要的?在坦桑尼亚的每个夜晚,我在帐篷里给罗茜揉背让她入睡时,我都在问自己这个问题。我得出了一个简单的结论:我认为这是一个好父母应该做的。我相信,我对罗茜说的话和我指导她的次数越多,我就越是一个好父母。我相信,所有这些命令都会保护罗茜的安全并教会她成为一个懂得尊重和善良的人。

我们的霸道、苛求教给孩子了什么

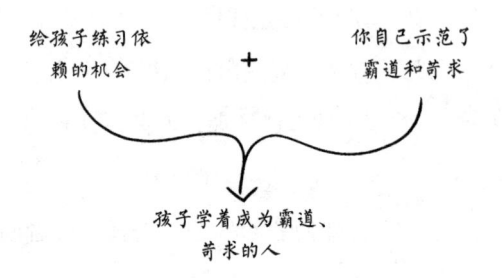

给孩子练习依赖的机会 + 你自己示范了霸道和苛求

→ 孩子学着成为霸道、苛求的人

但是,我的命令真的有帮助吗?还是会产生相反的效果?回想一下我们培养孩子的公式:练习、示范和认可。通过这些命令，罗茜练习了什么？我又做了怎样的榜样呢？

给孩子巨大的自由和独立肯定是有代价的，对吧？除了安全问题外，让孩子自己决定每时每刻该做什么肯定会产生行为上的后果吧？我不断发出命令并不是为了听自己说话。如果我不给罗茜提供明确的指令以及告诉她相应的后果，我不就是在培养一个任性的孩子吗？

正如一位心理学家所写的，孩子的自由似乎是"制造灾难的配方……制造出娇纵、苛求的孩子，长大后也会成为娇纵、苛求的成年人"。就像《查理与巧克力工厂》中的维罗卡·绍特，她说："我要一只金鹅，现在就要！"

然而，在坦桑尼亚期间，我从未看到过任何一次类似于维罗卡·绍特的行为。玛雅儿童也是如此。事实上，我看到的是相反的情况。我看到的是比西方孩子少得多的抱怨、要求和尖叫声。孩子们会为他人考虑，想要帮助他们的朋友和家人，他们自信、好奇、积极进取。

我并不是第一个注意到这种悖论的人。许多人类学家、心理学家和记者已经论述过这个问题。作家伊丽莎白·马歇尔·托马斯在卡拉哈里沙漠与狩猎采集族群朱桓人共同生活一段时间后，精妙地总结了这个想法："没有挫折或焦虑……朱桓的孩子是每个家长的梦想。没有任何文化能够培养出比他们更好、更聪明、更可爱、更自信的孩子。"

那么是什么造成了这个悖论呢？为什么没有惩罚和规则的成长环境会培养出如此有自信和合作精神的哈扎孩子？而在我们的

西方文化中，为什么这会与自我放纵和自私相关联呢？

答案显然非常复杂。一个孩子就像一瓶酒，最终的产品不仅取决于酿酒师（即父母）在发酵过程（即育儿）中所做的事情，还取决于葡萄生长的环境（即社区的价值观）。话虽如此，有一个因素似乎对于培养自信、善良的孩子尤为关键：哈扎孩子不仅仅有自由和独立性，更拥有自主权。这才是最起作用的一个因素！

～～～～～～～～～～～～～～～～～～～～～～～

我在美国的一个农业地区的小城镇长大，它位于蓝山山脉和华盛顿特区远郊之间。总的来说，我度过了一个典型的美国童年（包括所有与之相关的冲突和愤怒）。我们住在一条绿树成荫的街道上，街道的尽头是一条死胡同，周围是马场和玉米地。孩子们在黑色的路面上飞驰，俨然形成了一个小"摩托车帮"，青少年们则在我们家前院玩橄榄球。不上学时，我的生活只有一个目标：冒险。夏天，我会早早起床，吃一碗麦片，穿上一条短裤，然后出门。我喜欢穿着比基尼，赤脚探索我们房子后面的小溪。当我们饿了，我们就会穿过养牛场，去附近的7-11便利店买"大口吃"热狗。

我妈妈不知道我从早到晚都到哪里去了，她似乎从来都不太关心这件事。她从来没有鼓励过我回家帮她收拾杂物或叠衣服。我也肯定没有想过要去帮她。我坐在7-11外面的马路沿上吃着热狗，从来没有想过明天早上要去买一些牛奶或麦片。我是独立的，这一点没错。但我并不自主——至少不像贝莉那样自主。

人们很容易混淆自主和独立这2个概念。在写这本书之前，我想当然地认为它们是一样的。但事实上，这2个概念有着不同的含义，这种区别对于理解狩猎采集者族群的父母如何培养如此自立和友善的孩子至关重要。这也是理解一种不涉及控制的育儿方式的关键，这种方式会让你与孩子合作，使你们之间的关系更融洽，帮你的孩子减轻焦虑。

自主权

每小时只提出3个命令、要求或问题

在教导孩子前先等一下，想想：这真的是必要的吗？

把要求和命令留给建立孩子和家庭之间的联结（比如教育孩子如何乐于助人、慷慨分享）

这种差异在于连接性。独立意味着不需要或不受他人影响。一个独立的孩子就像一颗孤独的行星。他们失去了和他人的联系。他们对身边的家人或社区没有任何义务。反过来，家庭和社区对孩子也没有任何期望。独立的孩子就像城市里的流浪猫，只对自己负责，或者就像10岁的麦克林，在炎热的夏天赤脚跑来跑去。

坦桑尼亚的贝莉或尤卡坦的安吉拉并不是这样。

哈扎和玛雅的孩子与周围的许多人（无论老幼）都有很强的联系和很多义务。这些联系几乎存在于他们生活中的每时每刻。即使孩子们在村庄里骑自行车或在灌木丛中攀爬巨石，像我那样冒险，他们仍然与家庭和社区有着紧密的联系。这些孩子不是孤立的星球。他们属于太阳系，彼此环绕，感受和平衡着彼此的引力。

这些联系可以分为2种形式：对他人的责任和隐形的安全网。

让我们从前者开始讨论。

对他人的责任

哈扎的孩子们出去玩或者在营地闲逛时，他们确实拥有自由，这一点毫无疑问。但是他们的父母在自由之上还添加了其他东西：期望孩子帮助家庭。

在和贝莉相处的所有时间里，我都能察觉到这些期望。首先，母亲和祖母们经常会叫她帮忙。她们会提出一些小要求，就像我们在前面学到的那样。"贝莉，去拿个碗。"一个祖母在使用石头砸破猴面包树种子后说。"贝莉，把宝宝抱过来。"一位母亲在她的宝宝开始哭泣需要哺乳时说。每当该去野外时，一个母亲或是一个年长的哥哥或姐姐会请贝莉携带一些东西（如柴火、水瓶）、采集某些东西（如猴面包树荚果）或者照顾某个人（如提提泰）。每当他们坐下来吃饭时，他们都期望贝莉不仅要与年幼的孩子分享食物，还要先把食物分给他们再自己吃。（事实上，社区中的父母们在贝莉还是婴儿时，就通过"练习、示范、认可"这一方式训练她这样做了。）

怎样教会孩子分享

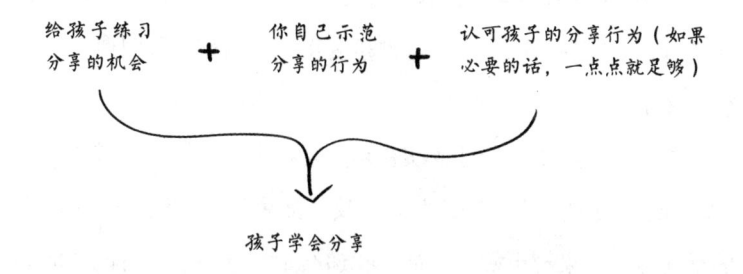

给孩子练习分享的机会 ＋ 你自己示范分享的行为 ＋ 认可孩子的分享行为（如果必要的话，一点点就足够）

↓

孩子学会分享

基本上，每当社区的女性进行某项任务时，他们都会请贝莉帮忙，让她以某种小小的方式做出贡献。他们并不会发出太多指令，也许每小时只有 1～2 个（相比之下，我每小时会发出 100 个指令！）。有时，母亲甚至不说话，而是通过她们的行动将贝莉与群体联系起来，并确保她会对集体的目标做出贡献。例如，我们出去寻找块茎时，其中一位母亲递给贝莉一根挖掘棍；另一次，她给了贝莉一个需要抱着的婴儿；或者她用手指向桶的方向，让贝莉装满水。贝莉似乎总是乐意帮忙并为自己的贡献感到自豪。

即使贝莉到远离营地的地方玩耍，不在成年人身边，她仍然在心里想着集体，并想要提供帮助。她是如何做到的呢？她主要是通过帮助看护照顾提提泰和其他婴幼儿来做到的。父母们训练贝莉帮助照看年幼的孩子，贝莉也认真对待这项工作。还记得提提泰跟着我们到巨石吗？在提提泰需要帮助之前，我都没有注意到她，但贝莉一直注视着这个年幼的小女孩。在我发现提提泰的时候，贝莉已经爬下岩石，去保护提提泰了。

观察了哈扎妇女与贝莉相处几天后，我发现让孩子帮忙完成任务有多么容易，以及我让这件事变得多么困难。我明白，是我想太多了。

首先，我给罗茜的任务实在是太复杂了（例如，"打扫客厅""叠衣服"或"来帮忙洗碗"）。相反，如果我让她做一个非常小的子任务，效果会更好（例如，我递给她一本书，然后说"把这本书放在书架上"；递给她一件衬衫，并说"把这件衬衫放在抽屉里"；递给她一个碗，并说"把这个碗放在洗碗机里"）。罗茜就不太可能抵触这样简单的命令，并且更有可能成功完成任务。

我还用了太多花哨的、不必要的语言来"填充"要求（例如，"罗茜，你介意帮忙收拾晚餐桌吗？"或"罗茜，你想把这杯咖啡送给爸爸吗？"）。相反，我可以把晚餐用过的脏盘子放在罗茜的手里，说"把这个放到厨房里"，或者把咖啡杯递给她，说"把这杯咖啡端给爸爸"。就是这样！这样更简单、更清晰，也更有可能奏效。

心理学家希娜·刘-莱维表示，通过将请求融入日常活动中，父母们可以训练孩子们把他们的活动和注意力转向他人。孩子们会学会留心别人需要什么，然后尽可能地提供帮助。

在这个过程中，孩子们将学会自己做决定。与此同时，大家也会形成一个总体的期望，即每个人都要贡献自己的力量。希娜指出："因此，孩子们和成年人都在自主地行动，没有人告诉他们该做什么。但是在一天结束时，每个人都会把食物带回集体中。你会分享食物，并考虑整个集体。"①

这种方法真的是一种美好的育儿方式，因为它为孩子提供了他们所渴望和需要的东西——自由和团队合作。

我曾经认为自由和团队合作是矛盾的概念，但是在这种育儿方式下，这两个概念互相平衡，发挥彼此的优点。这就像一个成熟度刚好的桃子，当你咬下去时，嘴里充满了甜味。但是像大厨师萨敏·诺斯拉特在她的书中指出的那样，桃子还有另一个元素——酸度，它可以平衡甜味。正是这种组合使桃子的口感更加美妙。

同样的道理也适用于培养善良的孩子。仅仅拥有自由（甜味）可能会培养出自私的孩子，但加入一点团队合作（酸度），孩子们就会充满慷慨和自信。他们最终成为完美的桃子。

回到旧金山家中之后的一个晚上，罗茜在晚餐时精辟地总结了这种育儿方式："每个人都做自己想做的事情，但他们必须友善、愿意分享和乐于帮助。"

隐形的安全网

玛雅父母和哈扎父母不会简单地让孩子们离开家，然后交叉

---

① 在玛雅的村庄中，我们可以看到相似的组织结构。当孩子们在村庄里奔跑玩耍时，年长的孩子需要照看年幼的孩子，确保他们不会伤到自己，从而保护他们。各个年龄段的孩子都要留意并在需要帮助家人的时候提供帮助（家人期望他们成为乐于付出的人）。就像玛丽亚·德洛斯安赫莱斯·通·布尔戈斯所说的那样，如果孩子听到了呼唤，他们就会回家并帮助家人。——作者注

手指祈祷，希望孩子们会没事。相反，父母们建立了一种结构来保护他们的孩子。我认为这是一种隐形的安全网，因为孩子们在需要帮助之前并不知道这个安全网的存在。

首先，这些文化中的父母很少让年幼的孩子完全地独自一人。在我这个西方人的眼里，孩子们似乎是单独行动的，但当我再仔细观察时，我发现这是错误的。正如心理人类学家苏珊娜·加斯金斯曾经和我谈论昌卡加尔村的时候说："总有人在看着。"你认为你是孤身一人，但总有人观察着一切。

"我对玛雅人的父母或年长的孩子的印象是，他们在等待并期望着，然后以几乎无缝的、隐形的方式提供帮助，"苏珊娜说，"因此，年幼的孩子甚至可能没有发现他人已经提供了帮助。"

对于哈扎父母来说也是一样，尤其是父亲。在坦桑尼亚，有很多时候，我以为我是独自在丛林中——或者只是暂时离开罗茜休息一下——直到突然有一个父亲出现在距离我1米的树上或在附近的小道上跑过。"哇，"我想，"他怎么知道我在这么远的地方？"

当我回到营地时，这位父亲说了一些话，让我明白他一直在保护我。甚至是我们之前与撒阿和他的朋友们一起外出狩猎时，我以为罗茜和我已经落后于整个团队，没有人会注意到我们在做什么。但完全不是这样，在整个狩猎过程中，撒阿都会悄悄地回到我们身后，确保我们不会迷路。他就是这样默默无声，我甚至都没有发现他。实际上，他的"隐形安全网"就是他们给我起名为"等一下（洪！沃！沃可）"的原因。

仔细想一想，既然撒阿可以在丛林中追踪野猫和斑羚。那么，照顾"托可可"——和她中年的母亲——可能根本不是问题。

当父母无法亲自"照看"孩子时，他们会确保有一个年长的孩子去帮忙。父母从孩子刚学会走路时就开始培训他们照顾年幼的弟弟妹妹。因此，当孩子到达像贝莉这样的年龄，即五六岁时，他们就已经是能力很强的看护者了。他们知道如何保护幼儿的安全，喂养他们，并在他们哭泣时安抚他们。同时，年长的孩子（哥哥姐姐和朋友）通过照顾年幼的孩子，来回报父母。所以，这里存在一个完美的关于爱和支持的层级关系。青少年会帮助年幼的孩子，年幼的孩子会照顾更小的幼儿，每个人都会照顾婴儿。

有时候，当年幼的孩子第一次试图自己做事时，父母会派一个年长的孩子（或者另一个成年人）在后面悄悄地跟随孩子。年长的哥哥姐姐会确保自己不被发现，这样年幼的孩子就会认为自己是独自完成任务的。在尤卡坦州，玛丽亚告诉我，她在孩子们第一次学着独自去商店的时候就采用了这种策略。"艾莉克莎（当时4岁）总是想一个人去街角商店，"玛丽亚说，"我会让她去，但是我会派她的姐姐跟着她，因为我怕她会迷路。"

因此，给孩子自主权并不意味着要牺牲安全。这只是意味着保持安静，不要阻碍孩子。这也意味着在一定距离外观察，让孩子有自主探索和学习的空间。如果孩子遇到了真正的危险，你会及时出现帮助他们。

拥有自主权对各个年龄段的孩子都有巨大的好处。大量的研究表明，自主权与孩子的很多理想特质有关，包括内在动机、长期动机、独立性、自信心和更好的执行功能，这些特质都在贝莉身上有所体现。随着孩子的成长，自主权与更好的学习成绩、更高的事业成功率以及更低的药物和酒精滥用风险有正相关。神经心理学家威廉·斯蒂克斯鲁德和教育家奈德·约翰逊在他们的书《自驱型成长》中写道："像运动和睡眠一样，它似乎对所有事情都有好处。"

自主权能教给孩子什么

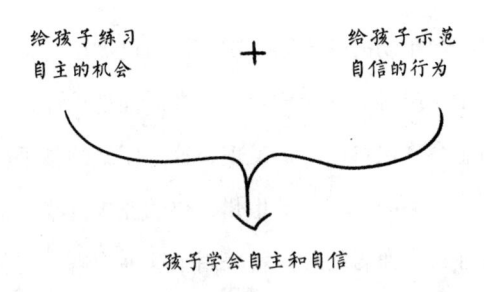

给孩子练习自主的机会 ＋ 给孩子示范自信的行为

↓

孩子学会自主和自信

实际上，当我退后一步，等一下，让罗茜自己处理问题时，我向她传递了几个重要的信息。我告诉她，她有能力和自主权，能够自己解决问题，能够应对生活的挑战。回想一下我们的公式，通过让罗茜自己行动，我为她提供了练习自主和独立的机会，并示范了尊重他人的行为。

反过来，当我不断地命令和指导她的行为时，尽管我是在试图帮助她，但是我也破坏了她的信心。我给了她练习依赖和需求的机会，并示范了专横和苛求的行为。

然而，我的专横还有另一个缺点：它会减缓罗茜的身心成长。哈扎家庭已经注意到了这对孩子的影响。在《哈扎部落：百万篝火的光芒下》一书中，一群长老解释道："因为我们给予孩子们太多的自由，因为他们从很小的时候就参与所有的活动，所以我们的孩子比大多数社会的孩子都更早独立。"

此外，如果孩子们没有足够的自主权，他们通常会感到对生活无能为力。"许多（美国）孩子一直都有这种感觉。"威廉和奈德在《自驱型成长》一书中写道。这种感觉会给孩子压力，而随着时间的推移，这种慢性压力会变成焦虑和抑郁。缺乏自主权很可能是美国儿童和青少年焦虑和抑郁症高发的一个关键原因。

在西方文化中，我们不太擅长给孩子自主权。我们认为我们很擅长，我们也在不断尝试。但是最终，很多孩子对自己的日常生活几乎没有任何控制权。我们为他们安排了严格的日常活动时间表，确保他们每天的每一刻都处于成年人的监督之下。最终，我们以某种方式在宏观和微观上管理他们的生活。在这个过程中，我们与孩子之间产生了巨大的压力。

自主权为"这种压力提供了解药"，威廉和奈德写道。当你感觉自己对当前状况和生活方向有影响力时，压力就会减轻，大脑逐渐放松，生活也变得更轻松。

"父母能够给孩子的最大礼物是让他们自己做决定的机会，"心理学家霍莉·希弗林说，"那些'帮助'孩子的父母给自己施加了太多压力,并导致他们的孩子无法充分准备好成为一个成年人。"

换句话说,母亲麦克林,在你指导、指挥或下达命令之前,你需要"等一下",只是等一下。因为罗茜有很强的学习能力,能自己摸索出正确的行为方式。她的行动经常会让我感到惊喜。

试一试 8:增强孩子的自信心和自主性

总的来说,主要有两种方式可以增加孩子的自主权,同时减少冲突和抵触:

1. 减少口头命令和其他话语输入(例如问题、请求、选择)。

2. 训练孩子应对困难和危险,增强孩子的能力,进而减少你的口头命令。

初步尝试

• **尝试每小时只使用 3 个命令。**拿起手机设置一个 20 分钟的定时器。在这段时间里,限制自己只能给孩子下达 1 个口头命令,不要急于告诉孩子任何事情:做什么、吃什么、说什么,或者怎么做,也包括询问孩子想要什么或需要什么。如果你必须改变他们的行为,请用非语言方式实现,比如使用动作或面部表情。尽力让孩子自由行动,即使他们打破"规则"或做出你不能忍受的事情(记住,只有 20 分钟)。

如果孩子陷入看起来不安全的情况,在干预前请稍等片刻,看看孩子是否能够自己应对，如果不能，请走过去移除危险或移动孩子。

20分钟后，评估你和孩子的感受。你是否感到更放松、更平静？你的孩子是否感到更小的压力？你们之间的冲突是否减少了？

可以尝试将这个练习应用到任何会带来家庭压力和冲突的活动中（例如，准备上学、准备睡觉）。最终，孩子可能看起来或表现得不会完全符合你的期望。他们可能会顶着打结的头发或穿着不匹配的鞋子上学，但该练习对于家庭成员的心理好处将远远超过这些表面问题。

一旦你适应了20分钟的时间，尝试增加到40分钟，再到1小时。一个月后，看看你是否注意到孩子的行为和你们之间关系有何不同。他们是否更有信心了？你们是否经历了更少的冲突？

·**停止充当代言人。**我从没有意识到我经常充当罗茜的代言人，直到我看到哈扎父母从来不代替孩子回答或告诉他们该说什么。从来没有。

而我不断地为罗茜回答问题（"是的，罗茜喜欢上学！"）或告诉她该说什么（"说声谢谢，罗茜"）。我夺走了她的话语权。

所以当我们从坦桑尼亚回到家后，我就不再为罗茜回答问题或告诉她该说什么（至少我很努力地尝试不这样做）。结果，有时候罗茜好像对其他人很粗鲁，但我相信她会（通过那个公式）学习和找到正确的行为方式。如果我真的认为她应该表达感激，我会事后问她："一个大姑娘会怎么做？"但到此为止。

对于大一点的孩子,你的目标是让你的孩子尽可能多地说话,这样他们的信心和能力就会增长。让他们在餐馆点餐、安排课外活动、解决与朋友的争端,在可能的情况下,与教师、教练和辅导员交流成功和错误。如果孩子不习惯独立处理这些情况,你可以陪同他们并提供帮助。让孩子提前知道他们有能力为自己说话,并且你对他们有信心,如果他们需要的话,你可以过去提供支持。忍住插话的冲动,"在商店里或与指导员、教练交流时,你甚至可以退后并避免眼神接触,这样成年人就会清楚地知道,是你的孩子要说话。"前斯坦福大学院长朱莉·利思科特-海姆斯在她的《如何让孩子成年又成人》一书中写道。

朱莉写道,如果你的孩子害羞、内向或有特殊需求,你可能需要更多地替他们说话。"你最了解你的孩子……但即使你替他们说话,也要注意你并不是他们,不能真正代表他们说话。你可以这样说,'贾斯敏告诉我她感觉……'或'乔丹告诉我他对……感兴趣。'"

在所有情况下,都要让孩子带头,展示出他们可以独立完成哪些谈话。不管什么情况,都要忍住打断孩子说话的冲动,即使他们犯错或遗漏了关键点。在说话前要先"等一下"。朱莉指出,总有一天,你的孩子将不得不独自应对这些谈话。现在就是练习这些技能的时候。

• **让孩子处理他们自己的争端。**北极地区的因纽特父母一遍又一遍地告诉我这个建议。实际上,当孩子们发生争吵时,你应该退后一步,不要干涉。你的干预只会让争吵变得更糟,并阻碍孩子学会如何解决自己的争端。只有当孩子们开始互相伤害（例如，真正互相伤害）时，才应该插手。如果一个孩子走过来抱怨另一个孩子，你只需点点头说："嗯。"孩子们知道该怎么做。他们不需要更多的情感认可，他们需要的是自主权。

继续尝试

• **放弃一条规则。**是否存在这样的事情：你的孩子真的想独自完成某件事，但你总是想跟随或制止？也许是骑自行车去学校或去街角的市场。也许是使用菜刀、烤肉或做意大利面。请向墨西哥尤卡坦州的玛丽亚学习：让孩子去做！在孩子执行的过程中，请在他们周围构筑一个隐形的安全网。如果他们离开房子，请等一下，然后悄悄地跟在后面（或让一个年长的哥哥姐姐跟着）。如果他们想使用刀具或类似的工具，适当调整当时的情况，确保孩子不会伤到自己。例如，给孩子一些易于切割的食物（例如芹菜、草莓），提供一把钝一点的刀，或只让他们使用真正的刀具大约30秒钟，然后再换回钝刀。在所有这些情况下，目标都是一样的：给孩子更多的自由和真正练习新技能的机会。

• **训练孩子如何避免或应对在家中和社区中的危险。**在西方文化中，我们会保护婴儿、幼儿和孩子们远离危险。我们会用塑料保护盖盖住插座，将刀具放在橱柜高处，当幼儿靠近烧烤架时，我们会赶紧跑过去并尖叫着对他们大喊（"站住！等等！那个很烫！"）。虽然这种警惕性能保护孩子的安全，但它也会使所有人感到压力。

与此同时，在大多数文化中，年幼的孩子们学习如何安全地使用刀具、处理火源、在炉子上烹饪，甚至射箭或投掷鱼叉。具体的训练细节取决于孩子的年龄、个人能力和活动的危险程度。但是在所有情况下，核心思想都是一样的：使用那个公式！练习、示范和认可。

结果证明，孩子们渴望学习这些技能！他们喜欢这样做。幼儿和年幼的孩子们看到父母使用刀具、加热器和电，来完成诸如切菜、做饭和发光等惊人的任务。孩子们怎么会不想加入其中呢？①

•**对于爬行或刚学会走路的婴儿和幼儿**：让我们以火和电为例来讨论。

开始教育婴儿和幼儿哪些物品在家里（以及周围的社区）是"热的"。当炉子开着时，指着它说"热！"然后演示一下如果碰到它会发生什么。"哎哟！好疼。"指向电插座，说同样的话："热！哎哟！"

然后，如果你或家人意外烫伤，让孩子看到烫伤的地方，让他们看看如果不小心碰到"热的"会发生什么。说些类似"看，

---

① 仔细想一想，这个想法其实很合理。我们在孩子还不能说话的时候，教他们用手势表达"牛奶""再来点"。为什么我们不能教他们"烫手""锋利"之类的词汇，让他们学会如何不伤害自己呢？当她开始走路的时候，她已经开始理解应该避免什么和要小心应对什么了。然后像罗茜一样到三四岁的时候，她不仅会小心翼翼地使用刀具或火源，而且还可能对如何正确使用危险物品感兴趣。——作者注

当我不小心碰到炉子时发生了什么？哎哟！真疼"的话。

如果幼儿对看起来太过危险的工具感兴趣，鼓励他们在你使用危险工具时在一旁观看，然后利用他们的兴趣来教授他们安全技能。例如，罗茜2岁半左右对火很感兴趣，所以我丈夫教她如何吹灭蜡烛，告诉她火焰可能会烫伤她，以及灭火器的工作原理。她非常喜欢灭火器，还拿着它在房子里走了一个星期，我们甚至不得不在餐桌上为灭火器设置一个摆放的位置。

·**对于小孩（大约3岁以上）**：先确保孩子完全理解如何避免危险（参见上述的步骤）。现在，孩子可以开始练习应对危险。对于火，向孩子展示如何点燃炉灶、打开烤箱、搅拌沸水、翻煎饼或在锅中熔化黄油。对于刀具，先给孩子一把锯齿牛排刀，再让他们逐渐升级到拿一把钝的小刀。要点是给孩子一把还算锋利的刀，能实际使用，但又足够钝、不会让他们受伤，然后，观察孩子的技能将如何发展。如果孩子在使用某刀时展现了使用它的能力，并要求尝试更锋利的刀，那就让他们用容易切割的东西尝试，比如香蕉或小黄瓜。但这个过程没必要急于求成。如果孩子快乐地用黄油刀切东西，就随他们去吧。

深度尝试

·**找到自主空间**。许多美国家庭住在繁忙的道路、危险的路口和充满陌生人的社区周围。尽管如此，我们仍然可以找到让孩子可以拥有（几乎）完全自主权的地方，而家长可以放松（同时练习"每小时3个命令"的新规则）。

在每个自主空间中，你可以使用相同的策略：训练孩子应对或避免环境中存在的任何危险，这样你就不必不断地给孩子指令。你可以按照以下3个步骤来操作：

·**识别危险**。一开始，孩子探索环境时，你可以在其附近走动，做孩子隐形的安全网。注意任何危险——陡峭的悬崖、水洼、尖锐的物品。将这些危险记在心里，如果孩子没有注意到它们或对它们没有任何兴趣，请不要对孩子说任何话。如果你把孩子引向危险的地方，那么你就是在自找麻烦。

·**后退**。找个地方坐下来，拿出一本书（或者一项工作任务），放松一下，让孩子自主探索。对你发出的命令计数，并尽量控制在每小时3个命令以内。

·**构筑隐形的安全网**。如果孩子靠近某个危险物品，请开始更密切地观察。孩子花在危险附近的时间越长，你越应该密切地观察。忍住冲向孩子或大声警告的冲动，等待和观察。如果孩子看起来对危险感兴趣，请平静地走过去并开始为他们讲解有关危险的知识（例如对于锋利物品，平静而温和地说："它很锋利。你会受伤的，很疼"）。如果孩子已经知道这个危险，请提醒他们后果（例如对于锋利物品，平静地说："那会割伤你。踩上去会很疼"）。如果孩子仍然不理解，请轻轻地牵着孩子的手，将他们带离危险。改天再尝试进行讲解。

目标是让孩子每周在自主空间度过至少3个小时，并逐渐增加到每天几个小时，可以充分利用放学后和周末的时间。

什么地方是好的自主空间呢？对于幼儿和小孩子来说，寻找视野开阔的地方，这样你可以很容易地从远处看到他们，而不必紧紧跟随他们。以下是一些很棒的地方：

➢ 拥有宽阔空间的公园

➢ 游乐场（我喜欢有沙子或软土的游乐场，可以缓解跌倒的冲击）

➢ 海滩（你可以快速地训练孩子避免靠近大海）

➢ 社区花园

➢ 草地

➢ 学校操场

➢ 遛狗公园

➢ 你家的院子（或者城市家里的阳台）

对于大一点的孩子，社区游泳池和社区活动中心是绝佳的自主空间。把孩子们送到这些地方（以及上面提到的其他地方），在之后接回他们。教孩子们学会照顾自己和年幼的弟弟妹妹，告诉他们要注意小孩子们，确保他们安全。

·**将社区变成自主空间**。这个自主空间适用的确切年龄取决于社区、孩子和安全网的可用性（即年长的哥哥姐姐们是否能照看小孩子）。尽管如此，让孩子们熟悉家周围的区域是一件永远都不会太早的事情。开始教幼儿如何穿过繁忙的街道、注意交通并了解社区中的其他危险。让他们尽可能多地在户外玩耍，你可以坐在前廊或窗户旁观察。逐渐扩大他们独自或在你远距离观察下的活动范围。通过了解邻居来增强隐形安全网。

➢ **介绍你的孩子给邻居们认识。**这需要包括各个年龄段的邻居。可以邀请邻居们一起吃晚餐或喝咖啡（或啤酒）。让孩子为邻居们烤饼干或做饭，然后一起送过去（这也是练习分享和慷慨的好活动）。

➢ **主办一个街区派对。**在街区派对上认识每个人后，邻居们就会认识街区里的孩子，在孩子们独自探险时更注意他们。

➢ **鼓励孩子与邻居的孩子一起玩耍。**邀请邻居们的孩子一起玩或看电影。与他们的父母成为朋友，并邀请他们一起吃晚餐。即使是3岁左右的小孩子，也可以独自跑到邻居家里玩（或有隐形安全网的情况下）。正如我们将在本书下一部分中了解的，邻里的孩子们及其父母可以成为重要的"共同育儿者"，为孩子们营造一个身体和情感上的安全圈。

本章总结
如何养育一个自信的孩子

需要牢记的知识

➢ 和成年人一样,孩子和幼儿也不喜欢被命令。在任何年龄阶段,孩子都有自主学习的天性,不愿意受到干预。

➢ 当我们命令孩子时,会破坏他们的信心和自主能力。

➢ 当我们给孩子自主权并尽量减少对他们的指导时,我们传递了这样的信息:他们是自主的,可以自己解决问题。

➢ 保护孩子免受焦虑和压力的最佳方法是给他们自主权。

➢ 独立和自主是不同的概念。

·独立的孩子与他人没有联系,只对自己负责,不承担其他人的责任。

·自主的孩子掌控自己的行动并自主决策,但与家人和朋友保持紧密不断的联系。他们被期望懂得帮助、分享和友善,并尽可能回馈集体。

建议和工具

➢ **注意观察自己对孩子下达指令的频率。** 拿出手机设置计时器,数一数在20分钟内你向孩子提出了多少问题、评论和要求。

➢ **设定每小时3条指令。** 尽量将口头指令限制在每小时3条,尤其是在容易引发冲突和争吵的情境下(如上学或睡觉前)。仅在教育孩子提供帮助、慷慨大方和承担家庭责任时使用指令。

➢ **寻找一个自主空间。** 在城镇周围寻找幼儿和儿童可以练习自主的地方,你可以从远处看着他们,使你的干预最小化。可以试试拥有开阔空间、草地和海滩的公园和游乐场。带上杂志或工作,让孩子们玩几个小时。

➢ **将你家的院子和邻里变成自主空间。** 训练你的孩子学会应对家里和邻里的危险。通过结识邻居和他们的孩子来建立"隐形的安全网"。

➢ **停止做代言人。** 设置一个目标,争取做到不再代替孩子说话或告诉他们该说什么。让他们自己回答针对他们的问题,在餐厅点餐,以及决定何时说"请"和"谢谢"。让他们自己处理所有谈话,包括与老师、教练和辅导员的交流。

第 15 章
我们拥有什么样的抑郁解药？

> 母亲很少独自一人面对孩子的哭泣；通常会有其他人来替她或和她一起进行干预。
>
> ——安·凯尔·克鲁格和梅尔文·康纳对与昆部落妇女相处经历的描述

罗茜出生时，我们的生活看起来是很理想的。马特和我终于攒够了买公寓的钱，它看起来完美无缺。在公寓里，你可以欣赏旧金山湾的美丽景色，当雾气不太浓时，你可以看到东湾山丘上的日出。此外，如果金凤花姑娘①看到，就会说，我们的公寓"不太小也不太大"。公寓里正好有足够的空间设置一个婴儿房。在罗茜出生之前，我用亮黄色的猫头鹰和粉色的字母装饰了墙

---

① 金凤花姑娘出自童话故事《金凤花姑娘和三只熊》，由英国作家、诗人罗伯特·骚塞发表于 1837 年的著作集中，后来演变成英语国家家喻户晓的、最受欢迎的童话故事之一。——译者注

壁，拼成"Rosemary"字样。

此外，马特和我可以带薪休假，陪伴我们新生的女儿。我们感到很幸运，很开心。

罗茜出生后的头6个星期里，没有出现任何问题。马特给我烤花生酱和果酱三明治，我学会了哺乳。罗茜经常哭泣，但马特和我一起努力抱她安抚她，我的妹妹也过来帮了10天忙，那真是太棒了。

然后，马特回去工作了。我们的世界发生了危险的变化。

从早上8点到晚上6点左右，也就是每天大约10个小时，只有我、我们的狗曼戈和脾气暴躁、时常腹痛的罗茜在公寓里。日复一日，时光以最痛苦的节奏缓慢地流淌。我们整天究竟在做什么，哦，还有，我该如何让这个孩子小睡一会儿，好让我休息一下。

有时候，我会打开美国国家公共电台，只是为了听到另一个声音。如果有精力，我会打车（优步）去市区参加哺乳支持小组。有一天下午，一个大学朋友来看我，并给我带来了午餐。但那也就是全部了。除此之外，我是孤独的。随着时间的流逝，我们完美的公寓变成了一个与世隔绝的孤岛。每当罗茜哭闹和尖叫的时候，只有我一个人抱起她，让她平静下来。我提供给她所有的食物、舒适和爱。我是她的整个世界，而她也在慢慢地成为我的整个世界。

在纸面上，这样的亲密关系听起来很美好、亲密、如梦似幻。这也是我最初所想象的。在朋友们发布的脸书照片上，我看起来确实如此。这就是完美的产假时光。

但实际上,这种隔离和孤独感对我来说有着黑暗的一面。到了第3个月,我感到筋疲力尽。我晚上最多只能睡3~4个小时,因为我无法让罗茜在婴儿床上睡更久,所以,疲惫意味着我没有精力做让这个小人儿活着之外的任何事情。我不再写作和阅读科学文章,不再去徒步旅行或做晚餐。日复一日,我能感到自我意识正在逐渐离开我的身体。

最终,我患上了抑郁症。我知道我需要帮助,但寻求帮助太难了。我给医生和治疗师打了好几个月的电话,才有幸寻求到帮助。我找到了一位可以接受我们的医疗保险的精神科医生并预约到了时间。到罗茜半岁时,我开始服用抗抑郁药,并且每周会去拜访一次心理治疗师。"你必须得到一些关于照顾罗茜的帮助,"她在一天下午说,"你能雇用一个保姆吗?你能提前回去工作吗?你需要帮助。"

后来,我走运了。我们可以雇人帮忙,也可以支付机票让我妈妈经常来探望。但最终,罗茜几乎只与我(以及经过了很多压力和尖叫后,与马特和保姆)建立了亲密关系。我也与抑郁症抗争了好几年。

我一直把这种抑郁症归结于自身——由于某些原因,我无法应对成为新手妈妈的生活。我有童年遗留的"包袱",我在罗茜出生后没有得到足够的帮助,我在照顾孩子方面做了错误的选择,或者是我有某种遗传"缺陷"或其他类型的性格倾向。

但在拜访哈扎家庭时，我开始认识到，问题从来都不是出在我身上，根本不是。

～～～～～～～～～～～～～～～～～～～～

大约 100 万年前，非洲发生了一件非同寻常的事情。一种长相奇特的猿类正在进化出卓越的能力。

不仅仅是因为这种猿类能够两条腿行走，其他猿类也可以；也不是因为他们能够设计并建造令人印象深刻的工具，如刀和斧头，其他猿类也可以。当然，他们的脑容量很大，但这也不是很特别。

从表面上看，这种猿类与同时期生活在非洲大陆上的几种其他二足、大脑发达、类人的物种非常相似。

但是，如果你花几天时间与这种猿类及其家庭相处，你会发现一些奇怪的现象。首先，这种猿类的成年猿表现出了强烈的合作性和同理心。他们合作完成一些其他猿类往往单独完成的任务，例如建造房屋或追踪猎物。他们似乎能够读懂对方的思想，理解彼此的目标，然后帮助对方实现这些目标。

也许最奇怪的是，刚出生的猿类婴儿非常需要照顾。可怜的母猿生下的孩子实际上是毫无自理能力的，他们甚至无法紧紧抓住母亲的身体。他们需要几个月的精心照料才能学会爬行，再过一年才能学会逃离危险。即便如此，这位猿类母亲也还没有脱离困境。她需要照顾孩子 10 年左右的时间，才能使孩子拥有生存的能力，能够获得足够的热量。

人类学家莎拉·布莱弗·赫迪估计，在这种猿类孩子成长的前10年，需要约1 000万至1 300万卡路里的热量才能完全成熟。这相当于大约4 000罐乔氏花生酱。而且请记住，这些猿类是狩猎采集者。他们无法从熟食店买三明治或从集市买杂货。他们必须寻找和追踪所有后代所需的食物，不是几周或几个月，而是很多年。

正如莎拉所说，一只母猿无法做到为她的孩子提供这么多的食物，特别是考虑到她可能还有另一个孩子要喂养或者她已经怀了另一个即将出生的需要密切照顾的宝宝。

母猿面临着一个问题：她的孩子需要比她自己和她的伴侣更多的照顾、食物和热量。她需要帮助，全天候的帮助，而不仅仅是一个长期不露面的姑姑每逢周末的短暂帮助。她需要有人能够在她身边，夜以继日地照顾她的孩子；她需要有人帮助准备餐点、寻找额外的浆果，以及保持干净的环境；她需要有人陪着年长的孩子玩耍，当她不能抱着婴儿的时候，还需要有人来照看婴儿。

随着时间的推移，问题逐渐恶化。经过数千代的时间，这个物种的婴儿变得越来越无助，孩子们需要更长的时间才能变得独立自主。

往前跳过80万年的时间，这种猿类就已经看起来和今天的我们非常相似了。我们就是他们的后代。

最终，人类开始生出一些被一些科学家称为"早产儿"的婴儿。我不是指真的早产，而是说与其他灵长类动物相比，所有的人类婴儿都是早产儿。人类婴儿几乎就是一团柔软的团状物，非常脆弱，没有任何运动协调能力，而且他们的大脑几乎无法正常工作。与其他现存的灵长类动物相比，人类婴儿出生时的大脑发育程度最低，脑容量比成年人的要小30%。

以和我们亲缘关系最近的黑猩猩为例，一个人类婴儿必须在子宫里再生长9～12个月，才能在神经和认知方面像新生黑猩猩一样发达。

我记得罗茜刚出生几天时，她什么也不会，只会哭和拉屎，她甚至无法吃母乳。我还记得抱着她在水槽边，尝试给她洗澡的情形。她就像放进烤箱之前的感恩节火鸡一样，青涩、光滑。她的肌肉是那么松弛。她的胳膊、腿和脖子都悬在空中。我觉得她随时都会从我手中滑落。

没有人确切地知道为什么人类会生出如此"早产"的婴儿。有些人把原因归结于我们超大的大脑，如果允许婴儿在子宫内完全发育，那么母亲在分娩时将会遇到严重的问题。科学家也不知道为什么孩子需要这么长的时间才能成为自给自足的个体。也许漫长的童年阶段给了我们充足的时间来学习成为人类所必需的强大技能，例如掌握语言和应对复杂的社会结构。但有一件事情是肯定的：随着人类数十万年的演变，我们的后代开始需要更多的时间、关注和能量，另一个特征也随之演化，即共同育儿，或"其他"育儿。

正如莎拉·布莱弗·赫迪自己所说："如果母亲们无法获取大量的帮助，就不可能进化出像我们这样需要付出如此高昂的代价、成熟缓慢的后代。"莎拉所说的"大量的帮助"，意思是非常非常多的帮助。

共同育儿者可以是除了父母之外的任何人——帮助照顾孩子的亲戚、邻居、朋友，甚至是其他孩子。

莎拉认为这些额外的"父母"对于人类的进化至关重要。在她的职业生涯中，她积累了大量证据来支持这个假说。她认为，以团体协作方式分担育儿责任是人类进化的结果。同时，人类的后代则进化为与一群人产生联系、联结，并被他们共同养育长大，而不仅仅是由父母两个人养育。

我曾听到过其他人称这个共同育儿团队为"爱的包围圈"，我认为这是一个合适的称呼。因为我们不是在说那些偶尔照顾孩子的人。我们在说的是5~6个关键人物，与父母一起共同努力，在孩子成长过程中通过紧密协作形成一条稳定的由无条件的关爱汇聚成的河流。

在人类漫长的进化历程中，共同育儿团队很可能是我们这个物种和我们的祖先能够在过去一百万年或更长时间内成功存活的关键原因，而其他类似人类的物种，如尼安德特人和海德堡人，则没有能够"挺过来"。换句话说，人类"成功"的原因可能与"狩猎"没什么关系，而与"提供帮助的婶婶"和"给予关爱的爷爷"密切相关。

"allo"这个词缀来源于希腊语，意为"其他"。但是"其他的父母"这个词并不能充分描述共同育儿者的角色。他们不仅仅是在孩子的生活中扮演次要角色或辅助角色的"其他人"。他们位于中心，无处不在，随时给孩子提供爱和关心，而不只是帮忙换尿布或者哄孩子入睡。

以在非洲中部雨林生活了数千年的狩猎采集族群埃菲为例，当一位母亲生下孩子后，其他女性会前往她家组成一个"宝宝特警队"，随时准备响应孩子的每一声啼哭和呐喊。她们抱着、依偎着、摇着新生儿，甚至用母乳喂养着新生儿。正如人类学家梅尔文·康纳所写："应对婴儿的哭闹是一个集体协作行为。"几天后，母亲就可以返回工作，把孩子留给这些"共同母亲"照看。

在新生儿出生后的最初几周里，婴儿平均每15分钟就会从一个照顾者手中转到另一个照顾者手中。到宝宝3周大时，"共同母亲"们负责新生儿40%的抚养工作。到了第16周时，"共同母亲"们负责高达60%的抚养工作。再往后两年，孩子与其他人相处的时间比与自己母亲相处的时间还要多。

所有这些来自"共同母亲"们的拥抱、抚摸和舒适时间，都会为婴儿和儿童带来持久的益处。这些女性对这个小宝贝的了解程度和他的母亲一样深入，而且这个小宝贝在与这些"共同母亲"相处时也会感到同样的安全和舒适。因此，婴儿会与多位成人建立联系和情感联结，可能多达5～6位。

你可以在许多狩猎采集者社区中看到类似的情况。在同样生活在非洲中部的巴亚卡人中，儿童一天内有大约20个不同的照顾者。其中一些照顾者会简单地照看一下婴儿，但另外约一半的人将帮助进行喂养和清洁婴儿等重要任务。

"这种情况与西方社会截然不同，西方社会中的母亲是婴儿生活中唯一的重要人物，用尽所有精力来照顾婴儿。"研究菲律宾狩猎采集族群艾格塔的人类学家阿比盖尔·佩奇说道。

在印度南部，狩猎采集族群纳亚卡非常看重共同育儿者，他们专门取了一个特殊的名字"sonta"，大致意思是一个和兄弟姐妹一样亲近的团体。成年人称周围的所有孩子为"儿子"或"女儿"，或者"maga（n）"，称所有社区中的老人为"小父亲"[cikappa（n）]或"小母亲"[cikawa（1）]。

乍一看，你可能会认为亲戚在狩猎采集者社区中扮演着重要的共同育儿者的角色。但在许多文化中，家庭经常搬家，往往住得离亲戚很远。

最近，研究者开始寻找家庭外的共同育儿者。他们惊喜地发现，有许多照顾孩子的人只通过亲近和爱与孩子之间建立联结。一项研究发现了一个意想不到的育儿帮助的来源，这也是一种西方家庭可以轻松利用并重新获得的资源。

该研究在菲律宾北部海岸进行，艾格塔族群已经在这里生活了几万年。他们在珊瑚礁中捕鱼，在潮汐池中觅食，在需要躲避暴力行为时，他们会藏进高山里。

研究人员阿比盖尔·佩奇和她的同事跟踪了一些2~6岁的艾格塔儿童，观察一天中谁在照顾他们。母亲提供了相当一部分的照顾，比例约为20%。但你猜谁做得更多？是其他的孩子！我说的是那些年龄在10岁以下的孩子，他们渴望承担责任，并且真的想表现得像个"大孩子"。我说的是位于世界各地的贝莉们（在1~2年后罗茜也会位列其中）。

阿比盖尔的报告指出，这些小共同育儿者（年龄在6~11

岁之间）提供了约四分之一的对年幼儿童的照顾。他们解放了母亲们，使这些女性可以回到工作岗位，或者只是休息放松一下。这些小共同育儿者不仅会看管孩子，他们承担了更严肃的职责：他们还承担了许多教学工作。

阿比盖尔认为，年龄比孩子大5岁左右的其他小孩可能是最好的教师，远胜于孩子的父母。她指出，年轻人与我们这些年长者相比有几个很大的优势：拥有更多的精力，且可以很自然地将游戏和扮演融入他们的"教学练习"中，所以学习过程更有趣。而且，他们在某项任务上的技能水平与年龄较小的孩子更接近。

研究中非狩猎采集族群巴亚卡人的心理学家希娜·刘-莱维也认为，目前的西方文化低估了孩子之间相互教导的价值。

希娜指出："我们认为教学发生在知识更丰富的成年人指导年幼者的时候，但在我的研究中，我发现这种情况并不常见。我发现孩子之间的教学在幼儿期之后更为普遍。"

总之，这些跨年龄段的游戏小组不仅为父母争取了更多的自由时间，还为孩子们提供了身体和心理上的帮助。希娜说道："这些游戏小组对社交学习和发展非常重要。在这些小组中，孩子们学会扩展他们的视野，他们会学习社交和情感技能，他们也会学习如何在社会中生存。"

～～～～～～～～～～～～～～～～～～～～～～～～

回到哈扎家庭，我看到了无处不在的共同育儿者。每一天从早到晚，大约十几个妇女和男人一起工作，照顾彼此的婴儿和幼儿。每个妇女和男人都抱着、搂着、宠爱着彼此的孩子，以至于一开始我很难分清哪个孩子属于哪个家庭。孩子们在成年人之间游移自如、舒适自在，他们似乎与好几个成年人在一起感到同样的舒适自在。

一位有4个孩子的母亲苏比恩，完美地总结了共同育儿者的意义："最终，你要为自己的孩子负责，但你必须像爱自己的孩子一样爱所有的孩子。"

苏比恩面容甜美，声音温柔，周身散发着温柔和同情心。当她微笑和大笑时（她经常这样做），两个酒窝出现在她丰满的脸颊两侧。但苏比恩也很坚强，她是一位单身母亲，她的一个儿子残疾，无法行走。在我们交谈的前一天，我看到她背着一桶装满水的桶沿着一条陡峭的河流峡谷走了大约2.5千米的路程，背上还背着一个婴儿，另有一个幼儿拉扯着她的裙子。

"苏比恩，你觉得当妈妈难吗？"我问她。

"是的，"她迅速地回答，语气严肃，"因为你必须努力工作才能照顾他们，但我为成为一个母亲感到骄傲。"

看着苏比恩和其他女性在营地开心地笑闹，互相抱着对方的孩子，我意识到这些哈扎母亲不仅对彼此的育儿提供了很多帮助，而且还拥有亲密的友谊，彼此团结。我每周只能幸运地和女性朋友相处2~3个小时。这些哈扎人的女性每天见面8~10个小时！你可以看出这些女性之间有着深厚的互相帮助、互相成就的关系。

科学家假设共同育儿行为的进化是为了帮助父母给他们的孩子提供食物。但如果共同育儿行为除了确保孩子吃饱，还能为父母提供其他重要的东西呢，比如友谊？

苏比恩和其他哈扎男性和女性拥有大量社会支持，这些支持是我在成为新手妈妈时所缺乏的。他们拥有强大的人际关系网络，可以在他们感到沮丧或需要帮助时进行求助。当生活变得艰难时，他们会互相提供支持。

对于智人这个物种来说，社会支持就像一种奇迹般的药物。它为我们提供健康上的益处，如涟漪般传播到我们的整个身体，从我们的思想到我们的血液、心脏，直至我们的骨骼。在过去的几十年中，一项又一项的研究将有意义的友谊和团结和各种健康益处联系起来。它们减少了我们患心血管疾病的风险，增强了我们的免疫系统，并保护我们免受压力、焦虑和抑郁的影响。当我们确实陷入心理健康问题时，我们越相信有朋友和家人支持我们，那么我们从焦虑和抑郁中恢复的机会就越大。

犹他大学的心理学家伯特·优奇诺研究了孤独对我们的身体健康的影响，他说："花点时间与他人在一起，即使你没有与他们互动，也可以降低你的血压并产生镇静效果。"

伯特表示，另一方面，缺乏社会支持也会加剧心理健康问题，形成一种滚雪球效应。孤独会导致焦虑、抑郁和睡眠问题，进而导致更多的孤独。伯特说："当人们没有社会支持时，他们的身体会表现出生理上的压力反应，就像他们受到威胁一样，似乎有人想抓住他们。"

社会支持对寿命的影响非常大，一项研究发现，拥有良好人际关系与长寿之间的相关性，和体育活动或戒烟与长寿之间的相关性一样强。换句话说，你花在培养深厚、充实的友谊上的时间和精力，可能与你下午跑步（甚至是戒烟）对你的整体健康影响同样重要。

大多数这些研究的研究对象都是成人，但社会支持，尤其是来自家庭成员的支持，可能对孩子来说更加重要。伯特说："我们早期的家庭关系质量与成年后是否感到孤独和社交孤立有关。如果孩子感受到了父母的培育和信任，那么孩子一辈子都会带着这种感受生活。"

如果真是这样，那么当一个孩子感受到不只是父母2个人，而是3个、4个甚至5个共同育儿者的关爱和培育时，会发生什么呢？

一些人类学家认为，共同育儿行为带来的极为神奇的东西：对世界的信任。你相信你的家人会照顾你，你相信你的邻居会照顾你，你相信森林会照顾你，你相信你遇到的人是友善、热情和乐于助人的，你相信世界会为你提供一切。

希娜·刘-莱维说："所以，婴儿早期与共同育儿者的亲密关系会建立高度信任，然后这种信任被投射到整个世界。"

因此，年幼的孩子体验到的"爱的包围圈"，为他们更好地携带爱、信心和安全感进入世界做好了准备。

回到旧金山后，我一直在想与苏比恩和其他哈扎母亲们一起度过的日子，她们帮助照顾彼此的婴儿和幼儿。我开始想象，如果我也能得到这么多的帮助，我的新手妈妈经历会有多不同。如果我们家有5个甚至10个共同育儿者，那会有多好。

如果有一个关系亲密的姨妈教我怎么用襁褓包裹罗茜，一个爷爷教我如何哄她入睡，当罗茜腹痛得厉害、我们无法阻止她哭泣的夜晚，一个邻居可以过来帮帮忙，如果我妹妹可以待上3个月而不是1个星期，那会有多好。

有了这么多额外的手、拥抱和爱心，我相信罗茜哭的次数会减少很多。但对于作为父母的我们会如何呢？我可能会觉得自己更像一个人类，而不是一个产奶、换尿布的机器。马特和我都会感觉到不那么孤单和疲惫。拥有共同育儿者会让我们在身体和精神上都变得更有活力。那么我还会患产后抑郁症吗？我觉得不会。

也许问题并不在于我，而是在于西方文化——我们对育儿应该怎样进行以及我们迎接新生儿的方式。通过孤立新手父母并将核心家庭[①]视为主要抚养者，我们让妈妈和爸爸们陷入了产后焦虑和抑郁的困境（即使像我们这样拥有足够幸运和特权的家庭，拥有房子、稳定的收入和医疗保险，也会陷入这种困境。那些没有经济保障的家庭呢？我无法想象我们的文化实践会让他们陷入多么艰难的处境）。

正如我们正在了解的，这种孤立式的育儿对孩子来说也不

[①] 核心家庭是地球上人类最广泛的家庭模式，指的是以异性婚姻或同性婚姻为基础，父母与未婚子女共同生活的家庭。在这种家庭模式中，成员的家庭负担相对减轻，从而具有更大的流动性。另一方面，核心家庭的成员也相对缺乏家庭支持与陪伴。——译者注

是好事，尽管我们的出发点是好的。作为父母，我们希望尽一切可能为孩子提供未来所需要的东西——但是通过如此强调学校、成绩和"成就"，我们或许也正在将孩子关进公寓里，从而使他们更容易陷入我作为新手妈妈所感受到的那种焦虑和抑郁。

也许，我开始意识到，罗茜需要的不是在放学后参加另一项课外活动或在周末参加额外的学习辅导。相反，她需要与一些关键的成年人和孩子的共度时间，这些成年人会像她的父亲和我一样了解她、爱她。她需要的是"爱的包围圈"，能够支持她，并给予她对世界的信任。

试一试 9：建立家庭情感支持（并让自己获得休息）

一点点的共同育儿方式就能够产生深远的影响。即使只有几个额外的照顾孩子的成年人，无论他们的年龄多大，都可以对孩子的生活产生巨大的影响。

初步尝试

·**珍惜孩子生活中的"小母亲"和"小父亲"**。在西方文化中，我们已经有很多共同育儿者——他们为帮助我们的孩子付出了极大的努力。我指的是保姆、托儿所工作人员、教师和临时照看孩子的人。其中一些共同育儿者花费的时间比我们与孩子在一起的时间还要长。他们是孩子情感发育和健康的关键人物。

然而，在过去100年左右的时间里，我们的文化已经将许多共同育儿者推向了育儿的边缘。但我们可以很容易地将重点转回到他们的贡献和重要性上。

首先，我们可以向这些人表达对他们为我们家庭所做工作的重视和感激之情。对于教师和日托中心的工作人员，我们可以鼓励孩子们为他们制作感谢卡和烘焙小吃。我们可以在他们的生日或节假日准备自制的礼物。如果老师或教练对一个孩子表现出特别的兴趣，我们甚至可以邀请他们来家里吃饭或为他们准备一份特别的餐食。

对于经常在我们家里工作的保姆和临时照看人员，我们可以把他们视为宝贵的家庭成员，而不是只把他们当作有偿的帮手。我们可以关注他们的生活和家庭，我们可以尽可能慷慨地给予报酬，并在他们的家人需要时提供帮助。如果照看人员感兴趣，我们可以邀请他们和家人来家里吃饭或参加聚会（只需明确表明这一邀请不是为了"额外的工作"，而是出于感激和真正想建立关系的心意）。

即使孩子不再需要这些人的照顾，我们也可以继续维持这种关系。我们可以通过电子邮件或电话定期与他们及其家人保持联系。如果他们愿意，我们可以相互拜访和聚会，为他们带去自制礼物和好吃的食物。最重要的是，我们应该像对待亲近的家庭成员一样尊重和感激照看人员。他们对我们家庭的贡献同样很重要。

继续尝试

- **培养小共同育儿者**。招募一个年长的兄弟姐妹照顾年幼的孩子。从他们很小的时候，比如三四岁就开始培训他们。在这个年龄阶段，孩子渴望学习和帮助——随着他们的成长，担任照顾者的角色将成为他们的第二天性。

对于任何年龄的孩子，只需要遵循这个公式：提供实践机会，示范你所需要的行为，将照顾与成熟联系起来。告诉孩子他们负责照顾弟弟妹妹，需要扮演"妈妈/爸爸"或"大哥哥/大姐姐"的角色。然后随着时间的推移，逐渐给孩子更多的责任。如果需要，请提供隐形的安全网。

深入尝试

- **建立一个叔叔阿姨的网络**。苏珊娜·加斯金斯给了我这个想法，真是太棒了。你可以为每个孩子挑选3~4个亲密的朋友，然后所有家庭共同提供放学后的照顾。每天，不同的家庭轮流接送孩子（如果需要），提供小吃和父母监管（如果需要）。"然后我的儿子们有了一群阿姨和叔叔。"苏珊娜说。孩子们展示了自主权，同时与朋友和家人建立了社会支持。随着时间的推移，每个人都拥有了一个巨大的扩展家庭，父母也得到了休息的机会！

- **建立一个"多年龄游戏组"（MAP）**。这是我自己发明的缩写，代表"多年龄游戏组"（multi-age playgroup）或"混合年龄游戏组"（mixed-age playgroup）。

MAP 可以帮助孩子在情感层面有飞跃式的成长。年幼的孩子从年长的孩子那里学到更复杂的行为。年长的孩子也在教导年幼孩子的过程中学习，同时锻炼他们的领导力和养育能力。

你可以尝试多种方式来创建 MAP。你可以简单地鼓励你所在社区的孩子在放学后和周末的时候一起玩耍。我经常告诉罗茜"去找马拉特（住在隔壁的男孩）""去马拉特家玩"。

或者，你可以在自家后院或附近的公园组织一个每周一次的社区游戏小组。邀请所有附近的孩子在周六或周日来玩几个小时。你只需要邀请 1 ~ 2 位家长，而且来的家长应该尽量形成"隐形的安全网"。理想情况下，家长会消失在背景中，只有在孩子可能受伤时才会出来干预。

尝试每周举办一次 MAP，或者请其他家长主持和监督。几个月后，孩子们可能会自己在一起玩耍，几乎不需要专门的组织，而你所在的社区安全网将会更加牢固和广泛。

· **对你的亲戚们保持宽容（或学会重视他们的贡献）**。对一些家庭的情况来说，这可能会很困难。在我自己的家庭中，可能会发生冲突和紧张情况。但我看得到大家多么爱罗茜，以及她多么爱他们。因此，我决定停止争吵，学会和平共处（至少在大部分时间内）。

总的来说，马特和我都把让家人尽可能多地参与罗茜的生活当作头等大事。我们尽量在节假日去拜访远房亲戚，并始终欢迎他们来我们家。每个夏天，我们都会帮助马特的兄弟姐妹和他们所有孩子组织一次度假。这些聚会真的非常有趣！

如果你和自己的家人无法做到这一点，那么就把重点放在与朋友和邻居建立"叔叔阿姨"关系网络上。这里的目标是建立深入、高质量的联系，而不一定是更多的联系。

本章总结
如何保护孩子免受抑郁的影响

需要牢记的知识

➤ 婴儿和儿童天生就可以由很多不同类型的人抚养。从祖父母和姨妈，到保姆和邻居，这些人都非常重要。

➤ 这种爱和支持的网络有助于孩子看到这个世界是可以提供支持的、充满善意的，从而可以保护他们免受抑郁及其他心理健康问题的困扰。

➤ 1～2个额外的共同育儿者可以对孩子的生活产生巨大的影响。

➤ 其他的孩子是非常好的共同育儿者，往往可以比成年人更好地教导和陪伴孩子。孩子天生就可以将玩耍融入学习中，并且他们的技能水平更接近其他的孩子们，成年人则做不到。

➤ 深厚、亲密的友谊对于你和孩子的健康可能同样重要，就像锻炼和健康饮食一样。

建议和工具

➢ **建立一个叔叔阿姨的网络。** 和其他 3～4 个家庭合作，分担放学后的照顾任务。每个家庭负责一天。这个网络可以为孩子们提供情感支持，为父母提供休息时间。

➢ **创建多年龄游戏小组（MAP）。** 鼓励你的孩子与邻里不同年龄的孩子玩耍。邀请其他家庭来家里吃晚饭或品尝鸡尾酒。周末在你的院子里或附近的公园组织大型社区游戏小组，邀请所有年龄段的孩子参与。

➢ **训练小共同育儿者。** 从很小的时候就开始培训年长的孩子照顾年幼的弟弟妹妹。将照顾行为与成熟程度联系起来（例如，"你现在是个大姑娘了，要照顾弟弟了"）。通过增加孩子的责任感来奖励孩子的照顾。

➢ **重视你已经拥有的共同育儿者。** 与你的孩子一起表达对保姆、托儿所工作人员、教师和教练的感激之情。为他们制作感谢卡片、小吃和特别的餐点。把他们视作宝贵的家人，展示慷慨和尊重的态度。

第五部分

西方育儿方法 2.0

T
E
A
M—Minimal Interference 最小化干预

退后一步并观察孩子,相信孩子可以安排好自己的时间。

TEAM 4

西方父母的新典范

想象一个正在学步的小宝宝，也许你会想到母亲牵着他的手。在美国，这个画面经常出现，苏珊娜·加斯金斯观察到，"或者母亲在前面，口头命令着'来这里，来这里'"。

但在尤卡坦州，同样的情况看起来却完全不同。

"玛雅妈妈紧跟在孩子身后，双臂张开，准备在孩子摔倒时接住他们，"苏珊娜继续说道，"从孩子的角度来看，他们是在独立行走，没有任何帮助。"

当我开始写这本书时，我有几个很大的问题要回答：尤卡坦州的玛丽亚如何养育出如此乐于付出和尊重他人的孩子？她与孩子的关系中为何几乎没有冲突和抵抗？

直升机式育儿

宏观：
- 大量以孩子为中心的活动
- 父母为孩子做日常行程安排

微观：
- 大量规定
- 大量教导，大量互动
- 大量口头话语
- 大量外界刺激

在完成本书的过程中，我们逐渐收集了所有的细节来回答这些问题。玛丽亚重视团结、鼓励（而不是强迫）、自主权和最小化的干预。她在实践 TEAM 育儿法。

如果我们思考一下自己作为父母的角色，我们可以将父母的工作分为两类：宏观育儿和微观育儿（有点像经济学家对他们领域的划分）。宏观育儿关乎大局——我们如何安排孩子的日常生活、规划活动和管理他们的时间。另一方面，微观育儿关乎我们日常活动中的实时行为，包括我们说什么、说多少以及我们试图在多大程度上影响孩子的行为。

放养式育儿

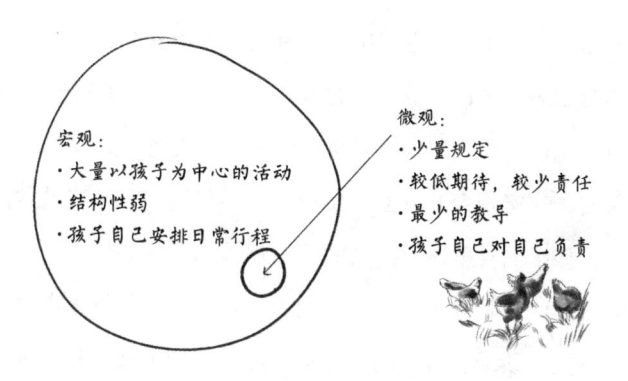

宏观：
- 大量以孩子为中心的活动
- 结构性弱
- 孩子自己安排日常行程

微观：
- 少量规定
- 较低期待，较少责任
- 最少的教导
- 孩子自己对自己负责

举个例子，直升机式父母会严格控制孩子的整个日程安排（宏观教育），并且在这些活动中严格控制孩子的行为（微观教育）。相比之下，自由放养式父母则允许孩子制订自己的日程安排，并且让孩子决定在这些活动中如何具体行事。他们在宏观和微观育儿方面都采取了自由放任的方法。

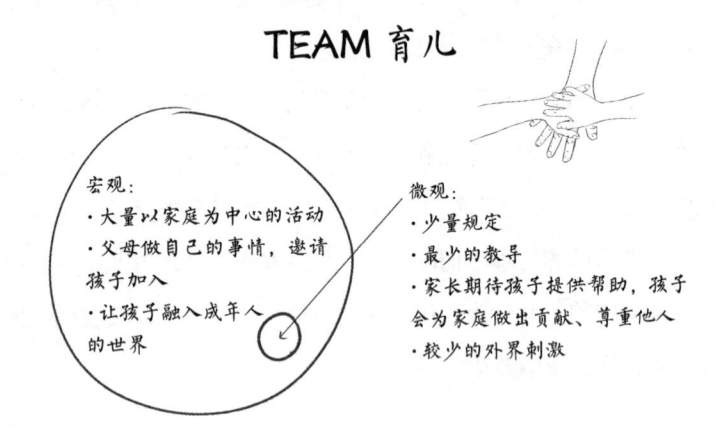

TEAM 育儿

宏观：
- 大量以家庭为中心的活动
- 父母做自己的事情，邀请孩子加入
- 让孩子融入成年人的世界

微观：
- 少量规定
- 最少的教导
- 家长期待孩子提供帮助，孩子会为家庭做出贡献、尊重他人
- 较少的外界刺激

在这本书中，我们学到了这两种二分法的替代方法——TEAM 育儿法。在这种方法中，父母为整个家庭制订每天的日程和整体时间表。他们在家庭和社区周围忙碌，期望孩子们或多或少地跟上他们的步伐[1]。他们欢迎孩子们进入他们的世界。

因此，在宏观育儿方面，父母起主导作用。家庭成员共同进行活动，孩子们对整体时间表的话语权较小。

但在这些以家庭为中心的活动中，孩子的具体行为主要由他们自己掌控。孩子有很大的自主权，父母极少干预。父母观察孩子，并谨慎选择何时影响孩子的行为（例如，当孩子不安全时，或者当父母想传递一个关键的文化价值观时，如乐于助人或慷

---

[1] 如果一个孩子不想参加家庭活动，父母通常不会强迫孩子加入，而是将孩子留给另一个照顾者或共同养育者。——作者注

慨）。即使在这种情况下，父母也采用温柔的方式。他们通过一整套工具来鼓励孩子，而不是通过惩罚或威胁来强迫他们。他们知道行动和示范比发出指示和命令更有效，带来的压力更小。父母会尽可能地利用孩子自己的兴趣或热情来激励他们。

最小化干预

不要觉得你需要一直拖着孩子前进或强迫孩子做事

让退后一步并观察孩子成为你的条件反应（而不是告诉孩子应该做什么）

相信孩子可以自娱自乐，安排好自己的时间

如果你几乎不吸引孩子的关注，孩子也不再会过多苛求你的关注

  最小化干预不仅能减少冲突，还能让孩子有大量的机会练习自娱自乐和自我照顾。他们将会变得非常擅长独处和自娱自乐。他们学会自己解决问题、解决争端、创造游戏、准备自己的小吃，甚至会自己取牛奶。在这个过程中，他们会更少对他人提出要求。实际上，如果父母不要求和控制孩子的注意力，孩子也不会要求和控制父母的注意力。

  我很少做得完全正确——在整本书中，我一直希望向你展示我们的挣扎。但当我成功地运用TEAM育儿法来教育罗茜时，结果总是很神奇的，而且我能看到我们的关系正在"一点一点"地改善，正如玛丽亚所说的那样。

一天晚上,当我做晚餐时,我成功地做到了这一点——完全做到了。当我在厨房煮鲑鱼时,罗茜在客厅里跟着《狮子王》的原声带跳舞。我很好地保持了每小时只发出3个命令,作为回报,罗茜对我没有提出过分要求。我们和平共处(几乎像撒阿和贝莉在火堆旁一样)。

然后罗茜试图打破这种宁静。她走过来说:"妈妈,我们能在客厅里像野餐一样吃晚餐吗?拜托了,妈妈!"

以前的麦克林会立刻说:"不可能的,孩子!听起来这会弄得一团糟。"罗茜和我会陷入一场关于为什么野餐太麻烦的全面争吵。但是现在的麦克林等了一会儿,想了想,嗯,这是罗茜练习摆餐具的好机会。

"好的,罗茜。我们来试试。这儿,你摆桌子。"我递给她盘子。她抓住盘子,冲回客厅,几分钟后,客厅的地毯上出现了一个美丽的"野餐"桌面。罗茜甚至走到我们的门廊,采了几朵紫色的牵牛花,为野餐制作了一个花环做装饰。

我们在大约一个星期里都重复了这个过程。每晚,罗茜都会摆出"野餐"桌面。当我们终于把晚餐移回到房间进行时,猜猜谁会自己摆餐具?是小罗茜。

在美国,我们感到自己有巨大的责任来"优化"我们的孩子。这通常意味着我们会填满他们每天的时间,不停地进行各种活动或娱乐。和罗茜在一起时我确实有这种感觉(现在,我有时仍有这种感觉)。这种感觉给我们带来沉重的负担,让我们的思想充满着无处不在的焦虑（例如，"哦，天哪，我要在整个周六陪着罗茜做些什么呢？"）。但这种感觉也让我们的育儿方式变得过于强势，无论是在宏观还是微观方面。我们的潜意识反应是进行最大程度的干预。

"父母们承担了所有这些额外的义务，因为有人说服我们，这对于优化孩子是必不可少的。"人类学家大卫·兰西说。

但是没有科学证据表明这种方法对孩子最好。这肯定不是对所有孩子的最佳选择（对于罗茜来说肯定不是）。有人可能会认为，这种方法违反了孩子自主性、自我探索和合作的天性。更不用说，这种育儿方式使每个人都感到非常疲惫。当父母管理孩子的行为时，有可能面对孩子的反抗。

在我开始写这本书之前，苏珊娜·加斯金斯警告我，"最大化干预"只会让我的生活更加困难，也会让罗茜在身体和情感上受到限制。她说："我认为美国父母在进行无谓的斗争。当父母总是把孩子拉向他们还没有准备好或还没有决定要去的地方时，这实际上对孩子来说是非常有压力的。"

当你阅读这本书时，我希望你已经认识到了育儿不必如此。事实上，如果我们想要培养自信、自立的孩子，就不应该那样做。我们不需要将孩子握得那么紧，不需要持续不断地让他们忙碌或娱乐。最重要的是，我们不需要总是那么努力。

我们可以放松控制，我们可以放松对孩子行为的控制，以及对我们认为父母需要做的事情的控制。我们可以相信孩子们比我们更清楚他们自己需要如何成长和学习。

我们可以加入全世界以及整个历史上的无数父母的行列——退居幕后，等一下，让孩子自己做出决定，让他们犯错，让他们制作自己喜欢的烤肉串。我们或者一个"共同育儿者"站在他们身后，双臂张开，准备在他们跌倒时接住他们。

第 16 章
我们曾经如何睡眠

当我和罗茜为写此书的旅行结束，回到旧金山之后，我依然在思考一个问题：为什么罗茜晚上入睡总是那么困难？她运动量充足，接受了足够的光照和"刺激"，应该很累才对。但是在杜克里夫家，睡觉代表长时间的斗争。

每天晚上都会上演戏剧性的冲突。罗茜和我经常吵架，而马特则追着罗茜在房间里转圈，她反复呼喊着抗议口号："不，不，不。我绝不睡觉。不，不，不。"

然而，在我和罗茜为此书旅行的每一个地方，我们从未遇到过如此戏剧性的夜晚。孩子们似乎完全没有入睡的问题。我从未听过有孩子在睡前哭闹、尖叫或发脾气。对于一些孩子来说，入睡似乎是他们想要做甚至期待做的事情。

在北极地区的一个晚上，我看到了一个 3 岁的女孩自己入睡，不需要任何成人的帮助。我们坐在库加鲁克的玛莉娅家的客厅里，一群孩子玩着电子游戏。大约在晚上 7:30，离太阳落山还有整整5个小时，小泰莎从沙发上站起来，走进了走廊，然后没有回来。

我问萨莉，小泰莎在卧室里干什么。

"她去睡觉了，"萨莉说。

"她就这样自己一个人去睡觉？"

"是的，她经常这样做，"萨莉回答说，"她睡得很好。"

"你别说，肯定是这样。"我想。

无论我和罗茜走到哪里，我都会问父母们，你在睡前都做些什么？如果孩子不想睡怎么办？所有的家长都耸了耸肩，基本上都表示睡觉没什么大不了。"有时候欧内斯托需要一点催促才能在睡觉前完成作业。"特蕾莎在尤卡坦州告诉我。

就这样？没有别的了吗？

"没有别的。"她平静地说。

所以回到旧金山，我下决心解决我们的睡眠问题。我知道罗茜永远不可能像小泰莎一样神奇地入睡，但她还有很大的进步空间。非常大的空间。

经过数周的研究和实验后，我陷入了困境。罗茜没有任何进展，有些晚上，我干涉的结果只会让问题更加糟糕。所以我几乎放弃了，接受了睡前混乱是我们家必须承担的负担。我对自己说："她迟早会长大，不是吗？而且，真的那么糟糕吗？"

然后有一晚，就在罗茜上床睡觉前，我坐在厨房桌子旁，给这本书画插图。我勾勒出了"公式"，训练孩子做任何你想做的事情的3个要素：1杯练习+1杯示范+1茶匙认可=学会技能。

大约晚上 8:30，我听到楼上的"小野猫"在卧室里尖叫。我把草图放进笔记本里，深呼吸一口气，然后上楼。当我到达现场时，我看到罗茜在床上跳跃，而马特手里拿着她的睡衣，正试图说服她冷静下来。

正当我要开口说我平常会说的命令时（"罗茜，我们是认真的……"），这个公式的草图在我脑海中闪过——练习、示范、认可——我像被砖头击中一样幡然醒悟。我想，"哦，完了。我确实已经训练罗茜睡觉了，而且训练效果非常好，超级好。唯一的问题是，我一直在训练她做与我预期完全相反的事情。"

20 年前，本杰明·雷斯正在写一本关于精神病院历史的书时，偶然发现一个关于睡眠的有趣事实。"19 世纪，这些精神病院的医生非常注重控制病人的睡眠。"本杰明说。医生们严格规定病人睡觉的时间、时长和睡眠环境。这听起来是不是很熟悉？他们还用图表和日志精确地记录患者的睡眠情况。

本杰明现在是埃默里大学英语系主任，也是一位出色的历史学家。他喜欢记录我们认为是"生物学真理"的观点，并追溯我们为何如此看待它们。然后，他想探索我们的生物机制实际上可能在告诉我们什么。

因此，本杰明想知道：为什么这些精神病院的医生和护士如此关注病人的睡眠？他们为什么如此着迷？

他深入研究了世界各地的睡眠史，很快意识到这种对睡眠的痴迷——这种追踪和控制睡眠过程的需求——不仅局限于精神病院。"它在整个西方社会中普遍存在。"本杰明说。然而，这给我们的孩子带来了很大的问题。

在西方文化中，我们对"正常"睡眠的认知非常狭隘，如果你偏离了"正常"，就会引发问题。"我们有这些死板的规定，人们把它们当作上帝赐予的或者是由我们的生物机制所决定的。"他说。

我们认为要想保持健康，晚上必须连续睡眠8个小时。然而，就在不久以前，在西方文化中，绝大多数人根本不是这样睡觉的。直到19世纪末，"正常"的睡眠是分段的。大多数人分两段睡觉，每段约4个小时。一段在午夜前，另一段在午夜后。人们会在两段睡眠之间进行各种各样的任务。历史学家A.罗杰·埃基奇写道："他们起床做家务，照顾生病的孩子，去邻居家的苹果园里偷苹果。还有些人则躺在床上，诵读祷文，思考梦境。"

甚至有证据表明，分段睡眠在西方文化中可以追溯到数千年前。公元前1世纪，罗马诗人维吉尔在他的史诗《埃涅阿斯纪》中写道："第一次睡眠终止的时间／就在夜晚的马车还没有行进到一半时。"

因此，如果你经常在半夜醒来，且难以重新入睡，也许你并不是患有失眠症，你只是像千年前的祖先们一样睡觉。他们会认为你是正常的。

基本上所有我们现在知道的"睡眠规则"，在19世纪才流行起来。在工业革命期间，工人们需要在早晨的某个时间到达工厂，无论太阳何时升起和落下。因此，"睡眠必须受到越来越多的控制",本杰明在《狂野的夜晚:驯服的睡眠如何创造了我们的不安宁世界》一书中写道。

在此之前,人们往往会遵循他们的生物信号:当你累了就睡觉,当你觉得休息好了就醒来。"值得重申的是:我们现在所知道的标准睡眠模式在2个世纪前几乎不存在。"本杰明写道。

人类的睡眠实际上非常灵活、适应性很强,而且是个人化的。睡眠模式因文化、地域和季节的不同而差异极大,不存在"正确"的睡眠方式。科学家可以测量"平均"睡眠模式,但这绝不是"正常"的。

"一些社会中人们会小睡,而有些则不会;一些集体聚集在一起睡觉,而另一些则以相对独处的方式入眠;有些人裸睡,有些人则穿着衣服入眠;有些人在公开场合入眠,有些则注重睡眠时的隐私。"本杰明这样写道。许多不同的睡眠模式对不同的人甚至同一人的不同季节来说,都是健康的。

如果你认为每天需要8小时的睡眠,请再考虑考虑吧。2015年,研究人员对坦桑尼亚的哈扎族、纳米比亚的桑族和玻利维亚的西马内族这3个没有用电的土著社群中超过80人的睡眠习惯进行了跟踪观察。结果显示,这3个群体的睡眠时间非常相似:人们平均每晚睡6~7个小时(这与很多美国人的睡眠时间非常接近)。

本杰明指出,美国人睡得如此"奇怪"的原因,不是他们睡眠时间的长短,而是他们试图控制彼此的睡眠时间,以及他们在思维方式上的僵化。我们为自己和孩子设定严格的时间表,这通常与我们的基础生理需求不符。然后，我们花费了大量精力来遵循这些时间表。当时间表不起作用时——或者我们的孩子不遵循时间表时——我们就充满了焦虑。我们担心自己不正常，担心自己不是好父母。

因此，本杰明说，我们最终做了与我们想做的完全相反的事情。我们没有创造宁静、放松的环境和心态，反而制造了斗争和冲突，制造了混乱。多年以来，我们教育我们的孩子在睡前变得紧张和焦虑。

这正是杜克里夫家中正在发生的事情。

~~~~~~~~~~~~~~~~~~~~~~~~~~~~~~~~~~~~~

看着罗茜在床上跳跃，并大喊着"不，不，不要睡觉！"我明白了每晚 8:30 我事实上在训练她做什么。我训练她在床上脱光衣服，尖叫着跳来跳去。大致说来，我的训练让她认为睡觉意味着狂欢时间的到来！

回想一下公式：练习、示范和认可。在睡前时间，我让罗茜有机会练习争吵、尖叫和提出要求（例如，"我需要食物""我需要牛奶""我需要再看一本书"）。与此同时，我表现出了不耐烦和专横，有些人甚至会认为我有强制行为（"你必须现在刷牙，罗斯玛丽·简"）。最后，我对这种错误行为给予了太多的关注，虽然是负面的，但我强烈地认可了罗茜的所有嬉闹。我以高能量回应了罗茜的高能量。因此，日复一日、月复一月、年复一年，睡觉变得越来越难。

"天哪，我感觉自己像个傻瓜。"罗茜跳下床赤裸奔跑穿过房间时，我这样想道。我被所有要我"严格控制睡觉时间""坚持例行的活动"以及为我们的生活增加越来越多规则的育儿书籍欺骗了。对罗茜来说，所有的规则和控制都适得其反。它引发了焦虑、冲突和狂欢时间！它切断了罗茜与生物钟之间的联系。

疲惫的父母们，如果你发现自己的家庭与这个故事有相似之处，请不要担心。孩子们的伟大之处在于他们能够很快地改变。无论你陷入了多么深的困境，你还是可以摆脱它。你还是可以重新训练孩子，而且这非常容易。怎么做呢？好好使用我们的公式。

回想一下在库加鲁克的小泰莎。只有3岁的她已经掌握了我直到30多岁才掌握的技能，她知道身体疲劳时的感觉，并且知道该怎么做。她选择上床睡觉。

我可以训练罗茜掌握相同的技能，即当她检测到疲劳的信号时，就自己上床睡觉。但为了做到这一点，我必须像坦桑尼亚的翻译大卫·马克·马基亚告诉我的那样，"随她去"。我必须放弃（几乎全部）对罗茜睡眠计划的控制。我必须放弃原有的睡前习惯，给罗茜提供足够的空间去发展感知自身生物信号的技能。我可以帮助她学习这种技能，但我必须施加最低程度的干涉。在一天结束时（白天的结束不再是世界末日），她能自行决定何时上床睡觉。

我不会对你撒谎。这个计划一开始让我害怕得要死。我担心，如果她永远睡不着呢？早上她不起床怎么办？我们肯定会进

第五部分　西方育儿方法2.0

入"地狱"之中。

于是我决定试试这个方案,如果一周后不奏效,我会回到原来的作息安排。

带着极度的恐惧,我闭上眼睛,紧握着罗茜的手,跳下了作息安排的"悬崖"。

令我极度惊讶的是,罗茜飞了起来!

公式的效果比我预期的要好得多,效果显现的速度也快得多。头几个晚上,罗茜确实熬夜到晚上 10:30 或 11:00 才睡觉。但她早上仍然轻松地醒来了。到了第四天晚上,她能按时上床睡觉,到了第 7 天,她几乎完全自己准备睡觉了。没有了争吵,没有了尖叫,没有了像野猫一样的到处奔跑。

然后在第 10 天,杜克里夫家里发生了奇迹。大约在晚上 7 点,罗茜独自上楼,上床睡觉了。

"你看到了吗?"马特问。

"看到了。"我谨慎地说。

"晚上变得这么容易了。"

"我知道。我知道。别乌鸦嘴了。"

从那一晚开始,我们在罗茜上床睡觉这件事上基本没有遇到任何问题。完全没有。这个公式让她变成了一个超级睡眠者。

那么我是怎么做到的呢?

每天晚上 8 点左右,我开始像鹰一样盯着罗茜。当我察觉到她的疲劳信号时(例如揉眼睛、吮吸拇指、不停抱怨),我就把房子里的灯光调暗。我注意到在坦桑尼亚时，黑暗能使她冷静下来，然后我执行以下程序：

1. 示范。我很平静地说："我累了。我的身体告诉我，我累了。我要睡觉了。"我上楼准备睡觉（虽然我并不会马上睡觉）。我刷了牙，用牙线清洁了牙齿，穿上了睡衣，然后爬到她的床上开始看书，等待。

2. 认可。当她上楼躺在我旁边时，我给她一些积极的关注。我抱了抱她，然后对她微笑。我用一个问题把预期的行为与成熟联系起来："罗茜，现在一个大姑娘会做什么？"我继续待在床上，示范我想让她做的事情。我从未强迫她去睡觉，而是用我们学到的工具去鼓励她。

3. 练习。等她换好睡衣并刷了牙，我就会轻抚她的背来帮她入睡。我全程都会保持冷静，从不催促她。如果她讲话或抱怨，我就说："让我们安静下来，这样我们的身心可以平静下来进入睡眠状态。我累了。"

夜复一夜，我们一起练习保持冷静和感受身体的疲劳。有几个晚上，我居然自己也睡着了。

在 3 周的时间内，我们将生活中最棘手的育儿问题变成了一件微不足道的小事。同时，我也发展了我的 TEAM 育儿技巧：

亲密合作（Togetherness）：我们一起度过了睡前时间。

鼓励（Encouragement）：我鼓励罗茜去睡觉，而不是强迫她在特定时间入睡。

自主权（Autonomy）：罗茜自己决定什么时候上楼睡觉。

最小化干预（Minimal interference）：我没有控制罗茜的行为，而是尽可能通过最小的干预，来帮助她学习一项有价值的生活技能。

结语

在我写这本书的过程中,罗茜改变了很多。她在情感和身体上都有了很大的进步,远超我的预期。她从我的"敌人"变成了我在这个世界上最喜欢的人之一。

首先,她成了一个绝佳的旅行伴侣。说真的,还有谁会飞行 40 个小时,再开车 10 个小时,最终到达一个没有淋浴设施和电力的地方,然后转过头来对你说:"妈妈,我喜欢这里,它太美了!"

其次,她热情地接受了"乐于付出"。她主动要求帮忙做饭(谁能想到一个 3 岁的孩子能在热锅里炒鸡蛋?),帮忙铺床,甚至有时还帮忙洗衣服。有一天,她问我:"妈妈,我现在应该做什么?"我脱口而出:"有一堆衣服要洗。"结果,这个小大人竟然去洗了一堆衣服。哇,我一直对为人父母这件事想得太多了,我心想。

但最重要的是,罗茜在努力。她在努力变得善良、冷静,最值得一提的是,她在努力取悦我。几个月前的一天,她发脾气打了我的腿。她没有打得很重，我也没有生气。但她跑开了，进了另一个房间。我往门里面一瞥，她正用小手捂着脸摇头。我能看出她是为自己控制不住情绪而感到难过，她正认真考虑下一步该做什么。我能看出她多么想长大，成为一个"大人"。她的伤心使我心碎，于是我走进房间去安慰她。但令我惊讶的是，她反而安慰了我。她看着我说："对不起，妈妈。我们可以重新开始吗？我想重新开始。"

因为我掌控了自己的情绪，我能够用自己的冷静来应对罗茜的冷静。我能够放下她打人的事情，然后重新开始。在那一刻，我意识到在写这本书的过程中，我也改变了很多。

玛丽亚、萨莉、撒阿和其他超级父母教给我关于抚养罗茜的宝贵经验。他们教会我，对于孩子们来说，简单的行动和温柔的触摸比命令更有力。他们告诉我，如果我用自己的情绪爆发来应对罗茜的情绪爆发，情况只会变得更糟。但是，如果我用冷静的能量来应对她的高能量，她就会平静下来，情绪爆发也会停止。

也许最重要的是，玛丽亚、萨莉和撒阿让我看到了我之前从未注意的东西：包括罗茜在内的所有孩子都是天生善良和乐于助人的。如果不是这样，我们人类这个物种可能不会存在于这个地球上。

我们可以像看待一杯水一样看待孩子的行为：它是一半有帮助的，还是一半有害的？是一半慷慨的，还是一半自私的？一旦我改变了我的看法，并能够看到罗茜的善意和她帮助别人的热情，我就可以培养和放大这些品质。我可以帮助她看到自己的这些特质。就在我这么做时,她身上的这些部分开始变得更强大、更有力。这杯水变得越来越满,透明的液体闪烁着爱和光明。

我真的相信,罗茜从来没有想过要"激怒""试探"或者"操纵"我。我相信她只是尽力去理解这个疯狂的"奇怪"文化中的规则。在很多情况下,这也正是我在努力做的事情。

珍妮·奥德尔在她精彩的《如何无所事事》一书中,论述了人们开始观察鸟类时会发生的事情。练习听鸟的鸣叫和看鸟的行迹会改变人们的感官,使他们对周围的声音更敏感。最终,他们意识到:天哪!外面的鸟鸣是一场无处不在的交响乐。"当然,它一直存在着,"珍妮写道,"但现在我注意到了它,我意识到它几乎无处不在,每天、每时每刻都存在。"

我认为孩子和他们的善良也是如此。一旦你放慢脚步,不再试图过多地改变孩子的行为,你对他们的爱的感知力会成倍增长。你会看到孩子冲过去帮助跌倒的朋友,你会看到孩子从树上摘柠檬做晚餐。当她从你手中抢过铲子,说"妈妈,煎薄饼不是像你这样的,让我来给你演示一下",你会在她的眼里看到满溢着的乐于助人。

罗茜的善良"一直存在着……但是现在,我正在注意它,我意识到它几乎无处不在,每天、每时每刻都存在"。

致谢

在整本书中，我都在试图感谢所有让这本书成为可能的人，包括那些欢迎我们住进家中的超级家庭和父母，帮助我们更好地了解这些家庭的翻译员们，以及帮助解释他们的育儿工具如何运作的科学家们。非常感谢他们投入的时间、精力，以及他们专业的育儿知识和极富洞见的讨论。

此外，幕后工作者们的共同努力，才使这本书顺利出版。编辑凯瑞·弗莱，这本书的每一页都倾注了她卓越的技能、精神和智慧。插画家艾拉·特鲁希洛用她美丽、温暖的艺术形象将人物和思想活灵活现地展示出来。无与伦比的科丽娜·克莱默充满耐心且温柔地弥补了我思想中的所有漏洞，以及作为西方妈妈的我仍然存在的错误想法。编辑和出版人乔菲·费拉里-阿德勒不知疲倦地工作使这本书以最好的形式呈现出来，并同亚历山德拉·普里米亚尼一起，让这些思想能像蒲公英的绒毛一样，尽可能地被广泛传播。

如果没有杰出的文学代理人亚历克斯·格拉斯，这本书的一切都不会发生。他用一封简短的电子邮件启动了整个项目,他问我:"你有没有考虑写一本育儿书?"(然后坚持了几个月,即使我一直在拒绝他。)

最后,我要感谢我的伴侣马修·杜克里夫,不管我的想法听起来有多么疯狂,他始终支持我兼任作家和母亲双重角色的想法,尽管起初他并不情愿(经常对我翻白眼)。